高等职业院校“双高计划”建设教材
“十四五”高等职业教育财经商贸类系列教材

GUANLIXUE JICHU

管理学基础

梅　鹏　朱　娜◎主　编
齐　冰　李玉琼　康　昕　张志远◎副主编

中国铁道出版社有限公司
CHINA RAILWAY PUBLISHING HOUSE CO., LTD.
北　京

内容简介

本书为“十四五”高等职业教育财经商贸类系列教材之一，依据高职高专教育培养目标要求，以培养综合管理技能为主线，建立“125”教学内容体系（“125”是指“一条主线”“两大基础”“五大关键能力”），立足于社会实际，结合高职高专学生的知识结构特征，从学生对管理知识的实际需求出发，本着注重能力培养的理念进行编写。本书按照模块序化内容，共设计了认识管理、计划职能、组织职能、领导职能、控制职能、创新职能六大模块13个单元，并通过管理游戏、案例研讨、技能实训创设学习情境，激发学生学习兴趣，给予学生体验机会，为学生提供技能提高、素质提升的有效途径。

本书适合作为高等职业院校经济管理大类基础课程的教材，也可作为企业基层管理者的参考书。

图书在版编目（CIP）数据

管理学基础/梅鹏，朱娜主编. —北京：中国铁道出版社有限公司，2024.1

高等职业院校“双高计划”建设教材. “十四五”高等职业教育财经商贸类系列教材

ISBN 978-7-113-30951-0

Ⅰ.①管… Ⅱ.①梅… ②朱… Ⅲ.①管理学－高等职业教育－教材 Ⅳ.①C93

中国国家版本馆CIP数据核字（2023）第250503号

书　　名：管理学基础
作　　者：梅　鹏　朱　娜

策　　划：潘星泉　　　编辑部电话：（010）51873371
责任编辑：潘星泉　包　宁
封面设计：高博越
责任校对：苗　丹
责任印制：樊启鹏

出版发行：中国铁道出版社有限公司（100054，北京市西城区右安门西街8号）
网　　址：http://www.tdpress.com/51eds/
印　　刷：番茄云印刷(沧州)有限公司
版　　次：2024年1月第1版　2024年1月第1次印刷
开　　本：787 mm×1 092 mm　1/16　印张：17.25　字数：408千
书　　号：ISBN 978-7-113-30951-0
定　　价：64.00元

前 言

随着社会环境迅速变化，管理者面对的管理实践也在发生快速改变，管理学被赋予新时代特点和内涵，管理学教材也需要适应时代不断调整，以增强教材的先进性、适用性。本教材依据高等职业教育人才培养目标要求，立足于社会实际，结合高职高专学生的知识结构特征，从学生进入职场后对管理知识、技能的实际需求出发，本着注重能力培养、素质提升的理念进行编写，其主要特色如下：

第一，教材内容选择上以培养综合管理技能为主线，注重“两大基础”“五大关键能力”培养。基层管理岗位综合管理技能，是指企事业单位基层的班组长、工段长、领班、部门主管等管理岗位所需要的综合性、一般性的管理技能；两大基础是管理系统的基础知识和管理思想；五大关键能力，即计划与决策的能力、组织与人事的能力、领导与沟通的能力、控制与信息处理的能力、领导创新能力。

第二，教材按照模块、单元形式序化内容。共设计了认识管理、计划职能、组织职能、领导职能、控制职能、创新职能等六大模块，涵盖管理与管理思想、管理原理与方法、管理决策、计划制订、组织设计、人员配备、领导与指挥、沟通与协调、激励与团队、控制综述、绩效评价、技术创新、组织创新共13个单元。

第三，教材形式上活页化、情景化、网络化、趣味化、立体化，以符合模块化分组教学的需求，方便教师开展课堂教学改革。

（1）教材每个单元都设计了学习目标、情景导入、理论学习、知识巩固、案例研讨、游戏体验、技能实训、学习评价等栏目，其中知识巩固、案例研讨、游戏体验、技能实训、学习评价这些内容都可以根据需要灵活地取下来进行使用。

（2）教材每个单元设置的情景导入栏目，通过创设管理情景，激发学习者的学习兴趣，从而带着问题开展后续学习。

（3）教材通过二维码融入自学课件、微课视频、互动测验等学习资源，突出教材的立体化、互动性、网络化等新时代特征。

（4）通过设置的管理游戏、案例研讨、技能实训、互动课堂等栏目，让教材更有趣味性、参与性，让学习者在愉快的氛围里了解管理、体验管理，掌握管理技能、提升管理素质。

第四，坚持“育人”导向，融入“思政”内容，突出教材的育人功能。教材设计了素质目标、并通过“思政园地”栏目引入党的二十大报告精神；通过职业道德、企业家精神、诚实守信、遵纪守法、自律自强等有关素材和案例与管理学知识点有机融合，让读者潜移默化受到教育；教材每单元设置东方管理思想名言警句，一方面增加可读性，另一方面弘扬中华优秀传统文化，坚定文化自信。

本教材由黑龙江农业工程职业学院梅鹏、朱娜任主编，黑龙江农业工程职业学院齐冰、李玉琼、康昕、张志远任副主编。具体分工如下：齐冰负责单元1、单元2，李玉琼负责单元3、单元4，朱娜负责单元5、单元6，梅鹏负责单元7、单元8、单元9，康昕负责单元10、单元11，张志远负责单元12、单元13，黑龙江外商企业咨询服务有限责任公司翟胜男负责有关案例、技能实训的编写工作。全书由梅鹏定稿。

本教材在编写过程中参考了大量国内外有关管理学、组织行为学、心理学等方面的资料和研究成果，在此向这些作者和研究者表示衷心的感谢！

由于编者水平有限，加之编写时间仓促，书中难免存在疏漏和不足之处，恳请广大读者批评指正。

编 者

2023年9月

目　　录

模块1　认识管理

模块2　计划职能

模块3　组织职能

模块4 领导职能

模块5 控制职能

模块6 创新职能

模块1 认识管理

【模块知识结构】

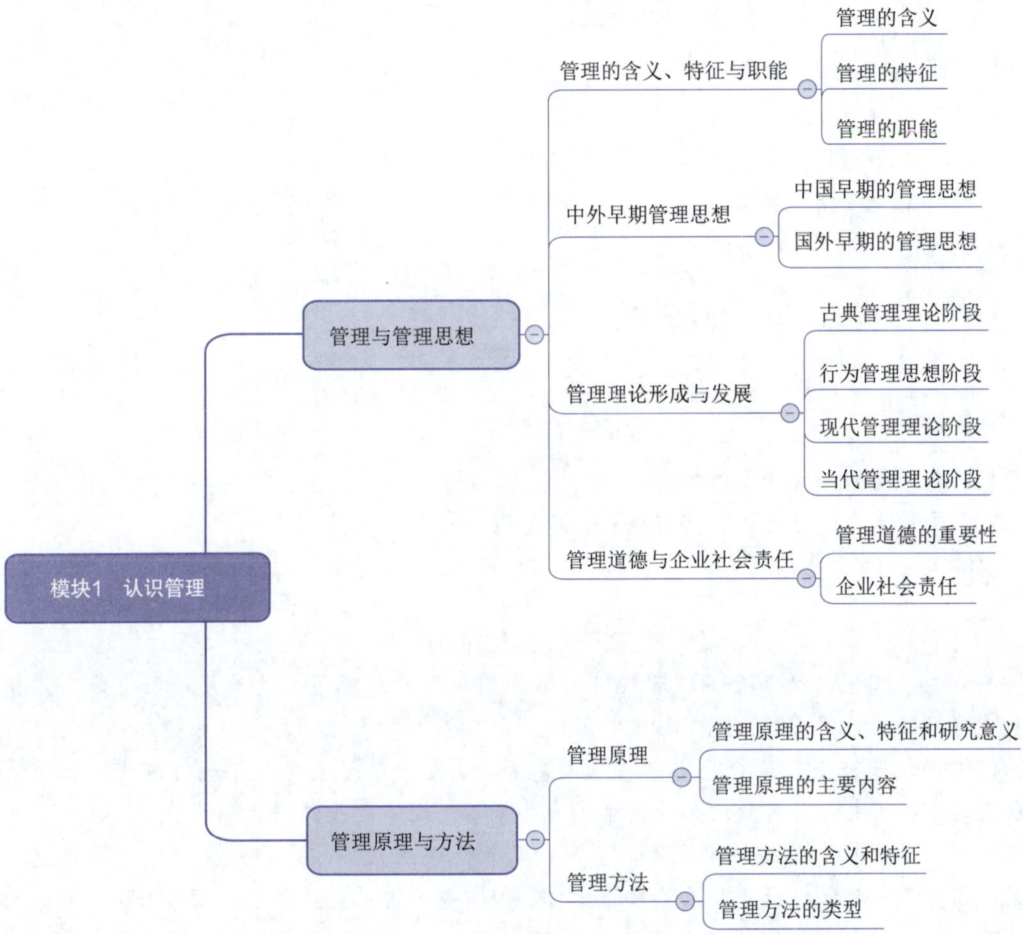

【东方管理思想】

道常无为，而无不为。侯王若能守之，万物将自化。

——《道德经·第三十七章》

单元1 管理与管理思想

【学习目标】

知识目标

1. 了解管理的概念和特征;
2. 掌握管理的基本职能;
3. 了解中外早期管理思想。

能力目标

1. 能够准确把握管理的基本职能;
2. 能够掌握主要的管理理论。

素质目标

1. 培养学生树立管理道德理念;
2. 引导学生在管理活动中践行企业社会责任。

【情景导入】

王厂长该何去何从?

某地生产工艺品的某企业，曾经伴随着我国对外开放政策，逐渐发展壮大起来。销售额和出口额近二十年来年均增长15%以上。员工也由原来的不足200人增加到了2 000多人。过去企业一把手王厂长既管销售，又管生产，是一个多面全能型的管理者。但随着企业规模的不断扩大，尤其最近企业发生了一些事情，让王厂长焦头烂额。

其一：生产基本是按订单生产，基本由厂长传达生产指令。碰到交货紧，往往是厂长带头，和员工一起挑灯夜战。虽然按时交货，但质量不过关，产品被退回，并被索赔。

其二：以前企业招聘人员人数少，所以王厂长一人就可以决定了。现在每年要招收大中专毕业生近50人，还要牵涉人员的培训等，以前的做法就行不通了。

其三：过去王厂长总是临时安排人去做后勤等工作，现在这方面工作太多，临时安排人去做，已经做不了也做不好了。凡此种种，以前行之有效的管理方法已经失去作用了。

案例中王厂长面临的诸多困境，是很多传统企业都面临的难题，那么如何从现代管理的角度，解决这些问题呢?

【理论学习】

1.1 管理的含义、特征与职能

1.1.1 管理的含义

管理是指一定组织中，通过实施计划、组织、领导、协调、控制等职能来协调他人的活动，使别人同自己一起实现既定目标的活动过程。是人类各种组织活动中最普通和最重要的一种活动。

广义的管理是指应用科学的手段安排组织社会活动，使其有序进行。狭义的管理是指为保证一个单位全部业务活动而实施的一系列计划、组织、协调、控制和决策的活动。

科学管理之父弗雷德里克·泰勒（Frederick Winslow Taylor）认为："管理就是确切地知道你要别人干什么，并使他用最好的方法去干。"（《科学管理原理》）在泰勒看来，管理就是指挥他人能用最好的办法去工作。

诺贝尔奖获得者赫伯特·西蒙（Herbert A. Simon）对管理的定义是："管理就是制定决策。"（《管理决策新科学》）

彼得·德鲁克（Peter F. Drucker）认为："管理是一种工作，它有自己的技巧、工具和方法；管理是一种器官，是赋予组织以生命的、能动的、动态的器官；管理是一门科学，一种系统化的并到处适用的知识；同时管理也是一种文化。"

亨利·法约尔（Henri Fayol）在其著作《工业管理与一般管理》中给出管理概念之后，它就产生了整整一个世纪的影响，对西方管理理论的发展具有重大的影响力。法约尔认为：管理是所有人类组织都有的一种活动，这种活动由计划、组织、指挥、协调和控制五项要素组成。法约尔对管理的看法颇受后人的推崇与肯定，形成了管理过程学派。

从管理的含义不难看出，管理具有五个要素，主要如下：

（1）管理主体：行使管理的组织或个人，有政府部门和业务部门。

（2）管理客体：管理主体所辖范围内的一切对象，包括人群、物质、资金、科技和信息五类，人群为基本。

（3）管理目标：管理主体预期要达到的新境界，是管理活动的出发点和归宿点，要反映上级领导和下属人员的意志。

（4）管理方法：管理主体对管理客体发生作用的途径和方式，包括行政方法、经济方法、法律方法和思想教育方法。

（5）管理理论：指导管理的规范和理论。

百年来，人们把研究管理活动所形成的管理基本原理和方法，统称为管理学。作为一种知识体系，管理学是管理思想、管理原理、管理技能和方法的综合。随着管理实践的发展，管理学不断充实其内容，成为指导人们开展各种管理活动，有效达到管理目的的指南。

1.1.2 管理的特征

1. 管理的二重性

管理具有自然属性和社会属性。管理的自然属性，是指管理所具有的有效指挥共同劳动，组织社会生产力的特性，它反映了社会化大生产过程中协作劳动本身的要求。管理的社会属性，是指管理所具有的监督劳动，维护生产关系的特性。它反映了一定社会形态中生产资料占有者的意志，是为一定的经济基础服务的，受一定的社会制度和生产关系的影响和制约。学习和掌握管理的二重性，有利于深入认识管理的性质，借鉴国外先进的管理思想和方法，并结合实际，因地制宜地学习和应用。

2. 管理的科学性和艺术性

管理的科学性表现在管理活动的过程可以通过管理活动的结果来衡量，同时它具有行之有效的研究方法和研究步骤来分析问题、解决问题。管理的艺术性表现在管理的实践性上，在实践中发挥管理人员的创造性，并因地制宜地采取措施，为有效地进行管理创造条件。

管理的科学性和艺术性是相辅相成的，对管理中可预测可衡量的内容，可用科学的方法去测量；而对管理中某些只能感知的问题，某些内在特性的反映，则无法用理论分析或逻辑推理来估计，但可通过管理艺术来评估。最富有成效的管理艺术来源于对它所依据的管理原理的理解和丰富的实践经验。

3. 管理的普遍性

管理的普遍性表现为管理活动是协作活动，涉及人类每一个社会角落，它与人们的社会活动、家庭活动以及各种组织活动都是息息相关的。从人类为了生存而进行集体活动的分工和协作开始，管理便随之产生。管理的普遍性决定它所涉及的范围。

4. 管理或管理人员任务的共同性

管理任务就是要设计和维持一种系统，使在这一系统中共同工作的人们，能用尽可能少的支出（包括人力、物力、财力、时间以及信息），去实现他们预定的目标。管理和管理人员的基本职能是相同的，包括计划、组织、人员配备、指导与领导以及控制。管理人员所处的层次不同，则在执行这些职能时各有侧重。例如，上层主管（如医院护理部主任）比基层主管（如病房护士长）更侧重于计划职能，但他们都需要为集体创造一种环境，使人们在其中可以通过努力去实现他们的目标，这便是他们共同的任务。

【互动课堂】

管理学问的艺术性

某宾馆经理接到处分职工王大成的报告，他觉得问题不太清楚，就作了一番调查。事实是王大成的母亲患病住院，他母亲想喝鸡汤。由于王大成白天上班，晚上去医院陪母亲，连去市场买鸡的时间都没有。在这种情景下，他在餐厅里偷了一只鸡，犯了错误。经理了解了情况以后，批准了餐厅对王大成记大过一次、扣发当月奖金。然后带着慰问品去医院看望王大成的母亲，并对他母亲说："王大成在工作中表现很好，在家里对你也很孝顺，他是你的好儿子。"患病的母亲含笑听着。次日，经理找王大成谈话，先肯定他工作好，接着又指出偷公家东西是十分错误的，并征求其对处分的想法。

王大成对这种赏罚分明、合情合理的处理十分感动，并表示自己错了，愿意接受这种处分。这时，经理离开座位说："你母亲生病半个多月，我们都不知道，没有给予关心，我们很对不起你。"说后，经理握住了王大成的手。

以上案例中，宾馆经理的处理方式体现了管理的什么特征？

1.1.3 管理的职能

管理职能是管理系统所具有的职责和功能。最早把管理职能上升为普遍规律的是法国管理学家法约尔。他在1916年所写的《工业管理与一般管理》一书中，提出管理就是实行计划、组织、指挥、控制和协调。

管理职能一般是根据管理过程的内在逻辑，划分为几个相对独立的部分。划分管理的职能，并不意味着这些管理职能是互不相关、截然不同的。划分管理职能的意义在于：管理职能把管理过程划分为几个相对独立的部分，在理论研究上能更清楚地描述管理活动的整个过程，有助于实际的管理工作以及管理教学工作。划分管理职能，管理者在实践中有助于实现管理活动的专业化，使管理人员更容易从事管理工作。在管理领域中实现专业化，如同在生产中实现专业化一样，能大大提高效率。同时，管理者可以运用职能观点去建立或改革组织机构，根据管理职能规定出组织内部的职责、义务和权力以及它们的内部结构，从而确定管理人员的人数、素质、学历、专业、技能、知识结构等。

管理具有以下几个职能：

（1）计划职能：对未来活动进行的一种预先的谋划。内容：研究活动条件、决策、编制计划。

（2）组织职能：为实现组织目标，对每个组织成员规定在工作中形成的合理的分工协作关系。内容：设计组织结构、人员配备、组织运行、组织监督。

（3）领导职能：管理者利用组织所赋予的权力去指挥影响和激励组织成员为实现组织目标而努力工作的过程。内容：指挥职能、协调职能、激励职能。

（4）控制职能：保证组织各部门各环节能按预定要求运作而实现组织目标的一项管理工作活动。内容：拟订标准、寻找偏差、下达纠偏指令。

（5）创新职能：不断调整系统活动的内容和目标，以适应环境变化的要求。

1.2 中外早期管理思想

在人类的历史上，自从有了组织活动，就有了管理活动。管理活动的出现促使人们对来自这种活动的经验加以总结，形成了一些朴素、零散的管理思想。我们可以从已有的文字记载中寻觅到中外思想家所提出的丰富的管理思想。

1.2.1 中国早期的管理思想

中国作为四大文明古国之一，有着丰富的管理思想。

春秋战国时期，是社会动荡的时代。各国混战，礼崩乐坏，周天子的权力和威严荡然无存，诸子百家管理思想孕育而生。儒家推崇社会秩序，希望通过管理者的自省和实行仁政，来实现等级森严而又其乐融融的大同世界。儒家的管理思想是“仁政德治”论，提出实现齐家治国平天下的管理目标。法家的管理思想是“法制刑治”论，法家是中国历史上提倡以法制为核心思想的重要学派，以富国强兵为己任。道家的管理思想是“无为而治”论，认为要实现的管理目标是至德之世。强调无为而治，道法自然。

早在2000多年前的春秋时代，杰出的军事家孙武著有《孙子兵法》一书。该书共13篇，篇篇闪烁着智慧的光芒。“知己知彼，百战不殆”这句名言就是一例。这种辩证的策略思想不仅在军事上，而且在管理上也有相当的指导意义和参考价值。日本和美国的一些大公司甚至把《孙子兵法》作为培训的必备书籍。战国时代的另一本书《周礼》对封建社会的管理体制进行了理想化的设计，内容涉及政治、经济、财政、教育、军事、司法和工程等方面。该书对封建社会的经济管理的论述和设计都达到了相当高的水平。

战国时代的军事家孙膑运用运筹学对策论的思想，帮助田忌在赛马中胜了齐王。

中国古代管理思想在许多著作中都有体现，如《孙子兵法》《周礼》《墨子》《老子》《管子》《齐民要术》《天工开物》等。

1.2.2 国外早期的管理思想

国外的管理实践和思想也有着悠久的历史。在奴隶社会，管理实践和思想主要体现在指挥军队作战、治国施政和管理教会等活动上。古巴比伦人、古埃及人以及古罗马人在这些方面都有过重要贡献。

在欧洲文艺复兴时期，也出现过许多管理思想，如16世纪莫尔的《乌邦托》和马基雅维利的《君主论》。然而，外国管理实践和思想的革命性发展是在工厂制度产生之后。

18世纪60年代开始的工业革命不仅在工业技术上而且在社会关系上都引起了巨大的变化，加速了资本主义生产的发展。小手工业受到大机器生产的排挤，社会的基本生产组织形式迅速从以家庭为单位转向以工厂为单位。在新的社会生产组织形式下，效率和效益问题，协作劳动的组织和配合问题，在机器生产条件下人和机、机和机之间的协调运转问题，使传统的军队式、教会式的管理方式和手段遇到了前所未有的挑战。许多新的管理问题需要人们去回答、去解决。在这种情况下，随着资本主义工厂制度的建立和发展，不少对管理理论的建立和发展具有重大影响的管理实践和思想应运而生。

1. 亚当·斯密的劳动分工观点和经纪人观点

亚当·斯密是英国古典政治经济学家，他对管理问题有诸多见解。斯密对管理理论发展的一个贡献是其分工观点。他认为分工是增进劳动生产力的重要因素，原因是：

（1）分工可以使劳动者专门从事一种单纯的操作，从而提高熟练程度、增进技能。

（2）分工可以减少劳动者的工作转换，节约通常由一种工作转到另一种工作所损失的时间。

（3）分工可以使劳动简化，使劳动者的注意力集中在特定的对象上，有利于形成比较方便的工作方法，促进工具的改良和机器的发明。

斯密的分工观点适应了当时社会对迅速扩大劳动分工以促进工业革命发展的要求，成为资本主义管理的一条基本原理。

2. 小瓦特和博尔顿的科学管理制度

小瓦特和博尔顿分别是蒸汽机发明者瓦特和其合作者马修·博尔顿的儿子。1800 年，他们接管了一家铸造厂后，小瓦特就着手改革该厂的组织和管理，博尔顿则特别关注营销活动。他们采取了不少有效的管理方法，建立起许多管理制度，例如：

（1）在生产管理和销售方面，根据生产流程的要求，配置机器设备，编制生产计划，制定生产作业标准，实行零部件生产标准化，研究市场动态，进行预测。

（2）在成本管理方面，建立起详细的记录和先进的监督制度。

（3）在人事管理方面，制定工人和管理人员的培训和发展规划。

（4）进行工作研究，并按照工作研究结果确定工资的支付办法。

（5）实行由职工选举的委员会来管理医疗费等福利制度。

3. 马萨诸塞铁路事故与所有权和管理权分离

1841 年 10 月 5 日，在美国马萨诸塞至纽约的西部铁路上，两列火车迎头相撞，造成近 20 人伤亡。事故发生后，舆论哗然，对铁路公司老板低劣的管理工作进行了严厉的抨击。为了平息公众的怒气，在马萨诸塞州议会的推动下，这个铁路公司不得不进行管理改革。老板交出了企业的管理权，只拿红利，企业另聘具有管理才能的人担任企业领导。这是历史上第一次在企业管理中实行所有权和管理权的分离。这种分离对管理有重要的意义：

（1）独立的管理职能和专业的管理人员正式得到承认，管理不仅是一种活动，还成为一种职业。

（2）随着所有权和管理权的分离，横向的管理分工开始出现，这不仅提高了管理效率，也为企业组织形式的进一步发展奠定了基础。

（3）具有管理才能的雇用人员掌握了管理权，直接为科学管理理论的产生创造了条件。

4. 欧文的人事管理

罗伯特·欧文是 19 世纪初英国著名的空想社会主义者。他曾在其经营的一家大纺织厂中做过试验。试验主要是针对当时在工厂制度下工人劳动条件和生活水平都相当低下这一情况而进行的。试验主要包括改善工作条件、缩短工作日、提高工资、改善生活条件、发放抚恤金等。试验的目的是探索对工人和工厂所有者双方都有利的方法和制度。欧文开创了在企业中重视人的地位和作用的先河，有人因此称他为“人事管理之父”。

5. 巴贝奇的作业研究和报酬制度

查尔斯·巴贝奇是英国的数学家和机械学家。他对管理的贡献有：

（1）对工作方法的研究。他认为，一个体质较弱的人如果他所使用的铲的形状、质量、大小等方面都比较适宜，那么他的工作效率可能胜过体质比较强的人。因此，要提高工作效率，必须仔细研究工作方法。

（2）对报酬制度的研究。他主张按照对生产率贡献的大小来确定工人的报酬。工人的收入应由三部分组成：

①按照工作性质所确定的固定工资；

②按照对生产率贡献所做出的贡献分得的利润；

③为增进生产率提出建议而应得的奖金。

6. 亨利・汤的收益分享制度

亨利・汤是汤尼制造公司的领导者。他在 1889 年发表的《收益分享》一文中，提出采取收益分享制度才能克服由利润分享制度带来的不公平。收益分享，实质上是按某一部门的业绩来支付该部门职工的报酬。这样就可避免某一部门业绩好而另一部门业绩差时，因实行利润分享制度而使前者受损这一不合理现象。他提出的具体办法是：

（1）每个职工享有一种“保证工资”。

（2）每个部门按科学方法制定工作标准，并确定生产成本，该部门超过定额时，由该部门职工和管理阶层各得一半。

（3）定额应在 3 ~ 5 年内维持不变，以免降低工资。

7. 哈尔西的奖金方案

弗雷德里克・哈尔西对管理的贡献也体现在工资制度方面。1981 年，他向美国机械工程学会提交一篇题为《劳动报酬的奖金方案》的论文。论文指出了当时普遍使用的三种报酬制度的弊端：计时制对员工积极性的发挥无激励作用；计件制常因雇主降低工资率而扼杀工人提高生产量的积极性；利润分享导致部门间良莠不齐，有失公允。他认为，汤尼制造公司的收益分享虽然有改进，但在同一个部门中不公平问题依然存在。因而，他提出了自己的奖金方案。该方案是按每个工人来设计的：

（1）给予每个工人每天的“保证工资”。

（2）以该工人过去的业绩为基准，超额者发给约为正常工资率 1/3 的奖金。

哈尔希认为他所提出的制度，与当时其他常见的工资制度相比有许多优点：比如不管工人业绩如何，均可获得一定数额的计日工资。工人增加生产，就可得到奖金，从而消除了因刺激工资而引起的常见的劳资纠纷。工人奖金仅为超出部分的 1/3，即使工人增产 1 倍也不致太高，雇主从中获益 2/3，因而就不会总想削减工资率。以工人过去的业绩为基准，旨在鼓励工人比过去进步。工人所要超越的是他本人过去的业绩，而不是根据动作和时间研究制定出来的标准。

1.3　管理理论形成与发展

管理是共同劳动的产物。从有人类社会以来，人们的劳动组织形式就主要采用集体劳动方式，因此，管理实践同人类社会实践活动的历史一样悠久。人类在长期的管理实践中逐渐形成了一些管理思想，这些管理思想对管理实践起着指导和促进作用，使管理活动更加有效率。管理活动反过来又进一步丰富和发展了管理思想，由此往复，共同推动着人类社会的不断进步发展。到 19 世纪末 20 世纪初，人们对管理活动的研究达到了一个新的高峰，美国人泰勒在对前人的管理思想进行总结、探索的基础上，最先提出了一套科学管理理论，形成了系统化的管理思想，管理的发展由经验上升为科学阶段。

管理理论产生后对人类的管理活动产生了极大的影响，并得到迅猛发展，至今已形成了众多学派。我们可以把管理理论的发展划分为古典管理理论阶段、行为管理思想阶段、现代管理理论阶段和当代管理理论的发展阶段。

1.3.1 古典管理理论阶段

古典管理理论主要由泰勒的科学管理理论、法约尔的一般管理理论和韦伯的行政组织理论构成。这三个理论力图打破传统的经验管理办法，实现对作业与组织的科学的、理性的管理，进而提高管理效率。但这些思想都忽视了人的因素和环境因素的影响。

1.3.2 行为管理思想阶段

20 世纪 20 年代中期，梅奥在霍桑工厂进行的试验，宣告了另一种管理思想的诞生，使人们看到了“人”的因素的重要性与特殊性，从而激发了行为管理思想的蓬勃发展，把管理研究的重点由“物”转向了“人”，行为科学由此产生。

1.3.3 现代管理理论阶段

第二次世界大战结束后，管理理论的发展进入快速发展阶段，出现了管理丛林阶段，形成了众多的观点。这一阶段管理理论的突出特点是强调了环境对组织的影响，把管理的研究从封闭状态推向开放状态，冲破了以往着重于组织的内部并倾向于寻找普遍适用的最佳管理模式的做法，使人们对组织与管理问题的思考和行动发生了巨大变化。

1.3.4 当代管理理论阶段

世界经济的不断发展，尤其是当今信息工业的发展，带给组织一系列变化，管理理论又有了新的发展，形成了管理理论发展的第四个阶段，即当代管理理论阶段。

1.4 管理道德与企业社会责任

1.4.1 管理道德的重要性

管理道德是管理学研究和伦理学研究的一个崭新课题。20 世纪管理科学的产生、发展和应用，使人类社会获得了空前的进步。现代伦理学将道德定义为，依靠社会舆论和人内心信念维持的、调整人们相互关系、规范行为是非的管理或原则。在中国哲学史上，孔子主张“志于道，据于德”，其中“道”指理想的人格或社会因素，“德”指立身行事的准则。

随着社会的进步和发展，加强企业管理道德建设逐渐成为社会各界的共识。

首先，企业既是经济组织，也是社会组织。既然企业的发展离不开社会进步，那么企业就不仅追求自己的利益，也要实现社会利益；不仅要促进经济的繁荣，也要推动社会的全面发展，履行社会责任，而企业能在多大程度上参与社会建设、履行社会责任则是由其管理道德决定的。从这个角度出发，得出的结论是：强化企业管理道德建设是企业履行社会责任的前提。

其次，大量事例表明，企业道德管理建设有助于提升企业的竞争优势，两者是正相关的关系，即管理道德上升，竞争优势也随之上升；管理道德下降，竞争优势也随之削弱。

在我国建立社会主义市场经济体制过程中，从道德优势可以转化为竞争优势的角度论证企业加强管理道德建设的必要性，具有十分重要的意义，它可以使道德不再流于一种说教，而是将道德思想贯穿于企业的经营实践中。

1.4.2 企业社会责任

当今的管理人员在管理实践中经常会遇到如下问题：是否为慈善事业出力、是否以及怎样保护自然环境等，这些问题均与社会责任有关。

1. 社会责任的概念

美国管理学家斯蒂芬认为，社会责任是工商企业追求有利于社会的义务，而不是法律和经济所要求的义务。为了进一步解释这一概念，斯蒂芬将社会责任与社会义务、社会响应的概念进行了对比。

（1）社会义务是工商企业参与社会的基础，一个企业当它履行其经济和法律责任时，它已经履行了自己的社会义务。

（2）社会责任是企业（无论是否承担社会责任）遵守为前提的，或者说是以企业承担社会义务为前提的。

（3）社会响应是指一个企业适应变化的社会状况的能力，是由社会伦理道德引导的，它能够为管理者作决策提供一个更有意义的指南。

社会责任与社会响应是建立在社会义务之上的两个概念，其中，社会责任加入了一种道德规则，促使人们从事使社会变得更美好的事情，而不做有损于社会的事情。

社会责任与社会响应的区别见表 1-1。

表1-1 社会责任与社会响应的区别

比较项目	社会责任	社会响应
主要考虑对象	道德的	实际的
焦点	结果	手段
强调	义务	响应
决策框架	长期	中、短期

【互动课堂】

苏北某市是江苏最贫困的市之一。该市只有极个别的具有高技术含量的企业，科创公司就是其中之一。它原是一家国有企业，主要生产变压器。但经营不佳，亏损严重。为了加快经济发展，市政府决定以比较低的价格将科创公司让民营企业家向科买断产权，组建股份有限公司。买断的条件是在原有的四百多个工人中，保留一百多人。向科是一位十分精明能干且具有比较优良素质的企业家，受过高等教育，在特区搞过经营。买断该企业后，他进行两项改革：一是提高科技开发的投入比重；二是提高销售成本比例。前者由 1% 提高到 5%，后者由 3% 提高到 12%。两项措施都比较有力地推动了企业的经营。向科认为，现在该企业的产品虽然在同行业中市场占有率不算最高，但前景很乐观。另外，在改制后的第二年，他解雇了原企业留下的部分工人。估计不需要多长时间，保留的一百多个工人中相当多的工人都要被解雇。

向科认为，他已陷入经济与道德、企业自身发展与履行社会责任的困境中。首先，作为本地的窗口企业，它的发展必将推动地域经济的发展，然而，提高销售成本会滋长企业经营中的一些不道德现象，形成不正当的竞争。其次，低价买断产权时，承诺接受一百多名工人，实践证明，相当一部分难以达到他的管理要求。于是，要么花大量经费培训这些工人，要么解雇他们。为了本企业的发展，向科选择了后者。

你认为，在这种困境中，经营者应当如何抉择？

2. 企业应该承担的社会责任

1）企业对员工的责任

员工作为企业人力资源的所有者，在现代企业中的地位和作用日益重要，这是因为，一方面，现代企业之间的竞争最终都归结为人力资源的竞争，拥有知识和技能的员工是企业竞争制胜的决定性因素；另一方面，员工作为一种人力资本，具有一定的专业性，这种专业性将员工个人的命运与企业的命运紧密联系起来。因此，企业必须对员工承担相应的责任。

2）企业对投资者的责任

作为投资者的股东或所有者，是物资资本的拥有者，正是由于他们的出资，企业才得以建立。因此，企业应从投资者的切身利益出发，积极参与市场开拓与竞争，以确保投资者获得投资收入和资产增值。同时，企业有责任将其财务状况及时、准确地报告给投资者。

3）企业对服务对象的责任

企业作为一个经济组织，服务对象就是其产品或服务的消费者，在很大程度上取决于服务对象的选择，在买方市场的情况下尤其如此。

4）企业对环境的责任

随着工业文明的演进，企业的生产活动对自然环境的影响越来越大，不仅大量吞噬着自然资源，而且可能会释放大量的废物，可能破坏生态环境，甚至危害人类的健康和生命安全，阻碍经济与社会的协调发展，因此，如何治理环境污染、保护自然资源便成为企业承担的社会责任的主要内容之一。

5）对竞争者的责任

竞争是市场经济的核心内容，但竞争必须是公平的，参与市场活动的各个企业应当站在同一起跑线上，不能有人为的障碍。凡是一切不正当竞争手段，都有违公平竞争原则，有损市场竞争秩序。因此，企业应当自觉遵守竞争规则，尊重竞争对手的正当权益，自觉维护良好的市场竞争秩序。

6）对社区居民的责任

企业的经营不仅直接影响到投资者和服务对象的利益，同时也对企业所在社区的居民有重大影响，一方面，它为当地居民提供就业机会，增加居民收入；另一方面，企业的生活经营直接影响当地的环境，对居民的身心健康产生影响。因此，重视社区利益，也是企业应当承担的社会责任。企业应根据自己的条件，积极关心和支持社区的文化教育事业、福利事业，关心和赞助社区的慈善事业，同当地政府、居民、公共团体建立良好的关系，并通过自身事业的发展，为社区提供更多的就业机会。

【思政园地】

党的二十大报告要求：“坚持和完善社会主义基本经济制度，毫不动摇巩固和发展公有制经济，毫不动摇鼓励、支持、引导非公有制经济发展，充分发挥市场在资源配置中的决定性作用，更好发挥政府作用。深化国资国企改革，加快国有经济布局优化和结构调整，推动国有资本和国有企业做强做优做大，提升企业核心竞争力。优化民营企业发展环境，依法保护民营企业产权和企业家权益，促进民营经济发展壮大。完善中国特色现代企业制度，弘扬企业家精神，加快建设世界一流企业。”

【知识巩固】

一、单选题

1. 一般来说，组织的外部要素是（　　）。

A. 可以控制的　　B. 无法控制的

C. 部分可控的　　D. 不可以控制的

2. 管理是生产过程固有的属性，是指（　　）。

A. 管理的目的性　　B. 管理的必要性

C. 管理的科学性　　D. 管理的民主性

3. 管理是一种艺术，这是强调管理的（　　）。

A. 复杂性　　B. 有效性　　C. 实践性　　D. 精确性

4. 管理的核心是（　　）。

A. 决策　　B. 处理好人际关系

C. 组织　　D. 控制

5.《管理学》总的方法论是（　　）。

A. 系统方法　　B. 理论联系实际的方法

C. 唯物辩证法　　D. 比较分析法

二、多选题

1. 组织内部要素包括（　　）。

A. 目标　　B. 信息　　C. 机构

D. 人　　E. 物

2. 管理者在管理过程中承担的职能是（　　）。

A. 计划　　B. 组织　　C. 人员配备

D. 指导和领导　　E. 控制

3. 管理学的特点有（　　）。

A. 一般性　　B. 边缘性　　C. 历史性

D. 多样性　　E. 实践性

4. 管理这种社会现象存在的必要条件是（　　）。

A. 两个人以上的集体活动　　B. 有机构

C. 有一致认可的目标　　D. 有管理者

E. 有各种资源

5. 管理的二重性是指管理的（　　）。

A. 科学性　　B. 自然属性　　C. 艺术性

D. 社会属性　　E. 实践性

6. 德鲁克认为管理者在组织中应承担（　　）责任。

A. 管理一个组织　　B. 管理管理者　　C. 管理工作和人

D. 决策　　E. 计划

三、判断题

1. 管理的载体是组织。（　　）
2. 作为一种知识体系，管理学是管理思想、管理原理、管理技能和方法的综合。（　　）
3. 划分管理的职能，意味着这些管理职能是互不相关、截然不同的。（　　）
4. 管理的艺术性表现在管理的实践性上，在实践中发挥管理人员的创造性。（　　）

四、简答题

1. 简述管理的基本特征。
2. 简述系统的观点。
3. 联系实际试论述掌握管理二重性的意义。
4. 联系实际说明为什么要学习、研究管理学？

【案例研讨】

<table>
<tr><td>模　块</td><td colspan="2">模块 1　认识管理</td><td>姓　名</td><td></td></tr>
<tr><td>单　元</td><td colspan="2">单元 1　管理与管理思想</td><td>讨 论 组</td><td></td></tr>
<tr><td>案例内容</td><td colspan="4">伦迪公司的苦恼
伦迪汽车分销公司是一家新成立的企业，下设若干销售门店。
公司刚成立时，为具体体现民主管理，制定了若干的责任制度，运转尚属顺利。随着时间的推移，员工中相互推诿的事情时有发生，但在处理这种事情时，又说不清谁应承担责任，以致有的事情就不了了之。为了推进民主管理，公司力争让下属参与某些重要决策。他们引进了高级小组制度，从每个销售门市部挑选一名非管理者，共挑出五人，公司主管人员每月与他们开一次会，讨论各种问题的解决方法和执行策略。尽管如此，但员工的积极性并没有充分调动起来。
经过两年的经营，公司的营业收入有了一定的增长，但企业的税前利润增长不快，第二年比第一年只增长 1.8%。这给主管人员带来很大的苦恼。</td></tr>
<tr><td rowspan="4">案例分析</td><td>分析问题 1</td><td colspan="3">伦迪公司制定了责任制度，却又出现责任不清，请分析原因。</td></tr>
<tr><td colspan="4">个人分析：</td></tr>
<tr><td>分析问题 2</td><td colspan="3">从管理的特征和职能分析，应该如何调动员工的积极性?</td></tr>
<tr><td colspan="4">个人分析：</td></tr>
<tr><td>小组讨论结论</td><td colspan="4"></td></tr>
<tr><td rowspan="2">教师评价</td><td>星级</td><td colspan="3">☆☆☆☆☆</td></tr>
<tr><td colspan="4">评语：</td></tr>
</table>

【游戏体验】

<table>
<tr><td>模块</td><td colspan="3">模块 1 认识管理</td></tr>
<tr><td>单元</td><td colspan="3">单元 1 管理与管理思想</td></tr>
<tr><td>游戏名称</td><td colspan="3">集体的智慧</td></tr>
<tr><td rowspan="7">游戏玩法</td><td>序 号</td><td>内 容</td><td>说 明</td></tr>
<tr><td>1</td><td>活动目的</td><td>让学生体会及学习，个人决定的偏差和集体管理智慧的力量。</td></tr>
<tr><td>2</td><td>游戏形式</td><td>8 人一组为最佳</td></tr>
<tr><td>3</td><td>时间要求</td><td>15 ~ 20 min</td></tr>
<tr><td>4</td><td>材料准备</td><td>一罐玉米或类似道具</td></tr>
<tr><td>5</td><td>操作程序</td><td>步骤一：在一个罐子里装上玉米（事先数好）。
步骤二：将罐子给大家看，并让大家估计玉米的数量。
步骤三：小组将每个人的估数算出平均数、中间数和频数分布并将结果告诉大家（有时也会告诉大家推导结论的基本原理）。
步骤四：将该过程重复 3 遍（或直到得出一个比较稳定的结果）。
步骤五：宣布正确答案，并请大家比较一下自己最初的估计和小组最后的结论，看哪个更准确。</td></tr>
<tr><td>6</td><td>有关讨论</td><td>（1）哪个更准确：个人原先的估计还是最终小组的决定？
（2）为什么小组的答案更准确？
（3）这种方法在工作中对我们的管理活动有何启示？</td></tr>
</table>

<table>
<tr><td rowspan="3">游戏计划安排</td><td colspan="4"></td></tr>
<tr><td>班 级</td><td></td><td>组长签字</td><td></td></tr>
<tr><td>教师签字</td><td></td><td>日 期</td><td></td></tr>
<tr><td>游戏问题讨论与心得体会</td><td colspan="4">心得：</td></tr>
</table>

【技能实训】

<table>
<tr><td>模块</td><td colspan="3">模块 1　认识管理</td></tr>
<tr><td>单元</td><td colspan="3">单元 1　管理与管理思想</td></tr>
<tr><td>技能</td><td colspan="3">树立创新性管理意识</td></tr>
<tr><td rowspan="4">实训安排</td><td>序　号</td><td>项　目</td><td>说　明</td></tr>
<tr><td>1</td><td>实训目的</td><td>（1）强化学生对管理特征的认识。
（2）提高学生对基本概念的理解能力。
（3）让学生形成初步的管理意识。</td></tr>
<tr><td>2</td><td>实训内容</td><td>启发学生深度挖掘自己的创造力，向“星级”人物学习，有目标地培养创新意识。</td></tr>
<tr><td>3</td><td>实训要求</td><td>（1）告诉大家每个人都具有创新的潜质。但是，去了解那些处在创新巅峰的人们的性格特征，对于我们来讲难道不是一件有趣的事吗？
（2）让每个学生各自列出一些他们所知的创新之“星”的性格特点。
（3）组成 4 ~ 5 人的小组，并让他们相互比照一下各自列出的内容。
（4）10 min 以后，让他们恢复到大班的形式。问：
你们刚才发现了什么？有哪些相同点？哪些不同点？
你了解到创新之“星”有哪些特点？</td></tr>
<tr><td rowspan="6">实训过程记录</td><td>创新性管理人才</td><td colspan="2">优 秀 特 质</td></tr>
<tr><td>1</td><td colspan="2"></td></tr>
<tr><td>2</td><td colspan="2"></td></tr>
<tr><td>3</td><td colspan="2"></td></tr>
<tr><td colspan="3">创新性管理人才的共性：</td></tr>
<tr><td colspan="3">演讲与讨论：</td></tr>
<tr><td rowspan="3">实训评价</td><td>班　级</td><td></td><td>姓　名</td></tr>
<tr><td>教师评价</td><td></td><td>自我评价</td></tr>
<tr><td colspan="3">我的实训成果：</td></tr>
</table>

【学习评价】

<table>
<tr><td>模　　块</td><td colspan="3">模块 1　认识管理</td></tr>
<tr><td>单　　元</td><td colspan="2">单元 1　管理与管理思想</td><td>学　　时</td></tr>
<tr><td>我的收获</td><td>序　号</td><td>内　容</td><td>自评星级</td></tr>
<tr><td rowspan="4">知识获取</td><td>1</td><td></td><td></td></tr>
<tr><td>2</td><td></td><td></td></tr>
<tr><td>3</td><td></td><td></td></tr>
<tr><td>4</td><td></td><td></td></tr>
<tr><td rowspan="3">能力培养</td><td>1</td><td></td><td></td></tr>
<tr><td>2</td><td></td><td></td></tr>
<tr><td>3</td><td></td><td></td></tr>
<tr><td rowspan="2">素质提升</td><td>1</td><td></td><td></td></tr>
<tr><td>2</td><td></td><td></td></tr>
<tr><td>问题反馈</td><td colspan="3"></td></tr>
</table>

<table>
<tr><td rowspan="2">教师评价</td><td>班　　级</td><td></td><td>姓　　名</td><td></td><td>总　　分</td><td></td></tr>
<tr><td colspan="6">评语：</td></tr>
</table>

【东方管理思想】

圣人处无为之事，行不言之教。

——《道德经·第二章》

单元2　管理原理与方法

【学习目标】

知识目标

1. 了解管理原理的概念和特征；
2. 掌握管理的基本方法。

能力目标

1. 能够准确把握管理的方式方法；
2. 具备将管理方法运用于实践的能力。

素质目标

1. 培养学生树立科学的管理理念；
2. 引导学生在管理活动中践行科学的管理方法。

【情景导入】

科学管理有方法

QL公司是一家现代石油化工生产企业，由于这种行业具有特殊性和危险性，公司一开始就实行从严从实管理，制订岗位操作要求，实行公司、厂两级检查和奖惩制度。

公司所属烯烃厂裂解一班工人提出“自我管理，让领导放心”的口号，并提出“免检”申请。公司抓住这一契机，在全公司推广创“免检”活动，并细化为一套可操作的行为准则，即：①工作职责标准化；②专业管理制度化；③现场管理定量化；④岗位培训星级化；⑤工作安排定期化；⑥工作过程程序化；⑦经济责任和管理责任契约化；⑧考核奖惩定量化；⑨台账资料规格化；⑩管理手段现代化。

公司开展“信得过”活动，使企业基层以及整个企业的管理水平有了显著提高。主要表现在：

（1）职工的主人翁意识普遍增强，实现了职工从“我被管理”到“我来管理”，群众性从严管理蔚然成风。

（2）基层建设方面明确了由专业管理制度、管理人员职责范围和工作标准、班组岗位十项规章制度等三方面构成，使基层管理水平有了明显提高。

（3）星级管理使职工主动学技术、技能，努力成为多面手；对管理装置工艺流程全面了解，提高了处理本岗本系统突发事件的应变能力，事故发生率大幅度降低。

（4）企业经济效益显著提高。

思考：QL的“信得过”管理采用了哪些管理的基本方法？

【理论学习】

2.1 管理原理

2.1.1 管理原理的含义、特征和研究意义

1. 管理原理的含义

管理原理是指在管理实践过程中，通过对各项管理制度和管理方法进行高度综合与概括，对管理工作中实际问题的科学分析和总结而形成的具有普遍指导意义的基本规律。

2. 管理原理的特征

（1）客观性。反映着事物内部的必然联系和必然发展趋势。

（2）概括性。是对普遍事物、普遍实质的概括总结，而不是对局部的简单描述。

（3）相对稳定性。稳中有变，变中有稳。

3. 管理原理的研究意义

（1）有助于提高管理工作的科学性，避免盲目性。

（2）有助于掌握管理的基本规律。

（3）有助于迅速找到解决管理活动的途径和手段。

2.1.2 管理原理的主要内容

1. 系统原理

系统原理是了解管理原理的基础和前提。系统原理主要有如下六个特性：

（1）整体性，系统虽然是由若干要素构成，但是一定要以实现整体效果的最大化为目标。

（2）动态性，任何物质都是运动和变化着的，需要正确把握系统的发展变化，并研究和总结其发展规律，以便有效地实现系统的特定功能。

（3）开放性，只有同外部社会进行交流以获取企业生存和发展的能量，才能保证企业系统的生机和活力，对外开放是系统的生命。

（4）综合性，系统是由相互联系和作用的多个要素为实现特定功能而组成的综合体，世界上没有什么东西不能通过综合而得到。

（5）层次性，管理系统的层次对输出系统整体功能具有重大的制约作用。

（6）环境适应性，系统不是孤立存在的，它需要和周围事物发生各种联系，因地制宜才能保证组织的可持续发展。

2. 人本原理

人本原理的核心思想就是“以人为本”。人本管理强调人的重要性，强调由人进行的管理和对人的管理，把人的因素提到了根本性的地位。人本原理主要观点是：

（1）尊重人，认识到员工是企业的主体，员工是企业运营的核心力量。

（2）依靠人，有效管理的关键是员工积极参与，充分发挥主观能动性，能够取得更有效的管理结果。

（3）发展人，激发员工的积极性和创造性，使个人得到最完美的发展。

（4）为了人，管理是为人服务的，不仅要服务于企业的员工，还要服务于企业外部的广大客户和消费者。

【互动课堂】

通用电气高超的情感管理

通用电气公司创建于1892年，它的情感管理方式一度为业内所赞誉。通用电气公司认为情感管理由以下几个要素构成，即理解雇员心理、企业就是大家庭、公司内民主、员工第一等。

一般公司按个人或部门业绩、个人专业能力等依据实施管理者晋升和考核，可通用电气公司制定的经理晋升考试制度不同寻常。升级考试命题并不是来自经济学典籍，也不是来自那些晦涩难懂的经营理论专著，而是莎士比亚作品中的一部，试卷则是写一篇我们常说的“读后感”而已。开始时许多人百思不解，甚至提出意见。后经专家一语道破，才恍然大悟：这是对企业高级管理人员的基本心理素质要求。试想连一部世人皆知的文学作品中的人物心理尚不得而知的人，又怎样去理解公司内部成千上万的雇员心理呢？通用电气抓住了情感管理的要素，即经理人员理解雇员心理是情感管理的先决条件。

通用电气公司的做法体现了哪个管理原理？

3. 责任原理

管理是追求效率和效益的过程。管理者想要完成既定的生产或经营任务，就需要给每位员工分配工作任务，明确规定各职位应担负的责任。合理的分工是确定职责的基础，没有分工，会造成责任模糊，管理混乱；分工过细，又会使工作变得单调枯燥，影响员工的积极性和创造性，导致工作效率低下。在合理分工时，需要考虑如下三个因素：

（1）权限，明确了职责，就要授予相应的权力。

（2）利益，负责就意味着责任者不仅是利益所得者，也要承担相应的风险。

（3）能力，能力是完全负责的关键因素。

4. 能级原理

“能级”是借用物理学的一个概念，在管理学中，能级结构是指为了实施有效的管理，必须在组织中建立一个人合理的能级结构，并按照一定的标准，将管理的对象置于相应的能级结构中。能级原理的重点在于如何让人的能量得到最大限度的发挥。因此，按能级配置人员要注意如下四点：

（1）能级与职级配置，使能者有其位。

（2）能级与岗位配置，使能者有其岗。

（3）能级与待遇配置，使能者有其利。

（4）能级与能级交叉配置，实现能力优化组合。

5. 效益原理

效益原理的基本含义是指现代管理的基本目标在于获得最佳管理效益，实现更好的社会效益。管理效益一般分为社会效益和经济效益，经济效益较社会效益更加直接，可用若干经济指标计算和考核。经济效益是讲求社会效益的基础，社会效益是促进经济效益提高的重要条件，而管理效益实际上是二者的有机统一。获取效益是管理的根本目的，管理是对效益的不断追求，实现管理效益的因素很多，但至少要注意如下四点：

（1）重视经济效益，管理效益的直接形态是通过经济效益体现的。

（2）有正确的管理战略，管理战略正确与否关系到整个管理过程的发展方向。

（3）努力提高管理系统的效率，管理的目标是实现效益最大化，而提高管理系统的效率是实现这一目标的根本保证。

（4）追求长期、稳定的高效益，组织应根据市场的需求和发展变化作出正确的判断，以保证组织长期稳定的高效益。

6. 信息原理

信息是组织的一种重要资源，是现代管理的依据和基础，信息技术已成为现代企业的核心技术。信息狭义上是指一种消息、资料或数据；广义上是指物质的一种普遍属性，是物质存在方式和运动规律与特点的表现形式。控制论的创始人维纳对信息所下的定义是："信息是人们在适应外部世界并且使这种适应反作用于世界的过程中，同外部世界进行交换的内容和名称。"管理工作的基础就是信息，管理信息具有如下三大基本特征：

（1）价值的不确定性，不同时间、不同地点、不同企业、使用人数不同等因素都会影响到信息的价值。

（2）内容的可干扰性，管理信息内容的客观性在被感知、认识和传送的过程中可能受到干扰，这种干扰可能来自其他信息的存在，但其他信息的存在不是人们认识信息的唯一干扰源。

（3）形式和内容的更替性，作为反映客观事物的符号，管理信息的内容和形式是随着客观世界本身的变化而不断改变的。结合管理信息的特征，信息管理的任务就是要识别使用者的信息需要，对数据进行收集、加工、存储和检索，对信息的传递加以计划，将数据转化为信息，并将这些信息及时、准确、适当和经济地提供给组织的各级主管人员及其他相关人员。

7. 适度原理

适度原理是指要求管理者在处理组织内部各种矛盾、协调各种关系时把握好度的问题。适度的根本原因在于组织面对各种不确定性以及由此而决定的管理实践的艺术性特征。在管理活动中，会存在许多相互矛盾的选择，在选择解决方案时，管理理论和管理工具与方法往往是科学的，而管理实践是艺术的，这就要求管理者在二者之间寻找到最恰当的点，进行适度管理，实现适度组合。不难看出，度的把握很大程度取决于管理者的直觉，因此管理者需要重视直觉能力的培养和应用。表面上看，直觉没有详细的数据，没有定量的模型，没有精确的计算，因而没有形式上的科学性。但实际上，直觉可能是一个快速的逻辑思维过程的结果，直觉思维有着丰富的科学内涵，管理者必须注重直觉决策能力的培养。

2.2 管理方法

2.2.1 管理方法的含义和特征

1. 管理方法的含义

管理方法是指用来实现管理目的而运用的手段、方式、途径和程序等的总称。在人际关系理论的推动下，对于组织的管理和研究便从原来以“事”为中心发展到以“人”为中心，由原来对“纪律”的研究发展到对行为的分析，由原来的“监督”管理发展到“自主”管理，由原来的“独裁式”管理发展到“民主参与式”的管理。管理者在管理中采取以工作人员为中心的领导方式，即实行民主领导，让职工参加决策会议，领导者经常考虑下属的处境、想法、要求和希望，与下属采取合作态度，管理中的问题通过集体讨论，由集体来做出决定，监督也采取职工互相监督的方式等。这样，职工在情感上容易和组织融为一体，对上司不是恐惧疏远而是亲切信任，他们的工作情绪也就可以保持较高的状态，从而使组织活动取得更大的成果。这种以人为中心的管理理论和方法也包含着一系列更为具体的管理方法，常用的主要有参与管理、民主管理、工作扩大化、提案制度和走动管理等。

管理方法是管理理论、原理的自然延伸和具体化、实际化，是管理原理指导管理活动的必要桥梁，是实现管理目标的途径，它的作用是一切管理理论、原理本身所无法替代的。

2. 管理方法的特征

1）管理数据化

现代管理方法把传统管理方法中的定性描述发展到吸纳带管理的定量计算上，把定性分析和定量分析结合起来使管理“科学化”。实践证明，定性分析和定量分析是不可偏废的两个侧面。离开定性分析，定量分析就失去灵魂、迷失方向；而任何质量又表现为一定数量，没有数量就没有质量，没有准确的数字为依据就不能做出正确的判断。

2）管理系统化

现代化管理方法广泛采用现代系统理论，把系统分析方法应用于管理，使复杂的问题系统化、简单化。现代化管理方法为管理人员全面地理解问题和解决问题提供了科学的数学模型，实行计划、方案设计、办法的最优化选择。

3）管理标准化

现代化管理方法的运用，可以实现管理标准化。管理工作的标准化，就是按照管理活动的规律，把管理工作中经常重复出现的内容，规定出标准数据、标准工作程序和标准工作方法，作为从事管理工作的原则。

4）管理民主化

现代化管理中，不仅充分发挥各级领导和专业管理人员的作用，更加重视调动与发挥全体员工的主动性、积极性和创造性，使全体员工在管理中发挥更大的作用。

2.2.2　管理方法的类型

管理方法可按以下标准进行分类：

1. 按作用的原理划分

按作用的原理，可分为经济方法、行政方法、法律方法和社会学心理学方法。

1）经济方法

经济方法是指依靠利益驱动，利用经济手段，通过调节和影响被管理者物质需要而促进管理目标实现的方法。其特点是利益驱动性、普遍性和持久性，局限性为可能产生明显的负面作用。

经济方法的主要形式有价格、税收、信贷、经济核算、利润、工资、奖金、罚款、定额管理、经营责任制等。

2）行政方法

行政方法是指依靠行政权威，借助行政手段，直接指挥和协调管理对象的方法。其特点是具有强制性、直接性、垂直性和无偿性。局限性为由于强制干预，容易引起被管理者的心理抵抗。

行政方法的主要形式有命令、指示、计划、指挥、监督、检查、协调等。

3）法律方法

法律方法是指借助国家法规和组织制度，严格约束管理对象为实现组织目标而工作的一种方法。其特点为高度强制性和规范性。局限性是对于特殊情况有适用上的困难，缺乏灵活性。

法律方法的主要形式有国家的法律、法规，组织内部的规章制度，司法和仲裁等。

4）社会学心理学方法

社会学心理学方法是指借助社会学和心理学原理，运用教育、激励、沟通等手段，通过满足管理对象社会心理需要的方式来调动其积极性的方法。其特点有自觉自愿性和持久性，局限性主要表现为对紧急情况难以适应。

社会心理学方法的主要形式有宣传教育、思想沟通、各种形式的激励等。

2. 按管理方法适用的普遍程度划分

按管理方法适用的普遍程度划分，可分为专门管理方法和通用管理方法。

1）专门管理方法

它是对某个资源要素、某一局部或某一时期实施管理所特有的专门方法，是为解决具体管理问题的管理方法。如计算机信息管理是以信息资源为主要管理对象的具体管理方法，激励管理方法是以人力资源为管理对象的具体管理方法。而生产管理、销售管理、库存管理、行政管理等，由于管理对象、目的不同而具备不同的管理特点，这就要求必须有适应这些特点的特殊的、专门的方法。即使是某一类型的管理，由于其具体的条件不同，也各有其不同的特点。例如，同样是企业的生产管理，但对每一个特定企业而言，由于工艺技术不同、所有制不同、生产的规模不同、人的素质不同、社会环境不同，其管理都会具有各自的特点，需要有同它们的特点相适应的管理方法。总之，每一事物、每一过程的矛盾都各有其特殊性质，用不同的方法去解决不同的矛盾，是由各种不同的管理活动所具有的特殊规律决定的，管理者应该根据各种不同的具体条件发挥其创造性。每个新的具体方法的产生，都是管理者的知识经验、组织能力、专业技能和创造性思维的集中表现。

2）通用管理方法

它是以不同领域的管理活动都存在某些共同的属性为依据而总结出的管理方法。通用管理方法是人们对不同领域、不同部门、不同条件管理实践的理论概括和总结，揭示出了这些共同属性，从而总结出的管理方法。比如，不论是政治活动还是经济活动，都需要做好决策和为协调各方面的活动而进行的组织和控制，以保证预定目标的实现。这种存在于各种管理活动中的共同性，决定了某些管理方法是通用的。在管理的实践过程中，管理学家根据管理实际工作中的应用问题提出了许多通用的管理方法，其中有任务管理法、人本管理法、目标管理法、系统管理法等。这些通用管理方法对于各种不同的管理活动都是适用的，是管理方法中主要和重要的组成部分。

专门管理方法和通用管理方法并非是绝对分立，而是相互影响、相互制约的。通用管理方法是专门管理方法的前提和基础，它为人们运用专门管理方法提供思想路线和基本原则，专门管理方法则是通用管理方法的具体表现。人们在把专门管理方法运用于实际工作的时候总是自觉不自觉地表现其通用的方法；反过来说，通用的方法又必定会支配和制约着人们对专门管理方法的运用。

3. 按方法的定量化程度划分

按方法的定量化程度划分，可分为定性管理方法和定量管理方法。

任何事物都有质的规定性和量的规定性，原则上都可以从质和量两个方面来把握。一般认为，确定事物内部和外部各种数量关系的方法称为定量的方法；确定事物及其运动状态的性质的方法称为定性的方法。

在管理实践中，管理者运用数理知识方法，对管理现象及其发展趋势，以及与之相联系的各种因素，进行计算、测量、推导等，属于定量分析方法。管理者对管理现象的基本情况进行判断，粗略统计和估计属于定性分析方法。定性是粗略的定量，定量是精确的定性。在现代管理中，定量管理已成为很重要的方法和手段，这标志着管理水平的提高。定量方法是重要的，但是它并不排斥定性的方法，这不仅是由于定性是定量的基础，而且还在于，有许多事物和现象运用目前的手段还难以进行定量研究，从而使定量方法受到限制。定量方法和定性方法又是相互渗透的，许多问题的解决，常常需要二者相互补充。还有不少方法既可用来定性，又可用来定量。管理者在管理的过程中，要充分利用这两种管理方法的特点，为管理服务。

【思政园地】

党的二十大报告要求："在社会基层坚持和发展新时代'枫桥经验'，完善正确处理新形势下人民内部矛盾机制，加强和改进人民信访工作，畅通和规范群众诉求表达、利益协调、权益保障通道，完善网格化管理、精细化服务、信息化支撑的基层治理平台，健全城乡社区治理体系，及时把矛盾纠纷化解在基层、化解在萌芽状态。"

【知识巩固】

一、单选题

1. 管理是一种动态协调过程，协调的对象最主要是（　　）。

A. 资金周转　　B. 信息
C. 实物资产　　D. 人与人之间的关系

2. 组织职能的本质是（　　）。

A. 建立企业组织结构　　B. 职务设计
C. 分工协作　　D. 授权

3. 下列管理学家中，（　　）被人们称为“经营管理之父”。

A. 泰罗　　B. 法约尔　　C. 韦伯　　D. 波特

4. 现代管理理论丛林中，（　　）学派主张管理人员的职能是共同的，并且这些职能构成一个连续的循环过程。

A. 经验学派　　B. 管理过程学派
C. 系统学派　　D. 权变学派

5. 某企业为了建设企业文化，组织员工去天安门广场观看升国旗，唱国歌，这属于管理的（　　）方法。

A. 法律　　B. 行政　　C. 教育　　D. 方法

6. 行政方法的运用，一般是（　　）。

A. 自上而下　　B. 自下而上
C. 横向　　D. 纵横结合

二、多选题

1. 管理的特征包括（　　）。

A. 主导性　　B. 科学性　　C. 艺术性
D. 权变性　　E. 系统性

2. 20世纪七八十年代以来，我国企业管理面临的挑战主要来自（　　）。

A. 技术创新的加快和创新风险的加大　　B. 知识经济时代的来临
C. 经济全球化日益深入　　D. 我国加入WTO
E. 我国对外经济合作的增加

3. 按方法的定量化程度，可分为（　　）。

A. 定性管理方法　　B. 定量管理方法
C. 法律方法　　D. 经济方法

4. 管理原理的特征有（　　）。

A. 客观性　　B. 概括性
C. 相对稳定性　　D. 系统性

三、判断题

1. 管理方法按作用分包括行政方法、经济方法、法律方法和社会学心理学方法。（ ）
2. 管理方法是指用来实现管理目的而运用的手段、方式、途径和程序等的总称。（ ）
3. 专门管理方法和通用管理方法是分立的，互不影响。（ ）

四、简答题

1. 什么是管理方法？管理方法有何重要性？
2. 如何正确运用奖金与罚款这两种经济手段？

【案例研讨】

<table>
<tr><td>模　块</td><td>模块 1　认识管理</td><td>姓　名</td><td></td></tr>
<tr><td>单　元</td><td>单元 2　管理原理与方法</td><td>讨 论 组</td><td></td></tr>
<tr><td>案例内容</td><td colspan="3">阿里巴巴信息化管理
阿里的办公信息化始于 2013 年，阿里巴巴信息平台事业部推出了“阿里内外”——以企业主站的形式为员工提供最基本的搜人、寻找站点入口等服务，这是信息化的第一步。紧接着随着公司快速成长，公司领导意识到，如果所处的网络不安全、没有数据沉淀，那一切所做的信息化工作都是徒劳无功的。所以在 2014 年 4 月，信息平台启动了 NAC（网络准入）和 MDM（设备管理）并进行了落地。
之后，公司领导又遇到了新的挑战。当时阿里入职的每位新员工都会配备 1 台 1 000 多元的固定电话，而这个固定电话 90% 的时间是不用的，所以启动了“软电话”项目，员工只要拿着计算机或者手机，就可以随时随地免费打电话。
2015 年随着越来越多的技术人员加入阿里，公司给员工配备了 Mac 笔记本计算机，但是没有投屏的接口，信息平台研发了“无线投屏”，无论 Mac/Windows 笔记本计算机还是手机，都可以随时随地把桌面投到电视上。
2015 年之前，很多员工会上网下载免费软件，下载后却发现软件中自带一些插件，且无法卸载。所以公司做了“软件管家”，员工可以在上面获取工作所需的各种软件。通过软件管家把所有办公软件实行规范化管理，软件申请实现自动化审批，并可以随时随地在后台看到每天的软件使用量、申请量、剩余库存等，实时进行管理。
2014—2015 年期间，阿里园区的发展速度非常快，仅杭州地区一年就有六七个园区项目在进行，且每个园区都是千人以上的规模。面临的问题就是当时阿里用的是商用 Wi-Fi，每个新园区都需要布置控制器，再配一个网工，因为除了网工，没有人能让 Wi-Fi 工作，基本一个园区要花费几个人做一个月，而上线以后网工还要做各种用户支持。于是公司研发团队用了 1 年多时间，做自研 Wi-Fi。
近两年来，随着阿里的园区、办公点越来越多（包括阿里国际化以后，美国、英国、东南亚、印度等国家和地区），对音视频会议的要求非常高。一开始公司使用的是业界 TOP3 的硬件品牌，但它操作起来比较复杂，遥控器上至少有 30 多个按键，导致员工开视频会议前，需要先找 IT 预约指导。为了优化体验，让员工能够随时随地拿着计算机、手机开会，公司又开启了全自研的音视频会议之路。
现在，信息平台把之前做的所有基础办公产品进行整合，建立了统一的办公平台——内部称为“阿里郎”。并且刚才提到的所有产品，都通过阿里云服务于外部客户。</td></tr>
<tr><td rowspan="4">案例分析</td><td>分析问题 1</td><td colspan="2">阿里集团的信息化管理体现了怎样的管理方法？</td></tr>
<tr><td colspan="3">个人分析：</td></tr>
<tr><td>分析问题 2</td><td colspan="2">从管理的角度分析，阿里巴巴的管理方法对企业未来的可持续发展有哪些好处？</td></tr>
<tr><td colspan="3">个人分析：</td></tr>
<tr><td>小组讨论结论</td><td colspan="3"></td></tr>
<tr><td rowspan="2">教师评价</td><td>星级</td><td colspan="2">☆☆☆☆☆</td></tr>
<tr><td colspan="3">评语：</td></tr>
</table>

【游戏体验】

<table>
<tr><td>模块</td><td colspan="4">模块 1　认识管理</td></tr>
<tr><td>单元</td><td colspan="4">单元 2　管理原理与方法</td></tr>
<tr><td>游戏名称</td><td colspan="4">集体的智慧</td></tr>
<tr><td rowspan="7">游戏玩法</td><td>序　号</td><td>内　容</td><td colspan="2">说　明</td></tr>
<tr><td>1</td><td>活动目的</td><td colspan="2">让学生体会管理方法的多样性</td></tr>
<tr><td>2</td><td>游戏形式</td><td colspan="2">10 人一组为最佳</td></tr>
<tr><td>3</td><td>时间要求</td><td colspan="2">15 ~ 20 min　,</td></tr>
<tr><td>4</td><td>材料准备</td><td colspan="2">纸、笔</td></tr>
<tr><td>5</td><td>操作程序</td><td colspan="2">（1）将小组同学聚集在一起，老师给出游戏要求，但不给任何指导。
（2）要求各组同学将本组成员进行细化分类，分类标准可以多样化。
（3）可以看出有的组以身高为标准，有的以性别为标准，有的以兴趣爱好为标准……
（4）老师统计各组分类标准各有多少。</td></tr>
<tr><td>6</td><td>有关讨论</td><td colspan="2">（1）你的小组设定了几个分类标准？
（2）为什么各组分类标准多样性上存在很大差异？
（3）管理工作是一份细致的工作，不同的标准对我们的最终结果将产生怎样的影响？</td></tr>
<tr><td rowspan="3">游戏计划安排</td><td colspan="4"></td></tr>
<tr><td>班　　级</td><td></td><td>组长签字</td><td></td></tr>
<tr><td>教师签字</td><td></td><td>日　　期</td><td></td></tr>
<tr><td>游戏问题讨论与心得体会</td><td colspan="4">心得：</td></tr>
</table>

【技能实训】

<table>
<tr><td>模块</td><td colspan="6">模块 1　认识管理</td></tr>
<tr><td>单元</td><td colspan="6">单元 2　管理原理与方法</td></tr>
<tr><td>技能</td><td colspan="6">提高学生对管理方法的应用能力</td></tr>
<tr><td rowspan="4">实训安排</td><td>序　号</td><td>项　目</td><td colspan="4">说　明</td></tr>
<tr><td>1</td><td>实训目的</td><td colspan="4">（1）强化学生对管理方法的认识。
（2）提高学生对管理方法的运用能力。
（3）让每个学生了解知名企业的先进管理方法</td></tr>
<tr><td>2</td><td>实训内容</td><td colspan="4">调查国内知名企业的管理特色</td></tr>
<tr><td>3</td><td>实训要求</td><td colspan="4">（1）下发任务，调查国内知名企业的管理特色。
（2）将本组查到的资料，条理清晰地列举出来。
（3）各组分别汇报发言。
（4）小组间讨论，优秀的企业管理方法有哪些共同之处</td></tr>
<tr><td rowspan="6">实训过程记录</td><td colspan="2">知名企业</td><td colspan="4">优秀的管理方法</td></tr>
<tr><td colspan="2">1</td><td colspan="4"></td></tr>
<tr><td colspan="2">2</td><td colspan="4"></td></tr>
<tr><td colspan="2">3</td><td colspan="4"></td></tr>
<tr><td colspan="6">知名企业优秀管理方法的共性：</td></tr>
<tr><td colspan="6">演讲与讨论：</td></tr>
<tr><td rowspan="3">实训评价</td><td>班　　级</td><td colspan="2"></td><td>姓　　名</td><td colspan="2"></td></tr>
<tr><td>教师评价</td><td colspan="2"></td><td>自我评价</td><td colspan="2"></td></tr>
<tr><td colspan="6">我的实训成果：</td></tr>
</table>

【学习评价】

模　　块	模块 1　认识管理			
单　　元	单元 2　管理与管理思想		学　　时	
我的收获	序　号	内　容		自评星级
知识获取	1			
	2			
	3			
	4			
能力培养	1			
	2			
	3			
素质提升	1			
	2			
问题反馈				

教师评价	班　　级		姓　　名		总　　分	
	评语：					

模块2　计划职能

【模块知识结构】

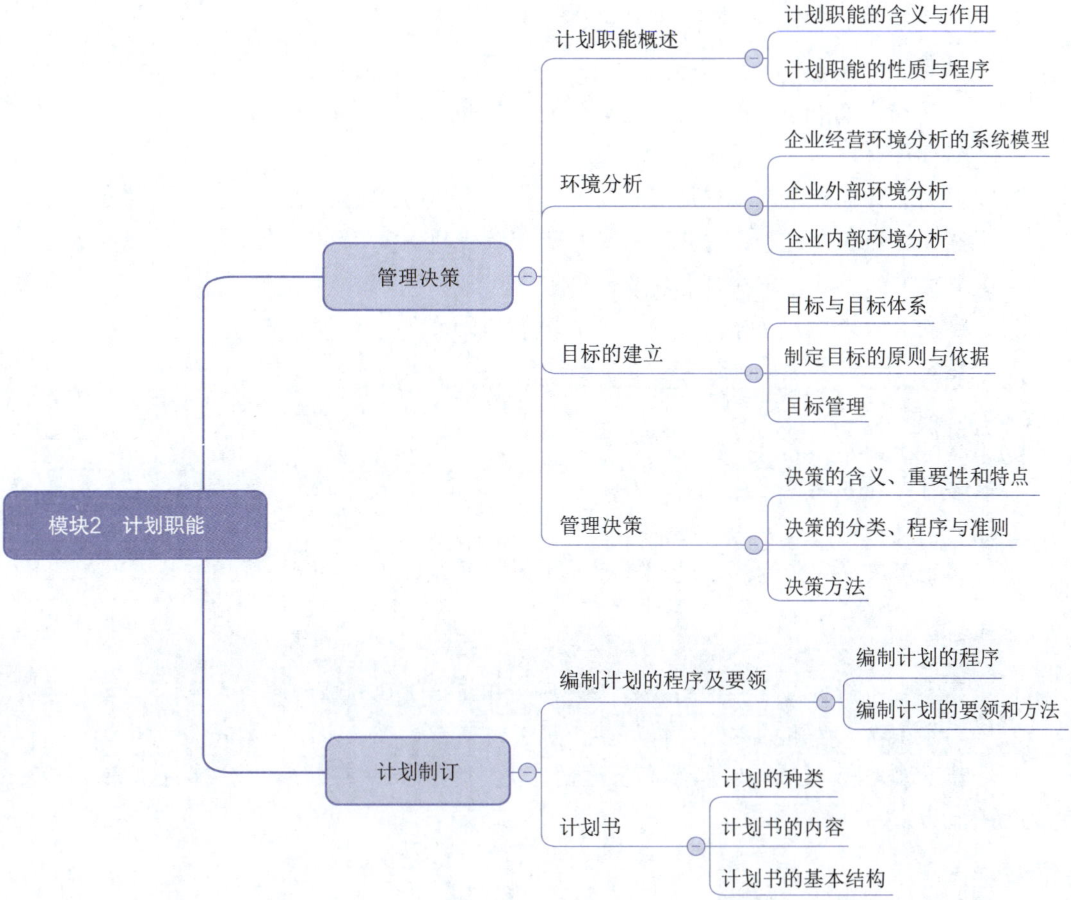

【东方管理思想】

谋贵众，断贵独。

——辛弃疾《美芹十论》

单元3 管理决策

【学习目标】

知识目标

1. 了解计划的概念和作用以及计划职能的性质和程序；
2. 了解目标和目标体系的概念及特征；
3. 掌握制定目标的原则和程序；
4. 了解目标管理的概念、过程以及目标管理的优缺点；
5. 了解决策的含义、重要性和特点；
6. 了解决策的分类、程序、准则及影响决策的因素；
7. 掌握定性和定量决策方法。

能力目标

1. 能够对内外部环境进行分析；
2. 能够制定明确、可行的目标；
3. 能够运用决策分析方法，进行有效的决策，并能够正确评估决策的成效。

素质目标

1. 培养学生的创新思维和计划能力，提高其在组织管理领域的综合素质；
2. 培养学生以人为本的意识，促进其正确应对复杂情况，掌握科学决策的能力；
3. 培养学生对于未来的发展具有长远的眼光，能够正确理解和应对新的经济和社会环境变化的能力。

【情景导入】

危机中的计划与决策

某公司在市场竞争中遭遇了困境，收入下降、员工流失。CEO 决定召开紧急会议，商讨如何应对市场变化和发展战略。会议中，各部门经理开始就公司的当前状况和未来发展战略进行研讨和讨论。

销售部经理认为需要进行市场调研，在问卷调查中了解市场需求的情况，设计更适合市场的产品和方案。财务部经理则提出需要进行财务分析，了解公司的盈利和成本情况，以便在决策中考虑资金流的风险和利润。技术部经理提出需要通过技术创新提高产品的价值和客户体验，同时为公司节约成本。

CEO 听取各部门经理的意见，并运用自己的判断力和经验做出决策。在会议结束后，CEO 与各部门经理进一步协商和交流，确定了公司的未来战略，并逐步推进这个计划。

从这个情境中你是否发现了计划与决策在企业管理中的重要性呢？你认为计划和决策的前提是什么？

【理论学习】

3.1 计划职能概述

3.1.1 计划职能的含义与作用

1. 计划的含义

拆解开“计划”的两个汉字来看，“计”的表意是计算，“划”的表意是分割，“计划”从属于目标达成而存在。“计划”的表意定义：计划是分析计算如何达成目标并将目标分解成子目标的过程及结论。

在管理学中，计划具有两重含义：其一是计划工作，是指根据对组织外部环境与内部条件的分析，提出在未来一定时期内要达到的组织目标以及实现目标的方案途径；其二是计划形式，是指用文字和指标等形式所表述的组织以及组织内不同部门和不同成员，在未来一定时期内关于行动方向、内容和方式安排的管理文件。

2. 计划职能的含义

广义的计划职能是指管理者制订计划、执行计划和检查计划执行情况的全过程；狭义的计划职能是指管理者事先对未来应采取的行动所作的谋划和安排。本模块主要是就狭义的计划职能加以说明。

【互动课堂】

凡事预则立，不预则废

“凡事预则立，不预则废”这句话源自《管子》中的一则寓言故事。故事讲述了一个叫田舍翁的人，他从来不预先计划自己的农活。每年春天，他再想起来种庄稼，就赶紧去犁地，结果往往错过了最佳种植时机，导致庄稼长得不好。而他的邻居则会提前准备好所有工具、种子和一些必要的计划，确保在最佳的时间内完成种植，他的庄稼常常比田舍翁的好。

这个寓言故事告诉我们，要想成功，必须进行充分的计划，凡事都要预先想到，做好准备，才能在最佳时机抓住机会。如果没有计划，即使在时机和机遇出现的情况下，也无法把握住。

这个故事与现代生活密切相关。无论是在生活还是工作中，都需要充分计划，预先考虑到可能遇到的困难和问题，做好充足准备，才能更好地应对挑战并取得成功。

总结一下，计划的重要性体现在哪里？反思一下你自己的生活，你是否有预先计划好的目标和计划？如果有的话，你是否成功实现了它们？

3. 计划职能的作用

（1）计划是实施管理活动的依据。为实现组织目标而实施管理活动，首先必须进行科学的筹划和周密的安排，制订计划，并以此为依据组织实施。

（2）计划可以增强管理的预见性，规避风险，减少损失。

（3）计划有利于在明确的目标下统一员工的思想行动。

（4）计划有利于合理配置资源，提高效率，取得最佳经济效益。

3.1.2 计划职能的性质与程序

1. 计划职能的性质

计划职能是管理的基本职能之一，其性质如下：

（1）目标性。计划应该以实现组织的目标和使命为出发点，确定组织未来的经营方向、重点和任务，以此指导企业决策和行动。

（2）首要性。计划职能的首要性不仅体现在它是所有职能中的第一个，而且体现在它对整个组织目标的实现也具有首要的影响。

（3）统合性。计划应该考虑各方面的因素和条件，包括内部和外部环境、资源、能力和限制因素等，协调组织各个部门和职能之间的工作，确保组织整体运作的有效性。

（4）长远性。计划应该具有长远性和前瞻性，预测未来的形势和趋势，为组织未来的发展做出规划，确保组织在激烈的市场竞争中不断前进。

（5）系统性。计划应该从整体的角度来看待组织的经营问题，制定相互连接、互为依赖的目标，确保各个环节和部分协调一致，避免局部优化的问题。

（6）灵活性。计划应该具有灵活性和可调整性，根据环境变化及时调整计划，以适应组织发展需求，确保计划有效可行。

2. 计划职能的程序

（1）分析环境，预测未来。管理者首先要考虑企业的各种环境因素，这包括分析企业的内部环境和外部环境，分析企业的现实环境和未来环境，以便确定可行性目标与进行正确的决策。

（2）制定目标。在分析环境、预测未来的基础上科学地制定目标。企业目标一般包括：盈利性指标、增长性指标、竞争性指标、产品类指标、人事类指标和财务类指标等。

（3）设计与抉择方案。为实现目标，要选择正确的实施途径与方法，合理配置人、财、物等诸种资源，制定系统的计划方案。具体程序包括：①制定富有创意的可供选择的多个方案，其核心环节是决策；②分析、评价各种方案；③选择可行优化方案，并进一步评估完善；④确定最优方案。

（4）编制计划。要依据计划目标与所确定的最优方案，按照计划要素与工作要求，编制计划。

（5）反馈计划执行情况。为了保证计划的有效执行，要对计划进行跟踪反馈，及时检查计划执行情况，分析计划执行中存在的问题，并做出必要的调整。

3.2　环境分析

3.2.1　企业经营环境分析的系统模型

实施计划职能的首要工作，就是要弄清楚哪些外部环境因素能够给组织提供机会或造成威胁，并分析组织内部环境中存在哪些优势与劣势，从而为正确制定目标和科学决策提供依据。

进行企业经营环境分析，应包括外部环境分析和内部环境分析两大部分。外部环境分析包括对一般环境的分析和对任务环境的分析。通过外部环境的分析，主要是要找出企业经营的机会，以便抓住机会，促进发展；同时，要发现威胁，主动地规避风险。企业内部环境的分析主要包括对营运范畴、企业的管理体制、企业文化进行分析。通过内部环境的分析，要发现劣势，努力加以消除；同时要找出优势，下大气力加以培育，把已有的优势做强做大，真正建立企业在经营上的竞争优势，如图 3-1 所示。

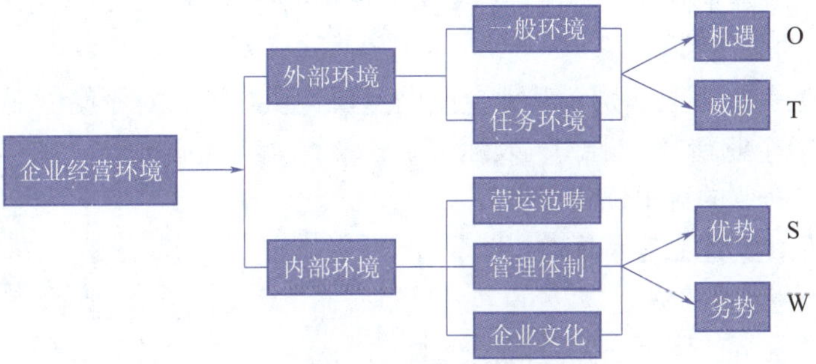

图3-1　企业经营环境分析的系统模型

3.2.2　企业外部环境分析

1. 一般环境分析

企业外部经营环境中的一般环境，是企业经营所共同面对的环境，对每一个企业的经营活动都产生间接但却极为重要的影响作用。对企业经营影响较大的一般环境主要有：经济环境、技术环境、政治与法律环境、社会与心理环境等。

2. 任务环境分析

任务环境是某一个或某一类企业开展经营活动所直接面临的环境，主要指产业环境。与一般环境相比，任务环境对企业经营的影响更为直接。任务环境中最直接、最明显影响企业经营的是市场。任务环境主要包括：产品市场、顾客、竞争者、供应商、金融机构与融资渠道、相关法律与法规、政府主管部门等。在分析企业经营任务环境的过程中，还应注意本企业在整个行业的竞争中所处的地位。

3. 找出机会与威胁

外部环境分析的关键是要找出企业发展的机会与面临的威胁。一是发现并抓住机会。这里的机会是指企业有能力把握的、能为企业经营带来运作空间与发展潜力的商业机会。

二是发现并规避威胁。这里讲的威胁是指企业所面临的经营环境可能给企业带来不利或危害的因素。企业应及早发现，千方百计地加以规避。

3.2.3 企业内部环境分析

企业内部经营环境是企业开展经营活动的基础，对企业的战略决策及经营绩效具有重要意义。

1. 企业内部环境分析的内容

1）分析经营的各种营运范畴

企业的经营活动是由一系列具有特定功能的营运活动或领域构成的。透过这些营运功能的分析，就可以挖掘出本企业的竞争优势，并发现隐忧。企业的营运范畴主要包括市场营销、研发管理、生产与作业管理、财务与会计管理、人力资源管理等。

2）分析企业制度与组织结构

企业制度、组织结构、领导方式等因素是影响企业经营成果的重要因素。科学有效的结构与体制本身，就是企业的竞争优势；结构与体制的僵化与落后，就是企业的最大隐忧。

3）分析企业的文化因素

企业的文化是一个企业区别于其他企业的重要特质之一，对于经营活动具有很强的影响作用，主要包括企业精神、士气、人际关系、凝聚力与向心力等。在对上述三方面因素分析的基础上找出企业的竞争优势与劣势。

2. 排除企业隐忧、建立竞争优势

1）建立竞争优势的基础

企业建立竞争优势的基础主要有如下四个方面：

（1）质量。生产经营适应顾客需要的高质量产品，是形成企业竞争优势的最重要的基础。

（2）效率。主要是指经济地使用资源，降低产品的成本，从而形成竞争优势。

（3）创新。创新可以为企业带来生机与活力，只有坚持不断创新的企业，才能在激烈的竞争中永葆优势。

（4）顾客。顾客作为价值的认知者和评价者，是企业的衣食父母，是企业经营效益的源泉。只有向顾客提供满意的产品，与顾客保持密切而稳定的联系，真正获得顾客的认可与惠顾，才能建立更加稳定和强有力的竞争优势。

2）建立竞争优势的策略

迈克尔·波特提出了三个构建企业竞争力优势的策略：

（1）成本领先策略。即通过先进的技术与管理，显著地提高生产效率，大幅度地降低成本，使本企业的成本明显低于竞争对手，从而获得竞争优势。

（2）产品差异化策略。即通过需求调研与产品开发，向市场提供适应顾客需求、具有特殊功能或鲜明特色的优质产品，使得本企业的产品与竞争对手的产品区别开来，从而形成竞争优势。

（3）专一化策略。即主攻某个特殊的顾客群或某个细分市场，以求在狭窄的市场面构建经营优势。

3）劣势分析

导致企业失败的隐患与劣势主要有：

（1）企业经营环境情况不明，缺乏清晰的战略。

（2）技术落后，没有优势的产品结构与品牌。

（3）营销乏力，不能有效地占领市场。

（4）组织结构与管理机制僵化，管理观念与管理方式落后。

（5）企业惯性严重，缺乏创新与活力。

4）企业劣势的消除

企业劣势的消除主要有以下措施：

（1）深刻认识企业隐忧的严重危害，树立危机意识。

（2）深入分析企业内部环境，找出并正视企业存在的劣势。

（3）通过改革、重组、调整、加强等多种手段，堵塞漏洞，消除隐忧。

（4）建立完善的结构与机制，从根本上消除隐忧的再次发生。

【思政园地】

党的二十大报告中的环境分析

党的二十大报告展示了我党在各方面取得的辉煌成就，同时也表现出党对国际和国内环境的准确理解和客观分析，勇于找出潜在的隐忧并加以改进的决心。这种审慎和成熟的态度体现了中国共产党的领导力和前瞻性，也为全面建设社会主义现代化国家指明了正确的方向。

党的二十大报告原文节选："在充分肯定党和国家事业取得举世瞩目成就的同时，必须清醒看到，我们的工作还存在一些不足，面临不少困难和问题。主要有：发展不平衡不充分问题仍然突出，推进高质量发展还有许多卡点瓶颈，科技创新能力还不强；确保粮食、能源、产业链供应链可靠安全和防范金融风险还须解决许多重大问题；重点领域改革还有不少硬骨头要啃；意识形态领域存在不少挑战；城乡区域发展和收入分配差距仍然较大；群众在就业、教育、医疗、托育、养老、住房等方面面临不少难题；生态环境保护任务依然艰巨；一些党员、干部缺乏担当精神，斗争本领不强，实干精神不足，形式主义、官僚主义现象仍较突出；铲除腐败滋生土壤任务依然艰巨，等等。对这些问题，我们已经采取一系列措施加以解决，今后必须加大工作力度。"

3.3　目标的建立

【互动课堂】

目标的重要性

曾有人做过一个实验：组织三组人，让他们分别沿着十千米以外的三个村子步行。

第一组人不知道村庄的名字，也不知道路程有多远，只告诉他们跟着向导走就是。刚走了两三千米就有人叫苦，走了一半时有人几乎愤怒了，他们抱怨为什么要走这么远，何时才能走到？有人甚至坐在路边不愿走了，越往后走他们的情绪越低落。

第二组人知道村庄的名字和路段，但路边没有里程碑，他们只能凭经验估计行程时间和距离。走到一半的时候大多数人就想知道他们已经走了多远，比较有经验的人说：大概走了一半的路程。于是大家又簇拥着向前走，当走到全程的四分之三时，大家情绪低落，觉得疲惫不堪，而路程似乎还很长，当有人说：快到了！大家又振作起来加快了步伐。

第三组人不仅知道村子的名字、路程，而且公路上每一千米就有一块里程碑，人们边走边看里程碑，每缩短一千米大家便有一小阵的快乐。行程中他们用歌声和笑声来消除疲劳，情绪一直很高涨，所以很快就到达了目的地。

当人们的行动有明确的目标，并且把自己的行动与目标不断加以对照，清楚地知道自己的进行速度和与目标相距的距离时，行动的动机就会得到维持和加强，人就会自觉地克服一切困难，努力达到目标。

可见目标对人生的影响巨大。你知道什么是目标吗？你有清晰的目标吗？

3.3.1 目标与目标体系

1. 目标的概念及特征

目标是体现某种目的要求的具有数量或质量特征的具体化形式。目标是组织及其成员所有行为的出发点与归宿，在组织管理中处于十分重要的地位。

一个完整的目标具有以下特征：

（1）目标既要有目标项目，又要有达到的标准。如降低成本是目标项目；降低 5% 则是达到的标准。

（2）目标是质与量的统一。完整的目标，既有质的规定性，又有量的界限。

（3）目标是有时间维的。目标的实现一定要有明确的完成时限。

2. 目标体系

任何管理组织内都不会只有单一目标存在的，总是同时存在若干目标，并构成组织的目标体系。

1）组织体系纵向上的目标结构

在组织体系的纵向上，存在着组织不同管理层次之间的目标衔接问题，包括组织的总目标、中层目标和基层目标。下级目标成为完成上级目标的手段。由上至下是层层分解关系；由下至上是层层保证或综合关系，并构成了一个目标-手段链，如图 3-2 所示。

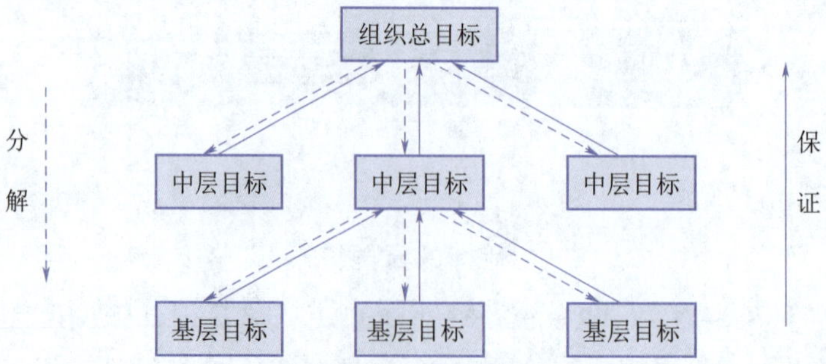

图3-2 目标-手段链

2）组织体系横向上的目标结构

从组织体系的横向上看，在同一管理层次各个部门之间，也有个目标协调与组合问题。各职能部门的工作角度与利益不同，它们之间的目标可能产生冲突，必须进行很好的协调与衔接，以形成合力。

3）目标多元化与目标次序

无论是组织纵向还是组织横向，也包括一个部门本身，都是一种目标多元化状态。这就产生了目标优先次序问题。即在多个目标，特别是平行目标之间，如何根据目标的重要程度排列出优先次序。必须根据组织的总目标，结合各目标之间的内在联系，区分轻重缓急，科学合理地加以排列。

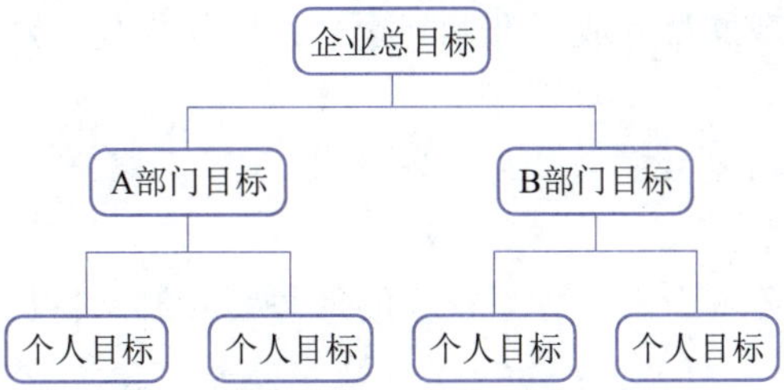

图3-3 企业目标体系图

【互动课堂】

每个组织都同时存在着若干目标，并构成组织的目标体系。请为你的班级设计一个简要的目标体系并画出目标体系图。

3.3.2 制定目标的原则与依据

1. 制定目标的原则

1）明确性原则

目标的内容必须清楚明确，不能含糊不清。

2）先进性原则

目标标准的水平必须先进，具有激励性。

3）可行性原则

设立的目标，不但标准是可以达到的，而且目标的数目也不宜过多，并充分考虑主客观条件限制，具有很强的可操作性。

4）可度量性原则

表示目标的各种指标或标准要尽可能定量化，便于测量。对于一些不好直接量化的，尽可能采用一些方法技术转化为量化指标。

【互动课堂】

关于篮球架的思考

你留意过篮球架吗？篮球架为什么要做成现在这么高，而不是像两层楼那样高，或者

与普通人的平均身高差不多？不难想象，对着两层楼高的篮球架，谁也别想把球投进篮圈，与其白费力气不如就地休息；可与普通人的平均身高差不多的篮球架，任何人都很容易投中，缺乏挑战也就缺乏趣味。正是现在这个需要跳一跳才能够得着的高度，才使得篮球成为一个世界性的体育项目，让许许多多的篮球爱好者乐此不疲。思考一下，篮球架高度的设定说明了目标制定的哪些原则？

2. 制定目标的依据

1）组织的宗旨

从本组织的宗旨出发，结合组织内外部环境，这是制定组织目标的最基本依据。

2）问题点或未完成的目标

可根据前一阶段未实现的目标或标准的问题点，以及出现的新问题确定目标。

3）市场竞争

根据市场竞争的需要制定目标。

4）上级的要求

根据上级部门提出的要求、部署，或社会的形势要求制定目标。

5）与先进水平的差距

根据与国内外先进水平比较的差距制定目标，即所谓“标杆管理”。“标杆管理”是美国施乐公司率先采用的一种质量管理方法，后来日本等国家也纷纷效仿。“标杆管理”就是通过分析研究，找出不同领域最好企业的方法或产品，并以此为标杆，设计和生产自己的产品，赶超最强的竞争对手。

【思政园地】

党的二十大报告提出：“全面建成社会主义现代化强国，总的战略安排是分两步走：从二〇二〇年到二〇三五年基本实现社会主义现代化；从二〇三五年到本世纪中叶把我国建成富强民主文明和谐美丽的社会主义现代化强国。”这一战略安排，明确了全面建成社会主义现代化强国的时间表、路线图，展现了中华民族伟大复兴的壮丽前景，令人鼓舞、催人奋进。

3.3.3 目标管理

1. 目标管理的概念

目标管理又称成果管理，是由组织的管理者与员工共同参与制定的、具体的、可行的、能够客观地衡量效果，在工作中实行自我控制，并努力完成工作目标的一种管理制度或方法。

目标管理是美国管理学者彼得·德鲁克于 1954 年首先提出来的。目标管理既是一种计划方法，更是一种控制手段，还是一种以目标为导向的现代评价方式。

2. 目标管理的基本过程

总的来说，目标管理的过程可分为以下三个阶段：

1）目标的建立

目标的建立是目标管理过程中最重要的工作，它要求建立起一个以组织总体目标为中心的目标体系。该体系的建立是目标管理实施的第一阶段，主要包括确定组织的总体目标和各部门的分目标。总体目标是组织在未来从事活动要达到的状况和水平，其实现有赖于全体成员的共同努力。为了协调全体成员在不同时空的努力，各个部门和成员都要建立与组织总目标相结合的分目标，这样就形成了一个以组织总体目标为中心的贯穿到底的目标体系。在制定每个部门和每个成员的目标时，上级要向下级提出自己的方针和目标，下级要根据上级的方针和目标制定自己的目标方案，并在此基础上进行协商，最后由上级综合考虑后做出决定。

2）组织实施

目标一旦确立，主管人员就应放手把权力交给下级成员，而自己去抓重点的综合性管理。完成目标主要靠执行者的自我控制，如果在明确了目标之后，作为上级主管人员还像从前那样事必躬亲，便违背了目标管理的主旨，不能达到目标管理的效果。当然，这并不是说上级在确定目标后就可以撒手不管了，上级的管理应主要表现在指导、协助、提出问题、提供情报以及创造良好的工作环境方面。

3）检查和评价

对各级目标的完成情况，要事先规定出期限，定期进行检查。检查的方法可灵活地采用自检、互检和责成专门的部门进行检查。检查的依据就是事先确定的目标。对于最终结果，应当根据目标进行评价，并根据评价结果进行奖罚。经过评价，使得目标管理进入下一轮循环过程。如果目标没有完成，应分析原因、总结教训，切忌相互指责，以保持相互信任的气氛。

3. 目标管理的特点

结合上文中目标管理的基本过程，可以看出目标管理分三个阶段进行，而目标管理的特点则可以概括为"抓住两头，放开中间"。两头即目标的建立和检查评价，中间指组织实施的过程。具体特征表现为以下四个方面：

1）目标管理是参与式管理的一种形式

在实施目标管理的组织中，目标的实现者同时也是目标的制定者，即由上级与下级在一起共同确定目标。首先确定出总目标，然后对总目标进行分解，逐级展开，通过上下协商，制定出组织中各部门直至每个员工的目标。用总目标指导分目标，用分目标保证总目标，形成利益链条，最终促进组织发展。

2）目标管理强调"自我控制"

对目标管理有卓越贡献的德鲁克认为，员工是愿意负责的，是愿意在工作中发挥自己的聪明才智和创造性的。对人进行管理，重点应激发其主动工作的动机，改变"压制性管理"，取而代之的是"自我控制"。目标管理的主旨在于，通过自我控制、自我激励，使工作人员能够控制自己的成绩，激励员工尽最大努力把工作做好。

3）目标管理促使权力下放

集权和分权的矛盾是组织的基本矛盾之一，担心失去控制是阻碍大胆授权的主要原因之一。推行目标管理有助于协调这一对矛盾，促使权力下放，有助于在保持有效控制的前提下，活跃组织工作氛围，激励员工努力工作。

4）目标管理强调成果第一

目标管理以制定目标为起点，以目标完成情况的考核为终结。目标管理由于有了一套完善的目标考核体系，能够按取得的目标成果如实地反映出个人能力、知识水平、主观努力，从而使人事管理更加注重工作实效。工作成果成为评定目标完成程度的标准，也是人事考核和奖评的直接依据。至于完成目标的具体过程、途径和方法，上级并不过多干预。

4. 目标管理的优缺点

1）目标管理的优点

（1）有利于形成激励。当目标成为组织的每个部门、每个员工在未来时期内要达到的一种结果，并且实现的可能性相当大的时候，它就成为组织成员的内在激励。从目标成为激励的因素来看，这种目标最好是组织的每个部门及每个员工自己制定的目标，这样各部门、员工更熟悉目标的内容，更好地完成目标。

（2）有利于提高管理效率。目标管理方式的实施可以切实地提高组织管理的效率。因为目标管理是一种结果式管理，它迫使组织的每一层次、每个部门及每个成员首先考虑目标的实现，尽力完成目标，因为这些目标是组织总目标的分解，故组织的各部门及成员的目标完成之时，也就是组织总目标实现的时候。在目标管理方式中，分解目标确定，但不规定各个层次、各个部门及各个组织成员完成各自目标的方式、手段，反而给了大家在完成目标方面一个创新的空间，这就有效地提高了组织管理的效率。

（3）有利于明确任务。目标管理使组织各级主管及成员都明确了组织的总目标、组织的结构体系、组织的分工与合作及各自的任务。这些方面职责的明确使得主管人员也知道，为了完成目标必须给予下级相应的权力，而不应将权力集中在自己手中。

（4）有利于员工的自我管理。目标管理实际上也是一种自我管理的方式，或者说是一种引导组织成员自我管理的方式。一方面，组织成员已参与了目标的制定，并取得了组织的认可；另一方面，组织成员在努力工作实现预定目标的过程中，如何实现目标完全是自主决策，从这个意义上看，目标管理是一种以人为本的管理。

（5）有利于加强监督控制。目标管理方式本身也是一种控制，即通过目标分解后的实现最终保证组织总目标实现的过程就是一种结果控制的方式。目标管理并不是将总目标分解下去便结束了，事实上组织高层在目标管理过程中要经常检查，对比目标进行评估，如果发现偏差就及时纠正。从另一个角度来看，一套明确的可考核的目标体系本身就是进行监督控制的最好依据。

2）目标管理的缺点

（1）目标难以制定。组织内的许多目标难以定量化、具体化；许多依靠团队协作完成的工作在技术上不可被分解；组织环境的可变因素越来越多，变化越来越快，使组织活动的不确定性越来越大。这些都使得为组织的诸多活动制定数量化目标成为一件很困难的事。在实际操作中，聪明的管理者一般既不希望设定容易达成的目标，也不希望将目标设定的难度太大，致使下级无法达成，所以目标设定的“度”便难以把握。

（2）目标管理的哲学假设不一定都存在。当实际工作中存在监督不力的情况时，人的惰性便表现出来。因此，在许多情况下，目标管理所要求的承诺、自觉、自治的气氛难以形成。

（3）目标的确定可能增加管理成本。目标商定要上下级之间相互沟通、统一思想，这样其实很浪费时间；每个单位、每个员工都关注自身目标的完成，很可能忽略了相互协作和组织目标的实现，形成本位主义、临时观点和急功近利的倾向，导致组织内耗严重，增加了相应的管理成本。

（4）无法随环境变化而改变。目标管理强调执行过程中的目标是不可以改变的，因为改变目标会导致组织的混乱。

3.4　管理决策

3.4.1　决策的含义、重要性和特点

1. 决策的含义

决策是指管理者为实现组织目标，在调研分析的基础上，运用科学理论和方法设计与选择优化方案，用以实施的管理行为。管理决策的核心内容是对未来行动方案的抉择行为。

对决策的含义要从以下几个方面把握：

（1）决策的前提：要有明确的目标。

（2）决策的条件：要有若干可行方案供选择。

（3）决策的重点：比较分析备选方案。

（4）决策的结果：选择一个满意方案。

（5）决策的实质：主观判断过程。

2. 决策的重要性

从本质上讲，决策是管理者对于各种问题的有效处理，是管理中最基本、最重要的活动之一。决策的重要性体现在以下几个方面：

（1）决策是计划职能的核心。履行计划职能最核心的环节就是进行决策。做出正确决策，意味着企业 / 组织能够避免不必要的损失并取得更大的利益，而不利的决策则可能导致失败和损失。

（2）决策是组织实现目标的保证。任何组织都存在着不确定性和风险，因此需要不断做出决策来应对和解决各种问题。决策的重要性在于，它可以帮助组织抓住机遇并应对风险，推动组织健康发展。

（3）决策是管理者的必备能力和素质之一。管理者需要不断作出决策，因此他的决策能力对于组织的成功非常重要。决策能力包括分析问题、制定目标、选择方案、评估风险、实施计划以及对结果进行反馈和改正等方面。只有具备了这些能力，管理者才能在不断变化的环境中迅速做出恰当的判断和决策。

【互动课堂】

决策关乎企业生死存亡

近年来，万科集团在经营决策上出现了一些失误。例如，在2014年万科集团决定开展

"多元化"战略，涉足商业地产、养老地产等多个领域。然而，这些新业务并未带来预期的收益，反而拖累了公司的业绩。在这种情况下，万科集团及时调整了战略方向，重新聚焦房地产主业。这一决策使得万科集团在竞争激烈的房地产市场中得以生存和发展。

通过阅读该案例，总结一下决策与目标之间的关系。

3. 决策的特点

1）有效性

任何组织或个人在未来的发展过程中，必然要遇到各种各样的问题，在解决问题的过程中，决策必须是针对组织所面临的关键性问题和问题的关键要害而言。

2）目标性

没有问题就无须决策，没有目标就无从决策。决策目标不正确或不明确，往往导致管理计划的失败。

3）选择性

没有比较就没有鉴别，更谈不到"最佳"。决策如果只有一种方案，也就无所谓决策。决策的实质是选择，没有选择就没有决策。

4）可行性

决策所依据的各方案必须是可行的，包括技术上可行和经济上可行等。

5）满意性

选择活动方案的原则是满意原则，而非最优原则。因为组织很难收集到反映外界全部情况的所有信息，对于收集到的有限信息，决策者的利用能力也是有限的，这种双重有限性决定了组织只能制定有限数量的行动方案。因此，人们难以做出最优选择，只能根据已知的全部条件，加上人们的主观判断，做出相对满意的选择。

6）过程性

决策是一个过程，而非瞬间的拍板。组织中的管理决策不是一项决策，而是一系列决策的综合。通过决策，组织不仅要选择业务活动的内容和方向，还要决定如何组织业务活动的具体展开，同时还要决定资源如何筹措，结构如何调整，人事如何安排。另一方面，决本身就是一个过程，从活动目标的确定，到活动方案的拟订、评价和选择，就是一个包含许多工作、由众多人参与的过程。

7）动态性

决策不仅是一个过程，而且是一个不断循环的过程。决策的主要目的之一便是使组织活动的内容适应外部环境的要求。决策者必须不断调整组织的活动，实现组织与环境的动态平衡。

3.4.2 决策的分类、程序与准则

1. 决策的分类

1）按决策的作用范围划分

（1）战略决策。战略决策指有关组织长期发展等重大问题的决策。

（2）战术决策。战术决策指有关实现战略目标的方式、途径、措施的决策。

（3）业务决策。业务决策指组织为了提高日常业务活动效率而做出的决策。

2）按决策的时间划分

（1）中长期决策。中长期决策，一般为 3 ~ 5 年，甚至更长时间。

（2）短期决策。短期决策，一般在 1 年以内。

3）按照制定决策的层次划分

（1）高层决策。高层决策是指组织中最高层管理人员做出的决策。

（2）中层决策。中层决策是指组织内处于高层和基层之间的管理人员所做的决策。

（3）基层决策。基层决策是指基层管理人员所做的决策。

4）按决策的重复程度划分

（1）程序化决策。程序化决策是指按原已规定的程序、处理方法或标准进行的决策，一般用于处理重复发生的常规事项。

（2）非程序化决策。非程序化决策是指对不经常发生的业务工作和管理工作，之前没有决策规范可遵循的决策，如解决突发事件的决策等。

5）按决策问题具备的条件和决策结果的确定性程度划分

（1）确定型决策。确定型决策是指每种备选方案只有一种确定结果的决策，即决策事件未来的自然状态明确，只要比较各方案的结果即能选出最优方案，如物资调用决策等。

（2）风险型决策。风险型决策是指决策事件未来的各种自然状态虽不能预先肯定，但可以测出各种状态出现的概率的决策，属于有一定风险的决策。

（3）不确定型决策。不确定型决策是指决策事件未来的各种自然状态完全未知，各种状态出现的概率也无法估计，只能凭决策者主观经验做出决策。如在市场变化情况不明时，生产一种全新产品的决策。

2. 决策的程序

1）调查与分析

（1）界定决策问题。通过对现有系统的分析，找出问题点及形成原因，界定决策问题。

（2）确定决策目标。针对决策问题，提出决策目标，并确定目标的衡量标准。

（3）调查与信息搜集。围绕决策目标，对决策问题及环境系统做周密的调查分析，搜集相关信息。

（4）分析与预测。在拥有大量信息资料后，要对信息进行整理，运用现代统计分析等技术及计算机手段等进行科学分析，并对事物的未来发展趋势进行预测。

2）设计备选方案

（1）大胆设想。要根据决策目标及相关的分析预测，充分运用各种创造性思维，广开思路，大胆设想。特别要集思广益，多方探索，提出创意，寻求解决问题的途径与办法。

（2）精心设计。以有效实现目标为中心，注意多种因素及内外环境的思考与综合，使各种途径与方法具体化，设计出多种可行方案。

3）选择决策方案

（1）制定评价与选择的标准。要根据有利于目标实现和适应主客观环境的要求制定标准。一般采用的不是最优标准，而是令人满意的标准，这是一种充分利用主客观条件的最佳选择。

（2）对备选方案进行全面评价。首先，根据“制约因素原理”从众多备选方案中选出少数有效且又可行的备选方案；其次，在较少的备选方案中，再用科学方法，对照标准，逐一分析评价。

（3）抉择最佳方案。在评价的基础上，要从多个备选方案中选出一个，或对多个方案进行再综合，从而确定一个最佳方案。这里所谓的最佳方案，是指根据令人满意的标准，两利取其大，两弊取其小，做出优化选择的方案。

4）审查与反馈

方案选出后，必须进一步做好决策的审查、实施、反馈等工作。

（1）审查。即对信息资料的可靠性进行复检，并分析在设计方案时被忽略不计的因素与假定条件，做全面敏感性分析，检查方案在不同条件下的适应能力，并判定实施的保证措施。

（2）将决策付诸实施。即决策者将优选的决策方案付诸实践。

（3）对决策的实施进行跟踪控制。及时搜集反馈信息，必要时对决策进行修订调整，使决策在实践中进一步完善。

【思政园地】

调查研究是传家宝

“调查研究是正确决策的基本功，也是参政议政的基本功。做决策本身并不难，难的是对情况的准确把握。当前，国内外环境都处于深刻复杂变化之中，新情况新问题层出不穷，新做法新经验不断涌现，需要我们不断加以认识、加以总结。希望大家围绕当前党和国家工作面临的突出问题加强调查研究，比如打好三大攻坚战、深化改革开放、提高科技创新能力、深化教育体制改革、完善社会治理等问题。”

——习近平关于调查研究论述摘编

习近平总书记多次提到调查研究是我党的传家宝。调查研究是决策不可或缺的重要环节，只有在决策中正确运用调查研究方法，才能更好地把握问题实质，制定更合理的决策方案，并提高整个决策过程的科学性和有效性。

3. 决策的准则

不同的管理者在不同情况下，可能会采用不同的决策准则。

1）直觉决策

直觉决策是指管理者以自身经验判断和潜意识折射作为标准的决策模式。对于直觉决策，国外学者进行了深入研究，识别出五种不同的直觉决策：管理者根据过去的经验制定决策；管理者根据感觉或情绪制定决策；管理者根据机能、知识和训练制定决策；管理者运用潜意识的信息帮助制定决策；管理者根据道德观或文化制定决策。直觉决策简单、快捷，容易快速作出，对于有丰富经验者有时也很准确。但是，由于缺乏科学分析与论证，失误率较高，风险较大。

2）理性决策

理性决策是指管理者基于深入分析，运用科学程序与方法，以最佳化为标准的决策模式。理性决策必须以“理性假设”和科学方法为前提。所谓“理性假设”是指问题界定清楚、客观环境既定、方法科学可行、决策结果可知等。在这种理性假设前提下，以寻求“最佳化”为标准进行决策。理性决策比直觉决策更科学、更精准。通常情况下，失误率低，成功率高，效益大。但是，“理性假设”未必都是真实存在的，最佳化决策在现实中是很难实现的。完全理性的决策只是一种美好的“理想”，管理者只能在决策实践中作为追求的方向，尽可能提高决策的理性化程度。

3）有限理性决策

这是一种将理性决策与直觉决策有机结合，以“令人满意”为准则的决策模式。针对最佳化标准实施的困难性，决策专家西蒙提出了区别于“最佳化”准则的“令人满意”决策准则。按照这一准则，管理者全面搜集有关信息，积极进行科学分析，并结合经验与直觉，在现有或已知情况下，寻求尽可能好的决策结果。虽然它不是最好的结果，但却是在可能情况下令管理者满意的结果。

【互动课堂】

苏格拉底弟子的选择

苏格拉底带领弟子们来到一片麦田，让他们每人在麦田中选摘一支最大的麦穗——不能走回头路，且只能摘一支。第一个弟子刚刚走了几步便迫不及待地摘了一支自认为是最大的麦穗，结果发现后面的大麦穗多的是；第二位一直左顾右盼，东瞧西望，直到终点才发现，前面最大的麦穗已经错过了；第三位把麦田分为三份，走第一个1/3时，只看不摘，分出大、中、小三类麦穗，在第二个1/3里验证是否正确，在第三个1/3里选择了麦穗中最大最美丽的一支。

结合决策的准则说一说，苏格拉底三个弟子的决策各遵循了什么准则？你认为三个人中谁最后摘得的麦穗最大？为什么？

4. 影响决策的因素

1）环境因素

（1）环境的稳定性。一般来说，在环境比较稳定的情况下，组织过去针对同类问题所做的决策具有较高的参考价值，因为过去决策时所面临的环境与现时差不多。有时，今天的决策仅是简单地重复昨天的决策。这种情况下的决策一般由组织的中低层管理者进行。而在环境剧烈变化的情况下，组织所要做的决策通常是紧迫的，否则可能被环境淘汰；同时过去决策的借鉴意义也不大，因为已经事过境迁。为了更快地适应环境，组织可能需要对经营活动的方向、内容与形式进行及时调整。这种情况下的决策一般由组织的高层管理者进行。

（2）市场结构。如果组织面对的是垄断程度较高的市场，则其决策重点通常在于：如何改善生产条件，如何扩大生产规模，如何降低生产成本等。垄断程度高容易使组织形成以生产为导向的经营思想。如果组织面对的是竞争程度较高的市场，则其决策重点通常在于：如何密切关注竞争对手的动向，如何针对竞争对手的行为做出快速反应，如何才能不断地向市场推出新产品，如何完善营销网络等。激烈的竞争容易使组织形成以市场为导向的经营思想。

（3）买卖双方在市场的地位。在卖方市场条件下，组织作为卖方，在市场居于主动、主导地位。组织所做的各种决策的出发点是组织自身的生产条件与生产能力，“我生产什么就向市场提供什么”，“我能生产什么就销售什么”。而在买方市场条件下，组织作为卖方，在市场居于被动、被支配的地位。组织所做的各种决策的出发点是市场的需求情况，“市场或用户需要什么我就生产什么”。

2）组织自身的因素

（1）组织文化。在保守型组织文化中生存的人们受这种文化的影响倾向于维持现状，他们害怕变化，更害怕失败。对任何带来变化（特别是重大变化）的行动方案会产生抵触情绪，并以实际行动抵制。在这种文化氛围中，如果决策者想坚持实施一项可能给组织成员带来较大变化的行动方案，就必须首先勇于破除旧有的文化，建立一种欢迎变化的文化，而这往往具有一定难度。决策者会在决策之前预见到带来变化的行动方案在实施中将遇到很大阻力，很可能遭到失败。在保守型文化中的人们不会轻易容忍失败，因而决策者就会产生顾虑，从而将有关行动方案从自己的视野中剔除出去。其结果是，那些旨在维持现状的行动方案被最终选出并付诸实施，进一步强化了文化的保守性。而在进取型组织文化中生存的人们欢迎变化，勇于创新，宽容地对待失败。在这样的组织中，容易进入决策者视野的是给组织带来变革的行动方案。有时候，他们进行决策的目的就是制造变化。此外，组织文化是否具有伦理精神也会对决策产生影响。具有伦理精神的组织文化会引导决策者采取符合伦理的行动方案，而没有伦理精神的组织文化可能会导致决策者为了达到目的而不择手段。

（2）组织的信息化程度。信息化程度对决策的影响主要体现在其对决策效率的影响上。信息化程度较高的组织拥有较先进的信息技术，可以快速获取质量较高的信息；另外，在这样的组织中，决策者通常掌握着较先进的决策手段。高质量的信息与先进的决策手段便于决策者快速做出较高质量的决策。不仅如此，在高度信息化的组织中，决策者的意图易被人理解，决策者也较容易从他人那里获取反馈，使决策方案能根据组织的实际情况进行调整从而得到很好的实施。因此，在信息时代，组织应致力于加强信息化建设，借此提高决策的效率。

（3）组织对环境的应变模式。通常，对一个组织而言，其对环境的应变是有规律可循的。随着时间的推移，组织对环境的应变方式趋于稳定，形成组织对环境特有的应变模式。这种模式指导着组织今后在面对环境变化时如何思考问题、如何选择行动方案等，特别是在创立该模式的组织最高领导尚未被更换时，其制约作用更大。

3）决策问题的性质

（1）问题的紧迫性。如果决策涉及的问题对组织来说非常紧迫，急需处理，则这样的决策称为时间敏感型决策。对于此类决策，快速行动要比如何行动更重要，也就是说，对决策速度的要求高于对决策质量的要求。战场上军事指挥官的决策多属于此类。组织在发生重大安全事故、面临稍纵即逝的重大机会以及在生死存亡的紧急关头所面临的决策也属于此类。需要说明的是，时间敏感型决策在组织中不常出现，但每次出现都给组织带来重大影响。相反，如果决策涉及的问题对组织来说不紧迫，组织有足够的时间从容应对，则这样的决策称为知识敏感型决策，因为在时间宽裕的情况下对决策质量的要求必然提高，高质量的决策依赖于决策者掌握足够的知识。组织中的大多数决策均属于此类。对决策者而言，为了争取足够的时间以便做出高质量的决策，需要未雨绸缪，尽可能在问题出现之前就将其列为决策的对象，而不是等问题出现后再匆忙做决策，也就是将时间敏感型决策转化为知识敏感型决策。

（2）问题的重要性。问题的重要性对决策的影响是多方面的：①重要的问题可能引起高层领导的重视，有些重要问题甚至必须由高层领导决策，从而保证决策得到更多力量的支持；②越重要的问题越有可能由群体决策，因为与个体决策相比，在群体决策时，对问题的认识更全面，决策的质量可能更高；③越重要的问题越需要决策者慎重决策，越需要决策者避开各类决策陷阱。

4）决策主体的因素

（1）个人对待风险的态度。人们对待风险的态度有三种类型：风险厌恶型、风险中立型和风险爱好型。有的人天生酷爱冒险，凡事喜欢赌一把，而有的人则生性小心翼翼，万事只求稳妥，同一个人也会因为所面对的问题不同，在组织中位置的不同，所面临风险的大小以及其他一些因素而表现出对风险的不同态度。

（2）个人能力。决策者个人能力对决策的影响主要体现在以下几方面：①决策者对问题的认识能力越强，越有可能提出切中要害的决策；②决策者获取信息的能力越强，越有可能加快决策的速度并提高决策的质量；③决策者的沟通能力越强，他提出的方案越容易获得通过；④决策者的组织能力越强，方案越容易实施，越容易取得预期的效果。

（3）个人价值观。组织中的任何决策既有事实成分，也有价值成分。对客观事物的描述属于决策中的事实成分，如对组织外部环境的描述、对组织自身问题的描述等都属于事实成分。事实成分是决策的起点，能不能做出正确决策很大程度上取决于事实成分的准确性。对所描述的事物所做的价值判断属于决策中的价值成分。显然，这种判断受个人价值观的影响，决策者有什么样的价值观，就会做出什么样的判断。也就是说，个人价值观通过影响决策中的价值成分来影响决策。

（4）决策群体的关系融洽程度。在关系融洽的情况下，大家心往一处想，劲往一处使，话往一处说，事往一处做，较好的方案容易获得通过。而在关系紧张的情况下，最后被通过的方案可能是一种折中方案，未必是较好的方案。而且在关系紧张的情况下，方案可能长时间议而不决，决策方案的实施所遇到的障碍通常也比较多。

【互动课堂】

假设你是一家国际公司的高管，你们正在考虑是否要在中国市场推出一系列新产品。在团队讨论中，有些成员强调在产品设计上要尊重中国文化，并提出相关建议，比如在包装和广告中使用中国传统元素等。

但是，有一些成员认为在中国市场，尊重文化是一回事，但也不能让产品失去品牌特色和核心价值。他们认为太多的文化元素可能会分散产品线的一致性和品牌形象，从而影响销售。

请分析一下，影响本案例中决策的因素有哪些。

3.4.3 决策方法

决策方法大体分为定性决策方法与定量决策方法两类。定性决策方法又称软方法，是指依靠决策者的知识、经验和判断力来进行决策的一类方法，表现形式以会议为主，主要是做定性分析，用于非程序化问题的决策。这种方法的缺点是主观性强。定量决策方法又称硬方法，指运用数学分析和计算机技术的一类方法，主要用于解决程序化问题。定量决策方法的主要缺点是无法对心理因素、社会因素多的问题进行决策，容易将事物理想化。

1. 定性决策方法

1）头脑风暴法

头脑风暴法又称畅谈会法。头脑风暴法是创造学的创始人亚历克斯·奥斯本提出的。这种方法的目的是通过找到新的和异想天开的解决问题的方法来解决问题，是一种最负盛名的促进创造力的技法。具体做法是邀请专家、内行，针对组织内某一个问题或某一个议题，让大家开动脑筋，畅所欲言地发表个人意见，充分发挥个人和集体的创造性，经过互相启发，产生连锁反应，集思广益，而后进行决策。一般邀请 5 ~ 12 人，时间在一个小时左右。主持者介绍背景，提出总议题；然后，与会者畅所欲言，形成思想风暴；最后，形成创意、决策意向或方案。其主要规则为：①放开思路，自由鸣放；②不相互批评，不要争论；③倡导多角度分析，鼓励提多种不同方案；④激励相互启发、联想、综合与完善。

【互动课堂】

某家电公司最近推出了一款迷你电风扇，公司总经理要求市场部经理为新产品取一个名字。新产品的名字要新颖、容易记住并区别于同类型其他产品。假如你是市场部经理，你将为这款新产品取什么名字，讲出理由。可放开思路，大胆设想。

2）认知冲突法

这种方法与头脑风暴法的规则正相反。它要求与会者要针对他人提出的见解、方案，直接提出相反的意见或进行否定，并鼓励争论，以求在不同意见与方案的冲突、争论中辨明是非，发现各种方案的缺陷，逐步趋于一致。这种方法主要用于对已有方案的深入分析、评价与选择。

3）德尔菲法

德尔菲法是由美国兰德公司于 20 世纪 50 年代初发明的，又称专家意见法或专家函询调查法，是采用背对背的通信方式征询专家小组成员的预测意见，经过几轮征询，使专家小组的预测意见趋于集中，而后做出最终结论的决策方法。相比其他决策方法，这种方法更复杂、更耗时。具体做法是将被征询意见的人编成组。开始时，在不接触、不产生相互影响的条件下，让他们分别用书面方式提问题，提建议，或回答所提问题；然后，由组织者将每个人的书面材料整理成汇编材料发给每个参与者，公布时只有汇编的各种意见，并无具体人名；每个参与者可以针对汇编的各种意见毫无顾虑地发表意见，并修订自己的意见；也可以将大家的意见再进行汇编与反馈，进行多轮征询；最后，把大家趋于一致的成熟意见集中起来，作出决策。

4）电子会议法

这种方法是先将群体成员集中起来，每人面前设有一个与中心计算机相连接的终端。群体成员将自己有关解决问题的方案输入计算机终端，然后再将它投影在大型屏幕上。专家认为，采用电子会议比传统的面对面的会议效率高55%。这种方法有其独特的优势：一是可以利用计算机终端，对自己的意见作更为系统、完善的表达，包括数据、图表、模型等多种辅助形式；二是可以解决异地沟通上的问题，参与者可不聚到同一地点，甚至在家中也可进行；三是由于借助计算机这种不面对面的媒体，就有利于克服由于面对面发表不同意见或遭到拒绝而造成的思想障碍，更便于创造无拘无束、畅所欲言的活泼氛围与环境。

5）方案前提分析法

有些决策的问题，如何进行决策主要取决于其方案的前提假设条件。方案是否正确，关键看它的前提假设是否成立。采用这种方法时，组织者让与会者只分析讨论方案的前提能否成立，据此判定决策方案。

6）对演法

对演法（又称打擂台法）是指对于组织制定的对立方案，正反双方的专家小组进行激烈的辩驳，互攻其短，以充分暴露方案的缺点。主持人将方案进行整理，得到最佳方案。

7）哥顿法

哥顿法（又称提喻法、类比法）是主持人不公开会议的具体目的，只用类比的方法把问题提出来，不讨论问题本身，而让参加者提出各种想法的决策方法。通过与会者的各类想法来完善方案。

2. 定量决策方法

定量决策方法通常以方案所能带来的经济效果作为衡量各方案的标准。按决策问题具备的条件和决策结果的确定性程度可将定量决策法划分为确定型决策、风险型决策和不确定型决策三类。

1）确定型决策

确定型决策问题，即只存在一种确定的自然状态，决策者可依据科学的方法作出决策。确定型决策的方法有以下几类：

（1）线性规划、库存论、排队论、网络技术等数学模型法。

（2）微分极值法，即利用微分求导的方法确定极大（小）值。

（3）盈亏平衡分析法，即借助盈亏平衡点进行分析的方法。这里主要介绍盈亏平衡分析法。

①盈亏平衡分析的基本模型。它是研究生产、经营一种产品达到不盈不亏时的产量或收入的一种分析模型。这个不盈也不亏的平衡点即为盈亏平衡点。显然，生产量低于这个产量时，则发生亏损；超过这个产量时，则获得盈利。如图2-4所示，随着产量的增加，总成本与销售额随之增加，当到达平衡点 A 时，总成本等于销售额（即总收入），此时不盈利也不亏损，正对应此点的产量 Q 即为平衡点产量；销售额 R 即为平衡点销售额。同时，以 A 点为分界，形成亏损与盈利两个区域。此模型中的总成本是由固定成本和变动成本构成

的。按照是以平衡点产量 Q 还是以平衡点销售额 R 作为分析依据，可将盈亏平衡分析法划分为盈亏平衡点产量（销量）法和盈亏平衡点销售额法。

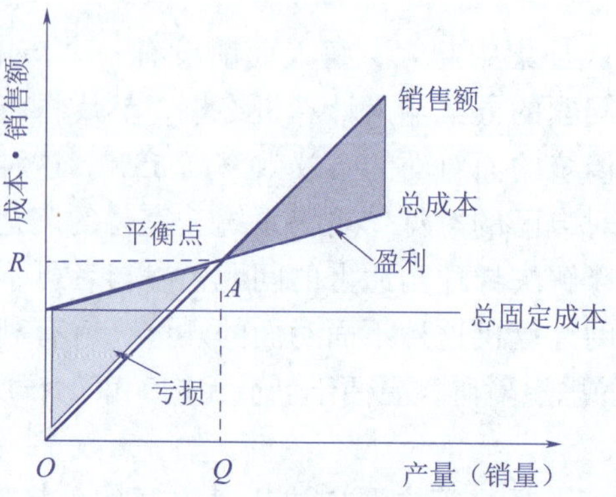

图3-4　盈亏平衡分析基本模型图

②盈亏平衡点产量（销量）法。即以盈亏平衡点产量或销量作为依据进行分析的方法。其基本公式为

$$Q=\frac{C}{P-V}$$

式中，Q 为盈亏平衡点产量（销量）；C 为总固定成本；P 为单位产品价格；V 为单位变动成本。

当要获得一定的目标利润时，其公式为

$$Q=\frac{C+B}{P-V}$$

式中，B 为预期的目标利润额；Q 为实现目标利润额 B 时的产量或销量。

例：某厂生产一种产品，其总固定成本为 200 000 元；单位产品变动成本为 10 元；产品售价为 15 元。

求：①该厂的盈亏平衡点产量为多少？

②如果要实现利润 20 000 元时，其产量应为多少？

解：①

$$Q=\frac{C}{P-V}$$

$$=\frac{20\,000}{15-10}=40\,000(件)$$

答：该厂盈亏平衡点产量为 40 000 件。

②

$$Q=\frac{C+B}{P-V}$$

$$=\frac{200\,000+20\,000}{15-10}=44\,000（件）$$

答：要实现利润 20 000 元时，产量应为 44 000 件。

③盈亏平衡点销售额法。已知产品单价，又求得了盈亏平衡时的产量，用单价乘产量就可以求得盈亏平衡点的销售额。

2）风险型决策

在风险型决策中，决策者对未来可能出现何种自然状态不能确定，但其出现的概率可以大致估计出来。风险型决策常用的方法是决策树分析法。

（1）决策树分析法的含义。这是指借助树状分析图，根据各种自然状态出现的概率及方案预期损益，计算与比较各方案的期望值，从而抉择最优方案的方法。树状分析图如图 3-5 所示。

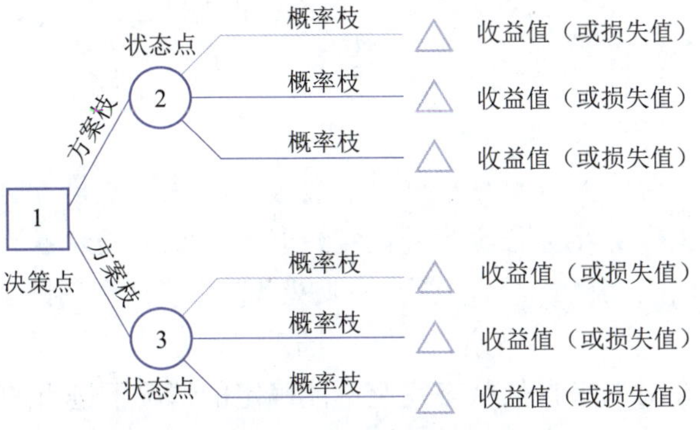

图3-5 树状分析图

（2）决策树分析法的基本步骤。①从左向右画出决策树形图；②计算各种方案的期望值；③选择最佳方案。

下面结合实例介绍这一方法的运用。

例：某公司计划未来三年生产某种产品，需要确定产品批量。根据预测估计，这种产品的市场状况的概率是：畅销为 0.2；一般为 0.5；滞销为 0.3。现提出大、中、小三种批量的生产方案，求取得最大经济效益的方案。有关数据见表 3-1。

表3-1 各方案损益值表

方案	畅销（0.2）	一般（0.5）	滞销（0.3）
大批量	40	30	−10
中批量	30	20	8
小批量	20	18	14

解：

①根据已知条件画出决策树状图如下：

②计算各方案的期望值：

大批量生产期望值 =[40 × 0.2+30 × 0.5 +（−10） × 0.3] × 3=60（万元）

中批量生产期望值 =[30 × 0.2+20 × 0.5+8 × 0.3] × 3=55.2（万元）

小批量生产期望值 =[20 × 0.2+18 × 0.5+14 × 0.3] × 3=51.6（万元）

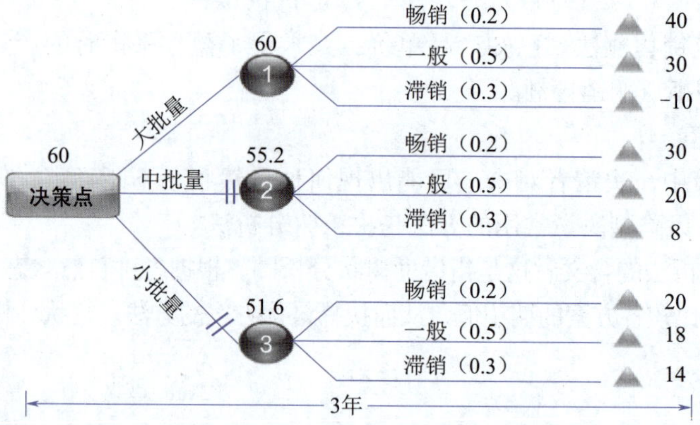

③选择最佳方案

将各方案的期望值标在各个方案节点上；然后，比较各方案的期望值，从中选出期望值最大的作为最佳方案。并把最佳方案的期望值写到决策节点方框的上面。同时剪去（用"//"表示）其他方案枝。此例中，大批量生产期望值最大（60 万元），故选中该方案。

3）不确定型决策

不确定型决策是在对未来自然状态完全不能确定的情况下进行的。由于决策主要靠决策者的经验、智慧和风格，便产生不同的评选标准，因而形成了多种具体的决策方法。一般有以下四种方法：乐观法（大中取大法）、悲观法（小中取大法）、平均法（等概率法）和后悔值法（大中取小法）。

例：某公司计划生产一种新产品。该产品在市场上的需求量有四种可能：需求量较高、需求量一般、需求量较低、需求量很低。对每种情况出现的概率均无法预测。现有三种方案：A 方案是自己动手，改造原有设备；B 方案是全部更新，购进新设备；C 方案是购进关键设备，其余自己制造。该产品计划生产 5 年。据测算，各个方案在各种自然状态下 5 年内的预期损益见表 3-2。

表3-2　各方案损益值表

方案	需求较高	需求一般	需求较低	需求很低
A 方案	70	50	30	20
B 方案	100	80	20	−20
C 方案	85	60	25	5

解：

（1）乐观法（大中取大法）。这种方法是建立在决策者对未来形势估计非常乐观的基础之上的，即认为极有可能出现最好的自然状态，于是争取好中取好。具体方法是：先从每个方案中选择一个最大的收益值，即 A 方案 70 万元，B 方案 100 万元，C 方案 85 万元；然后，再从这些方案的最大收益值中选择一个最大值，即 B 方案的 100 万元作为决策方案。

（2）悲观法（小中取大法）。这种方法是建立在决策者对未来形势估计非常悲观的基础上的，故从最坏的结果中选最好的。其具体方法是：先从每个方案中选择一个最小的收益值，即A方案20万元；B方案−20万元；C方案5万元；然后，从这些最小收益值中选取数值最大的方案（A方案20万元）作为决策方案。

（3）平均法（等概率法）。这种方法是将未来不明的自然状态出现的可能完全等同地加以看待，因此，设各种自然状态出现的概率都相同，从而将其转化为风险型决策。

（4）后悔值法（大中取小法）。这种方法的基本思想是如何使选定决策方案后可能出现的后悔值达到最小，即蒙受的损失最小。各种自然状态下的最大收益值与实际采用方案的收益值之间的差额称为后悔值。这种决策方法的步骤是：先从各种自然状态下找出最大收益值；再用各个方案的收益值减去最大收益值，求得各方案后悔值；然后，从各个方案后悔值中找出每个方案最大后悔值；最后，从中选择最大后悔值最小的方案为决策方案。三个方案最大后悔值分别为30、40、20，见表3-3。因为C方案的最大后悔值最小（20），故选中该方案。

表3-3 最大后悔值比较表

方案	需求较高	需求一般	需求较低	需求很低	最大后悔值
A方案	30（即100−70）	30（即80−50）	0（即30−30）	0（即20−20）	30
B方案	0（即100−100）	0（即80−80）	10（即30−20）	40（即20+20）	40
C方案	15（即100−85）	20（即80−60）	5（即30−25）	15（即20−5）	20

以上四种方法，在实际中还可以依次运用，然后选出四种方法决策结果中选中次数最多的方案作为决策方案。

【知识巩固】

一、单选题

1. 计划具有（　　）性质。

A. 普遍性和秩序性　　B. 普遍性和特殊性

C. 普遍性和具体性　　D. 普遍性和排他性

2. 决策遵循的是（　　）原则。

A. 最优原则　　B. 最高原则

C. 最经济原则　　D. 满意原则

3. 决策按决策条件可分为（　　）。

A. 长期决策和短期决策　　B. 集体决策和个人决策

C. 确定型、风险型和不确定型决策　　D. 初始决策和追踪决策

4. 决策按重要性分为（　　）。

A. 长期决策和短期决策　　B. 集体决策和个人决策

C 确定型、风险型和不确定型决策　　D. 战略、战术和业务决策

5. 在确定、可控的条件下进行的决策属于（　　）。

A. 定性决策　　B. 确定型决策

C. 风险型决策　　D. 不确定型决策

6. 在决策中，自然状态不止一种，决策者不能知道哪种自然状态会发生，但能知道有多少种自然状态及每种自然状态发生的概率，这类决策属于（　　）。

A. 定性决策　　B. 确定型决策

C. 风险型决策　　D. 不确定型决策

7. 决策树法属于（　　）方法。

A. 集体决策　　B. 确定型决策

C. 风险型决策　　D. 不确定型决策

8. 在管理中居于主导地位的工作是（　　）。

A. 领导工作　　B. 人员配备　　C. 计划工作　　D. 组织工作

9. 计划工作的核心是（　　）。

A. 确定计划的前提条件　　B. 确定可供选择的方案

C. 决策　　D. 组织工作

10. 计划工作的经济性指的是（　　）。

A. 投入与产出之间的比例关系　　B. 实现预期目标

C. 编制计划要诀　　D. 计划指标既先进又可行

二、多选题

1. 组织的宏观环境包括（　　）。

A. 经济环境　　B. 政治和法律环境

C. 社会文化环境　　D. 科技环境

E. 全球化环境

2. 以下不是按照计划所涉及管理者级别的分类是（　　）。

A. 生产计划、财务计划、供应计划、劳资计划、安全计划

B. 上层管理计划、中层管理计划、基层管理计划

C. 专项计划、综合计划

D. 长期计划、中期计划、短期计划

3. 管理计划职能的重要意义在于（　　）。

A. 确定组织的长远目标　　B. 确定短期目标和关键业务支持

C. 确定组织的战略方向　　D. 确定组织的宏观管理方向和策略

4. 下列关于影响决策的因素属于市场环境因素的是（　　）。

A. 组织文化　　B. 竞争形势　　C. 政治经济形势　　D. 技术革新

5. 下列属于定性决策方法特征的是（　　）。

A. 通常适用于未来不确定性高的情况

B. 采用专家判断或意见收集的方式

C. 采用数据量大而准确的分析方法

D. 相较于定量决策方法更加迅速且灵活

三、判断题

1. 管理者面临的决策多是完全程序化的或完全非程序化的。（　　）
2. 决策是计划的前提，计划是决策的逻辑延续。（　　）
3. 计划工作在管理职能中处于首位。（　　）
4. 计划是不随条件变化而变化的。（　　）
5. 目标管理是一种参与的、民主的、自我控制的管理制度。（　　）
6. 决策遵循的是最优原则。（　　）
7. 战略显著的特点是长期性和整体性。（　　）
8. 定性决策方法又称硬方法。（　　）
9. 决策不受决策者的主观因素影响。（　　）
10. 解决确定型决策问题一般运用决策树法。（　　）

四、简答题

1. 简述计划职能的作用。
2. 简述一个完整的目标需具备哪些特征。
3. 简述如何理解决策的含义。

【案例研讨】

<table>
<tr><td>模　　块</td><td colspan="2">模块 2　计划职能</td><td>姓　　名</td><td></td></tr>
<tr><td>单　　元</td><td colspan="2">单元 3　管理决策</td><td>讨 论 组</td><td></td></tr>
<tr><td>案例内容</td><td colspan="4">王厂长的会议
王厂长是佳迪饮料厂的厂长，回顾 8 年的创业历程真可谓是艰苦创业、勇于探索的过程。全厂上下齐心合力，同心同德，共献计策为饮料厂的发展立下了汗马功劳。但最令全厂上下佩服的还数 4 年前王厂长决定购买二手设备的举措。饮料厂也因此挤入国内同行业强手之林，令同类企业刮目相看。今天王厂长又通知各部门主管及负责人晚上 8 点在厂部会议室开会。部门领导们都清楚地记得 4 年前在同一时间、同一地点召开会议，王厂长作出了购买进口二手设备这一关键性的决定。在他们看来，又有一项新举措即将出台。
晚上 8 点会议准时召开，王厂长庄重地讲道：“我有一个新的想法，我将大家召集到这里是想听听大家的意见或看法。我们厂比起 4 年前已经发展了很多，可是，比起国外同类行业的生产技术、生产设备，还差得很远。我想，我们不能满足于现状，我们应该力争世界一流水平。当然，我们的技术、我们的人员等条件还有差距，但是我想为了达到这一目标，我们必须从硬件条件入手，即引进世界一流的先进设备，这样一来，就会带动我们的人员、带动我们的技术等一起前进。我想这也并非不可能，4 年前我们不就是这样做的吗？现在厂的规模扩大了，厂内外事务也相应地增多了，大家都是各部门的领导及主要负责人，我想听听大家的意见，然后再做决定。”
会场一片肃静，大家都清楚地记得，4 年前王厂长宣布引进二手设备的决定时，有近 70% 成员反对，即使后来王厂长谈了他近三个月对市场、政策、全厂技术人员、工厂资金等厂内外环境的一系列调查研究结果后，仍有半数以上人持反对意见，10% 的人持保留态度。因为当时很多厂家引进设备后，由于不配套和技术难以达到等因素，均使高价引进设备成了一堆闲置的废铁。但是王厂长在这种情况下仍采取了引进二手设备的做法。事实表明这一举措使佳迪饮料厂摆脱了企业由于当时设备落后、资金短缺所陷入的困境。二手设备那时价格很低，但在我国尚未被淘汰。因此，佳迪厂也由此走上了发展的道路。
王厂长见大家心有余悸的样子，便说道：“大家不必顾虑，今天这一项决定完全由大家决定，我想这也是民主决策的体现，如果大部分人同意，我们就宣布实施这一决定；如果大部分人反对的话，我们就取消这一决定。现在大家举手表决吧”。于是会场上有近 70% 人投了赞成票。</td></tr>
<tr><td rowspan="6">案例分析</td><td>分析问题 1</td><td colspan="3">王厂长的两次决策过程合理吗？为什么？</td></tr>
<tr><td colspan="4">个人分析：</td></tr>
<tr><td>分析问题 2</td><td colspan="3">影响决策的主要因素是什么？</td></tr>
<tr><td colspan="4">个人分析：</td></tr>
<tr><td>分析问题 3</td><td colspan="3">如果你是王厂长，在两次决策过程中应做哪些工作？</td></tr>
<tr><td colspan="4">个人分析：</td></tr>
</table>

小组讨论结论		
教师评价	星级	☆☆☆☆☆
	评语：	

【游戏体验】

<table>
<tr><td>模块</td><td colspan="4">模块 2　计划职能</td></tr>
<tr><td>单元</td><td colspan="4">单元 3　管理决策</td></tr>
<tr><td>游戏名称</td><td colspan="4">目标达成者</td></tr>
<tr><td rowspan="7">游戏玩法</td><td>序　号</td><td>内　容</td><td colspan="2">说　明</td></tr>
<tr><td>1</td><td>活动目的</td><td colspan="2">通过游戏锻炼团队成员在管理中制定目标和做出决策的能力，提高团队凝聚力及协作能力。</td></tr>
<tr><td>2</td><td>游戏形式</td><td colspan="2">团队竞赛形式</td></tr>
<tr><td>3</td><td>时间要求</td><td colspan="2">60 min</td></tr>
<tr><td>4</td><td>材料准备</td><td colspan="2">白板、马克笔、抽奖箱、奖品</td></tr>
<tr><td>5</td><td>操作程序</td><td colspan="2">第一步：将参与者分组，每组人数不少于 5 人。
第二步：讲解游戏规则和目标，每组参与者需要制定一个团队目标，并针对目标做出相关决策，并于规定时间内达成目标。
第三步：讲解操作要求，每个队员都需要做出相关贡献，没有一个人可以袖手旁观或者自以为是。
第四步：发放材料，给每个小组发放白板、马克笔和抽奖箱。
第五步：让每个小组在规定时间内制定目标并做出决策，并在白板上呈现出来。
第六步：每个小组完成目标后，可以从抽奖箱中随机抽出奖品。</td></tr>
<tr><td>6</td><td>讨论问题</td><td colspan="2">（1）目标制定的步骤是怎样的?
（2）总结一下如何才能做出正确的决策?
（3）无论在制定目标还是做出决策过程中，都需要考虑到团队合作与协作的因素，你的理解和亲身体验是什么?</td></tr>
<tr><td rowspan="3">游戏计划安排</td><td colspan="4"></td></tr>
<tr><td>班　　级</td><td></td><td>组长签字</td><td></td></tr>
<tr><td>教师签字</td><td></td><td>日　　期</td><td></td></tr>
<tr><td>游戏问题讨论与心得体会</td><td colspan="4">心得：</td></tr>
</table>

【技能实训】

<table>
<tr><td>模块</td><td colspan="4">模块 2 计划职能</td></tr>
<tr><td>单元</td><td colspan="4">单元 3 管理决策</td></tr>
<tr><td>技能</td><td colspan="4">策划与决策技能</td></tr>
<tr><td rowspan="4">实训安排</td><td>序 号</td><td>项 目</td><td colspan="2">说 明</td></tr>
<tr><td>1</td><td>实训目的</td><td colspan="2">（1）训练学生的创造性思维。
（2）培养实际策划与决策的能力。</td></tr>
<tr><td>2</td><td>实训内容</td><td colspan="2">进行某项活动的策划</td></tr>
<tr><td>3</td><td>实训要求</td><td colspan="2">（1）选择一个自己目前需要解决的问题，在调查研究的基础上，运用创造性思维策划一项活动，形成一个创意。
（2）运用创造性思维尽可能多地提出创意和想法，再运用决策方法从中选择一个最满意的创意。
（3）形成一份方案提交。</td></tr>
<tr><td rowspan="6">实训过程记录</td><td colspan="2">要解决的问题：</td><td colspan="2"></td></tr>
<tr><td colspan="2">创意 1</td><td colspan="2"></td></tr>
<tr><td colspan="2">创意 2</td><td colspan="2"></td></tr>
<tr><td colspan="2">创意 3</td><td colspan="2"></td></tr>
<tr><td colspan="4"></td></tr>
<tr><td colspan="4">演讲与讨论：</td></tr>
<tr><td rowspan="3">实训评价</td><td>班 级</td><td></td><td>姓 名</td><td></td></tr>
<tr><td>教师评价</td><td></td><td>自我评价</td><td></td></tr>
<tr><td colspan="4">我的实训成果：</td></tr>
</table>

【学习评价】

模　块	模块2　计划职能			
单　元	单元3　管理决策		学　时	
我的收获	序　号	内　容		自评星级
知识获取	1			
	2			
	3			
	4			
能力培养	1			
	2			
	3			
素质提升	1			
	2			
问题反馈				

教师评价	班　级		姓　名		总　分	
	评语：					

【东方管理思想】

事未至而预图，则处之常有余；
事既至而后计，则应之常不足。
——辛弃疾《美芹十论》

单元4　计划制订

【学习目标】

知识目标

1. 了解编制计划的程序和要领；
2. 掌握编制计划的方法；
3. 理解计划书的重要性及其在组织管理中的作用；
4. 了解计划书的种类和内容；
5. 掌握计划书的撰写技巧和写作规范。

能力目标

1. 能够通过科学的管理方案和运筹方法，编制出详细可行的计划书；
2. 能够通过分析管理环境和市场因素，识别风险和机遇，并制订相应的管理计划；
3. 能够运用系统化思维、创新思维和高效沟通等能力，协助团队达成共同的计划和目标。

素质目标

1. 培养良好的责任感和自我反思能力，在制订计划的过程中强化团队协作和目标导向意识，从而更好地服务于个人或组织的发展；

2. 学生通过制订计划，意识到计划与目标、资源分配和决策之间的相互关系和交互影响，培养学生的系统思考和系统化问题解决能力。

3. 加强人文关怀和社会责任意识，认识到计划制订对社会和环境的影响，发挥积极主动的作用，为社会和谐稳定做出贡献。

【情景导入】

小李是一家中型企业的项目经理，他的公司正计划推出一款新产品。他曾经参与过其他项目的管理，但是这次他发现自己并不清楚如何制订一个全面有效的计划。他不知道该从哪里开始，需要考虑哪些因素，还需要怎样的方法和工具来协助他完成计划。另外，他也担心制订的计划书被领导认为不够全面、详细，不具有可操作性。

作为一名项目经理，小李需要了解哪些计划制订的程序和要领呢？他该如何制订一个全面有效的计划？他需要考虑哪些因素？他需要怎样的方法和工具协助？如何制订一个全面、详细和可操作的计划书呢？

【理论学习】

4.1 编制计划的程序及要领

4.1.1 编制计划的程序

计划编制并不是一蹴而就的，不能第一时间就编写计划书。管理人员在编制一份完整的计划时，通常要遵循以下步骤：识别机会、确立目标、预测并确定计划的前提条件、拟定备选方案、评价与选择方案、制订派生计划、编制预算和编写计划书。其中，前六个步骤，即从识别机会到确定方案就是前一单元中目标和决策的内容，为计划书的编制打下了坚实的基础。

1. 识别机会

识别机会是计划工作的起点。认识机会在实际的计划工作开始之前，严格来讲，它不是计划的一个组成部分，但却是计划工作的一个真正起点。因为它预测到了未来可能出现的变化，清晰而完整地认识到组织发展的机会，搞清了组织的优势、劣势及所处的地位，认识到组织利用机会的能力，意识到不确定因素对组织可能发生的影响及影响程度等。在前一单元环境分析的内容中就详细介绍了如何识别机会。

2. 确立目标

制订计划的第二个步骤是在认识机会的基础上，为整个组织及其所属的下级单位确定目标。目标是指期望达到的成果，它为组织整体、各部门和各成员指明了方向，描绘了组织未来的状况，并且作为标准可用来衡量实际的绩效。计划的主要任务，就是将组织目标进行层层分解，以便落实到各个部门、各个活动环节，形成组织的目标结构，包括目标的时间结构和空间结构。

3. 预测并确定计划的前提条件

前提条件是关于要实施计划的环境假设条件，前提条件也是保证计划实施成功的必要条件。组织的计划工作想要协调进行，承担编制计划任务的管理者们就需要对计划的前提条件有一致的理解和把握。

4. 拟订备选方案

一个计划首先需要多个可供选择的方案，应当拟定尽可能多的备选方案，使选择的余地更大。可供选择的方案数量越多，被选择的方案可行性就越高，因此，在管理实践中，管理者发掘方案与正确选择方案具有同等的重要性。

5. 评价与选择方案

在找出了各种可供选择的方案并明确了它们的优缺点后，下一步就是根据前提和目标，权衡它们的轻重，对方案进行评估与选择。在若干种方案并存的情况下，就要根据组织的目标选择一个最合适的方案。选择方案是决策的关键。做出正确的选择需要建立在前面几步工作的基础上。在实际工作中，为了保持计划的灵活性，通常会保留两个可取的方案，然后确定出首先采用哪个方案，将另一个方案也进行细化和完善，并作为后备方案。如何拟定备选方案和选择方案是前一单元决策中的重点内容，这里不再赘述。

6. 制订派生计划

派生计划即辅助计划，是总计划下的分计划和行动计划。总计划还需要派生计划的支持。因为几乎所有的总计划都要靠派生计划来扶持，因此完成派生计划是实施总计划的基础。例如，一家公司为在激烈的市场竞争中赢得优势，决定新购一批设备以增加产量，从而获得经营的规模优势。这一基本计划需要制订很多派生计划来支持，如资金筹措计划、雇佣和培训各类人员的计划、采购和配置设备的计划、建立维修设施的计划、制订排班表计划，以及促销等分计划。

7. 编制预算

这一步是要把计划转变为预算，使计划数字化。预算是汇总组织各种计划的一种手段，将各类计划数字化后汇总，方能分配好组织的资源。预算用数字表述计划，能清楚地表示出哪些资源将由谁来使用，将在哪些地方使用，并由此涉及哪些费用计划、收入计划或实物计划以及投入量和产出量计划。这样预算就与计划相联系，预算将资源使用权授予组织的各部门，但又对资源使用状况进行控制。

8. 编写计划书

计划工作的最后一步就是编写计划书这样一份文件。计划书是整个计划工作的结果，是计划工作的最终文字呈现。

4.1.2 编制计划的要领和方法

1. 编制计划的要领

1）明确制订计划的目的与依据

（1）要落实上级的总体战略，配合全局。

（2）要保证本部门工作任务的实现。

（3）要有利于本部门的长期发展。

2）抓住四个环节并按照科学程序运作

要遵循科学的计划程序制订计划，编制计划书。要特别注意抓住四个关键环节：

（1）搞好内外环境的分析，做好计划的前提与基础。

（2）运用创造性思维与创造技法，形成富有创意的构思。

（3）采用科学的决策方法，制定正确的决策。

（4）巧妙运筹，周密安排，编制科学的计划文本。

3）要着重关注中、基层管理者所负责的计划类型

中、基层管理者主要负责制订年度及以下时间段的业务（工作）计划和解决某个问题、开展某项工作的专案计划。主要包括：企业年度生产经营计划或工作计划、企业某一职能

管理（营销、生产、技术、财务、开发等）计划、企业下属基层部门的生产作业计划，以及解决特定问题或开展某项专门工作的计划等。

2. 管理方案的科学运筹

上一问题中提到要特别注意抓住四个关键环节，其中搞好内外环境的分析、运用创造性思维与创造技法，形成富有创意的构思和采用科学的决策方法制定正确的决策这三个环节在上一章中都已经详细阐述过，这里着重介绍一下如何巧妙运筹和周密安排，为编制科学的计划文本做好最后一环的准备。

1）合理配置资源

经济合理地配置资源，是科学运筹、周密设计方案的重要内容。配置资源通常要遵循以下原则：

（1）按目标、任务分配资源。资源是为实现目标和任务服务的。必须坚持按目标任务的需要分配资源，用资源保证目标的实现。

（2）正确处理重点与一般的关系。主要目标，必须以足够的、高质量资源重点保证，绝不可平均分配，使资源分散使用。但同时，对于一般任务目标也要分配适当的资源，使一般任务目标得以完成。

（3）要保障资源使用的有效性与经济性。注重资源使用效率，要以产出定投入，并比较投入与产出效果，以最小的资源投入，获得尽可能大的管理产出，最大限度地提高资源形成社会效益与经济效益。

2）活动与时空运筹

（1）活动运筹。当同时安排多项活动时，要合理安排，有机协调。多项活动在时间上一般存在三种关系：并行关系、交叉关系和先后关系。要按照这三种性质关系的内在要求，对各种活动科学运筹，合理安排，以提高效率，节省时间。存在相关或制约关系的几项活动，要注意先后次序、衔接问题；如果是相互争时间、争精力、争资源的活动，则要通过科学运筹，错开高峰，利用互补，协调发展；如果是本组织与上级同时安排一些紧迫任务时，应运用结合原则，尽可能将上级布置的任务与本单位正在开展或即将开展的工作结合起来，融为一体，统一运作，这样可以达到事半功倍的效果，尽可能不另开炉灶，顾此失彼。

（2）程序运筹。某项工作的实施程序对于工作的效率与效果具有重要意义。①要根据工作环节或阶段之间的关联或依存关系安排先后顺序，打基础的工作在先，后继性的工作在后，搞好衔接。②要注意各环节与阶段的连贯性，使各环节、阶段之间紧密衔接，形成工作链条。③注意关键线路法思想的运用。在大的工作项目中，找出作用重要、工作周期最长的关键工作环节或项目，优先安排，贯彻始终，而其他项目则按结合原则，交叉安排，从而可以保证整个工作项目在最短时间内完成。

（3）空间运筹。在筹划空间地点时，要注意地点对活动的适应程度；要充分利用地点、场所对活动效果的增强或放大作用；要注意空间上活动的并存与协调；要尽可能节约在地点场所上的开支。

【互动课堂】

丁谓一举三得修皇宫

宋代一场大火烧毁了皇宫。皇帝命大臣丁谓负责皇宫修复工程。该工程量相当大，用料多，且运输距离遥远，正常工期将长达25年。而丁谓经过巧妙运筹，制定了一个综合方案：将宫前的几条主要街道挖成渠道，从中取土就地烧成修建用砖瓦；同时引汴水入渠，由水路使用竹排木筏将远道而来的建筑材料直接运到施工现场；待皇宫竣工后，再将工程废料填入水渠中，修复道路。这样一举三得，不但节省了巨额资金，而且大大缩短了工期，大获成功。

结合管理方案的科学运筹谈一谈丁谓进行了哪种运筹，他是如何进行运筹的？你还能想到哪些体现运筹的故事？

3. 编制计划的方法

1）甘特图法

甘特图是对简单项目进行计划与排序的一种常用工具，由社会学家亨利·甘特于1917年提出，又称线条图或横道图。甘特图用横轴表示时间，纵轴表示要安排的活动，线条表示在整个期间计划的和实际的活动完成情况。它能使管理者先为项目的各项活动做好进度安排，然后再随着时间的推移，对比计划进度与实际进度，进行监控工作，调整注意力到最需要加快速度的地方，使整个项目按期完成。甘特图还可以作为一种控制工具，帮助管理者掌握实际进度偏离计划的情况，从而对计划工作进行正确的评估。

图4-1所示为某公司线上活动时间推进甘特图。

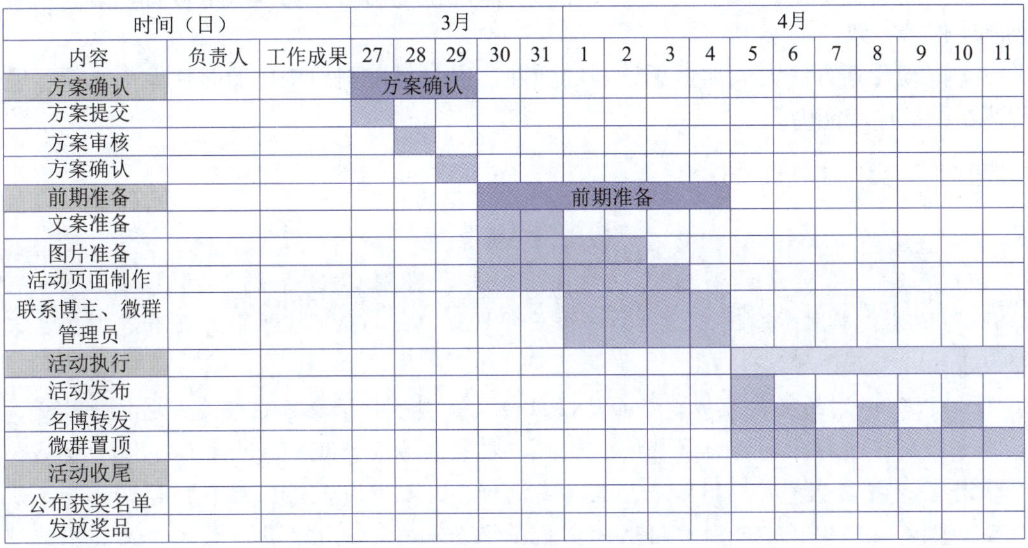

图4-1 某公司线上活动时间推进甘特图

2）滚动计划法

所谓滚动计划法，是指在制订计划时，采取远粗近细的办法，即近期计划尽可能详尽，远期计划的内容则较粗。在执行计划的过程中，根据计划执行情况和内外部环境的变化，定期对原计划进行修订，并将整个计划向前滚动一期，以后根据同样的原则逐期滚动，如图 4-2 所示。

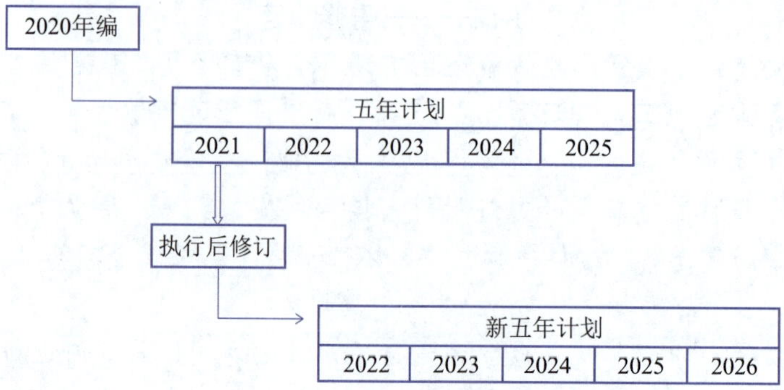

图4-2 滚动计划法示意图

滚动计划法的优点如下：

（1）计划更加切合实际，并且使战略性计划的实施也更加切合实际。战略性计划是指应用于整体组织的，为组织未来较长时期（通常为 5 年以上）设立总体目标和寻求组织在环境中的地位的计划。由于人们无法对未来的环境变化作出准确的估计和判断，所以，计划针对的时期越长，不准确性就越大，其实施难度也越大。滚动计划相对缩短了计划时期，加大了计划的准确和可操作性，从而是战略性计划实施的有效方法。

（2）滚动计划方法使长期计划、中期计划与短期计划相互衔接，短期计划内部各阶段相互衔接。这就保证了即使由于环境变化出现某些不平衡时也能及时地进行调节，使各期计划基本保持一致。

（3）滚动计划方法大大加强了计划的弹性，这对环境剧烈变化的时代尤为重要，它可以提高组织的应变能力。

【思政园地】

我国的五年规划

2021 年起，我国开始实行“十四五”规划，即从 2021 年到 2025 年的五年规划。“十四五”规划是新时代我国发展的第一个五年规划，是习近平新时代中国特色社会主义思想指引下的首个五年规划。

“十四五”规划的主要目标是全面建设社会主义现代化强国，在经济、科技、文化、民生等各方面制定了详细的目标和任务。比如，在经济方面，规划提出要以高质量发展为主题，推进经济高质量发展、高水平开放、高端制造、绿色发展等；在科技创新方面，规划强调要加强基础研究、实现科技领域的突破，推动智能化、信息化、数字化在各个行业的应用和发展；在民生方面，规划提出要加强社会保障体系建设、教育、医疗卫生、文化、体育等公共服务供给，促进全民共享发展成果等。

在规划实施方面，政府还将采取一些措施和政策，比如加强扶持中小微企业、增加科技创新投入、加大环境污染治理力度等。规划十分重视节能减排、生态保护和文化传承等问题，注重各个领域的协同发展。

4.2 计划书

4.2.1 计划的种类

由于管理活动开展的多样性，计划按照不同的分类标准也可以划分出多种类型。

1. 按计划的形式和层次划分

各种计划形式从抽象到具体可以看作一个由上至下的层次结构，它由使命或宗旨、目标、战略、政策、程序、规则、方案、预算等组成，如图 4-3 所示。

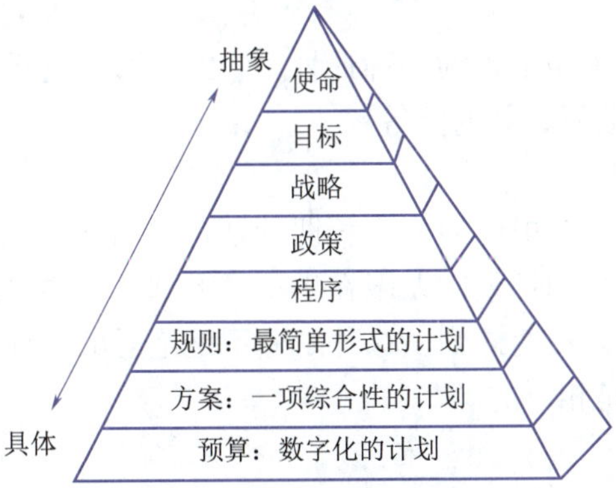

图4-3 计划形式的层次结构图

1）使命或宗旨

任何组织的存在都有其使命或宗旨。如一所大学的使命是培养人才和研究学问，医院的使命是救死扶伤，而一个工商企业的使命则是向社会提供有经济价值的商品或劳务。任何一个组织或企业只有清楚了自己的使命，其行动才能处于正确的轨道上。

2）目标

目标是组织活动所要达到的结果。目标不仅是计划工作的终点，构成组织全部计划的基础，也是组织工作、人员配备、领导和控制活动所要达到的结果。

3）战略

在管理上，战略通常表示一个总的行动方案，是指为实现总目标而做的重点部署和资源安排。战略为企业的经营活动指明了方向。

4）政策

政策是主管人员决策的指南，它规定了行动的方向和界限，使各级主管人员在决策时有一个明确的思考范围，同时也有利于统一和协调主管人员之间的思想和行动。政策允许主管人员有斟酌裁量的自由。

5）程序

程序是对所要进行的活动规定的时间顺序，它确定了如何处理未来活动的例行方法。程序规定了如何采取行动，而不是说明如何思考问题。通过对例行活动制定程序，有利于管理人员将注意力集中于例外事情上。

6）规则

规则可以说是一种最简单的计划，它规定根据一定的情况，是否采取某一特定的行动。就其本质而言，规则和程序旨在抑制思考，往往在不希望人们自由行动的场合采用。

7）方案

方案是一种综合性的计划，它包括了为实施既定方针所必需的目标、政策、程序、规则、任务委派、资源安排以及其他要素。规划也多种多样，在实践中既有像航空公司开辟新航线那样的大型规划，也存在着诸如某企业的车间主任为了提高工人士气而编制的一般规划。

8）预算

预算是用数字来表示预期结果的一种计划。它既可以用货币来表示，也可以用任何使用数字表示的其他指标来表示，如时间等。

2. 按计划时间长短划分

按计划时间的长短，可以把计划分为长期计划、中期计划和短期计划。一般来讲，期限在 1 年以内的计划称为短期计划；期限在 1 年以上到 5 年之内的计划称为中期计划；而期限在 5 年以上的计划称为长期计划。这种划分不是绝对的，计划的长短对于不同的组织来说，其时间界限的概念是相对的。

3. 按组织的职能划分

按组织的职能分类，可以将企业计划分为业务计划、财务计划和人力资源计划等。企业业务计划包括产品研发、物资采购、仓储后勤、生产作业以及销售促进等内容。财务计划和人力资源计划是为业务计划服务的，也是围绕着业务计划而开展的。财务计划研究如何从资本的提供和利用上促进业务活动的有效进行。人力资源计划则是如何为业务规模的维持和扩大提供人力资源保障。

4. 按照涉及范围大小划分

按照涉及范围的大小可以将计划分为战略性计划和战术性计划。

1）战略性计划

战略性计划是由高层管理者制订的，它的作用是决定或变动一个组织的基本目的以及基本政策。它应用于整体作战，为组织未来较长时期设立总体目标和寻求组织在环境中的地位。战略计划的特点是长期性，通常在 3~5 年甚至更长。它涉及面广，相关因素多。

2）战术性计划

战术性计划则是在战略性计划的指导下制订的，是战略性计划的落实。战术性计划规定了总体目标如何实现的细节，其需要解决的是组织的具体部门或职能在未来各个较短时期内的行动方案。这种计划在时间上通常较短，一般在 1 年以下，针对某一特定领域，详细规定出活动的具体细节。

5. 按计划内容的明确程度划分

按计划内容规定的明确程度，计划可分为指导性计划和具体性计划。指导性计划是规定一般的方针和行动原则，它确定最终的目标，但不确定具体的目标和具体的活动方案，给予了行动者较大的自由处置权。具体性计划则具有明确规定的目标，内容明确，它以指导性计划的目标为最终目标，具有明确的可衡量的具体目标以及一套可操作的行动方案。一般来说，具体计划的明确性较高，但其可预见性条件难以满足，而指导性计划的灵活性较高。

6. 按是否针对例行活动划分

按是否例行活动，计划可分为程序性计划和非程序性计划。企业活动有例行和非例行之分。例行活动，是指一些重复出现的工作，如订货、材料的出入库等。对这类活动的决策是反复出现的，这类决策称为程序化决策，与此对应的计划就是程序性计划。另一类企业活动是非例行活动，这些活动不是经常和重复出现的，处理这类问题没有固定的方法和程序，因为这类问题在过去没有发生过，解决这类问题要进行的决策就是非程序化决策，与此对应的计划就是非程序性计划。

以上是基于理论研究将计划按一定的标准进行的分类，现实中的计划往往是综合的，在分类中有着明显的交叉现象，例如，短期的财务计划，指导性的业务计划等。

【互动课堂】

李先生是一家企业的总经理，他需要为公司制订销售计划以确保公司的销售业绩能够达到预期目标。李经理开始着手组织制订这个计划，他首先组织相关人员制订了一个3年销售计划，来确保公司未来几年的目标和战略方向，以及如何在市场竞争中获得优势。然后又组织人制订了季度销售计划和月度销售计划。这些计划将更具体地明确销售目标和计划实施的时间表，以便公司能够在短期内监测并调整销售策略，以确保实现销售目标。

接下来，李经理又命人分别制订了市场营销计划、促销计划和产品推广计划。这些计划为公司具体的营销策略提供指导，以确保在市场中实现最大化的销售收益。

通过这些计划的制订，公司能够更好地监测和管理销售业绩，并针对性地调整销售策略，因此公司最终实现了预设的销售目标。

思考并分析，这个情境中的各项计划都属于哪些分类。关于销售，你还能想到哪些种类的计划？

4.2.2 计划书的内容

单元3中提到，在管理学中，计划具有两重含义，其一是计划工作，是指根据对组织外部环境与内部条件的分析，提出在未来一定时期内要达到的组织目标以及实现目标的方案途径。其二是计划形式，是指用文字和指标等形式所表述的组织以及组织内不同部门和不同成员，在未来一定时期内关于行动方向、内容和方式安排的管理文件。此处谈到的计划书就是指第二种含义，名词的计划，其形式是一份文档。计划书中的内容可以用“5W1H”来概括。

What——做什么？目标与内容。

Why——为什么做？原因。

Who——谁去做？人员。

Where——何地做？地点。

When——何时做？时间。

How——怎样做？方式、手段。

这几项在一份完整的计划书中通常表现为目标、任务、方针措施、实施者、实施步骤和预算等构成要素。

4.2.3 计划书的基本结构

1. 计划书的框架模式

不同类型的计划，计划书的格式会有所不同，但是，一些基本的内容与项目是共同的。计划书按照用途与思路的不同，大致可以划分为两种框架类型：基本框架模式与问题框架模式。

1）计划书的基本框架模式

一般的计划书均采用这种模式，主要用于社会组织及其下属部门的年度及以下时间段的工作计划。其主要内容结构为：①内外环境（背景）分析；②确定工作目标（任务）；③制订行动（工作）方案，包括工作内容、要求、途径、措施等；④制订资源配置方案，包括执行人、资金预算、物资配备、完成时限等，如图 4-4 所示。

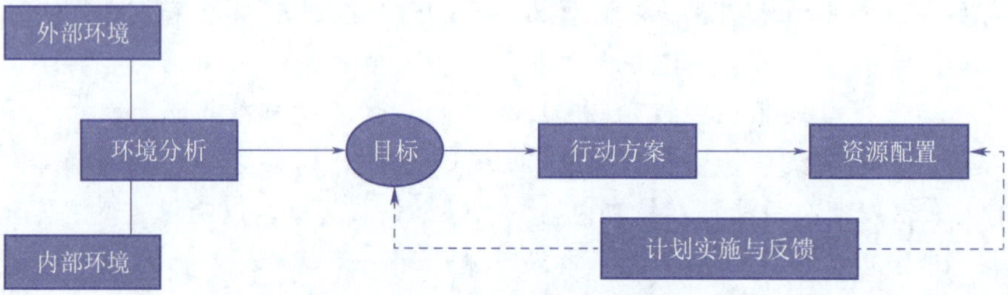

图4-4 计划书的基本框架模式

2）计划书的问题框架模式

这是指为解决特定问题或开展某项工作而拟订专案计划所采用的模式。其主要内容结构为：①对所要解决的问题或专项任务进行分析与界定；②分析主客观环境，把握有利与不利条件；③寻求与确定解决问题或完成任务的路径与行动目标；④制订解决问题或完成任务的方案与措施，如图 4-5 所示。

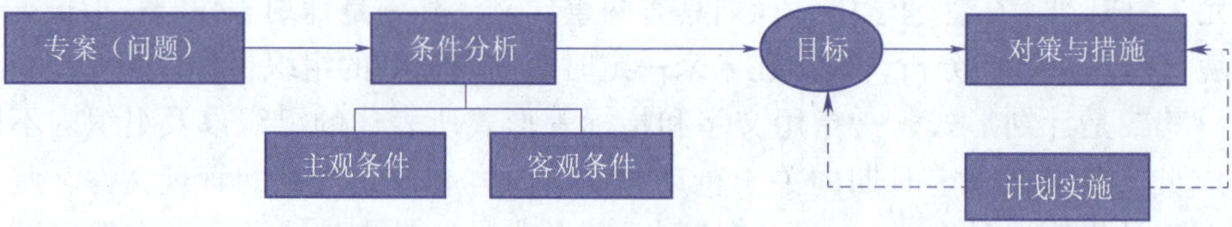

图4-5 计划书的问题框架模式

2. 计划书的基本项目

以上两种框架模式构成计划书的正文，但一份完整的计划书还需要封面、附件等其他项目。下面就一般性计划书的基本项目进行简要归纳：①封面（标题）；②序言；③正文（主要包括环境或问题分析、行动目标、工作方案、资源配置等内容）；④附件（主要有计划指标体系、计划进度表及其他相关资料）。

【思政园地】

企业计划中的社会责任

我国政府一直注重对企业社会责任方面的规范和监管，这些政策和措施对于推动企业实现可持续发展和增强企业社会影响力都非常重要。政府出台了多项具体的政策和措施来鼓励和规范企业的社会责任，如企业社会责任报告制度、企业环境责任制度、劳动力福利制度和慈善捐赠制度等。

中国家电行业的龙头企业之一——海信集团，就在其市场计划中制定了一系列有关社会责任的目标和措施，例如，提高产品的绿色环保水平，加强荧幕的健康护眼功能，并引进环保材质等。此外，海信还在社会责任方面提供了一系列的具体支持措施，如关注社会公益事业，支持青年人才的成长，推广 STEM 教育等。这些具体的举措不但有益于全社会，而且有助于提升海信的企业形象和消费者的信任感。

【知识巩固】

一、单选题

1. 基本建设计划属于（　　）。

A. 按企业的职能分类　　B. 按计划的内容分类
C. 按计划所涉及的范围分类　　D. 按计划的表现形式分类

2. 下列不属于按计划表现形式分类的是（　　）。

A. 程序　　B. 规则　　C. 培训　　D. 预算

3. 计划工作的第一步是（　　）。

A. 确定前提条件　　B. 估量机会
C. 确定可供选择方案　　D. 确定组织战略目标并对目标分解

4. 使计划数字化的工作是（　　）。

A. 规划　　B. 规则　　C. 政策　　D. 预算

5. 决定一个组织的性质，决定此组织区别于彼组织的标志是（　　）。

A. 战略　　B. 使命　　C. 规划　　D 政策

6. 只规定某些一般的方针和行动原则，给予行动者较大自由处置权的计划属于（　　）。

A 程序性计划　　B. 非程序性计划　　C 具体性计划　　D. 指导性计划

7. 计划按范围广狭的综合性程度可分为（　　）。

A. 长期计划和短期计划　　B. 具体性计划和指导性计划
C. 战略性计划和战术性计划　　D. 程序性计划和非程序性计划

8. 以下关于甘特图法的描述错误的是（　　）。

A. 是一种工具　　B. 用于规划和控制进度
C. 可以显示计划，进度和完成情况　　D. 是一种文本文件

9. 滚动计划法的优点不包括（　　）。

A. 灵活性大　　B. 容易调整　　C. 制订周期长　　D. 不需要全部详细制订

10. 下列关于计划书的编写，不属于其基本结构的是（　　）。

A. 引言　　B. 建议

C. 正文　　D. 附件

二、多选题

1. 计划工作，就是根据实际情况，提出未来一定时期内组织所要达到的目标及实现目标的方法，具体内容包括（　　）。

A. 做什么　　B. 何时做

C. 何地做　　D. 何人做

E. 如何做

2. 按企业的职能，管理计划可分为（　　）。

A. 生产计划　　B. 劳资计划

C. 安全计划　　D. 财务计划

E. 人员培训计划

3. 按计划的内容分类，管理计划可分为（　　）。

A. 专项计划　　B. 综合计划

C. 生产计划　　D. 供应计划

E. 财务计划

4. 按计划的表现形式分类，可分为（　　）。

A. 目标　　B. 战略

C. 政策　　D. 规划

E. 使命

5. 下列内容应该包含在计划书中的是（　　）。

A. 计划执行的时间安排和资源分配

B. 计划的目标、任务和范围

C. 计划的风险和影响因素的分析和评估

D. 计划设定的目标是否与其他相关计划一致

三、判断题

1. 计划编制中，必须确定每一项目标的完成时限，以确保计划有效性。（　　）

2. 滚动计划法的优点在于可以动态地进行计划修订，保持计划总体的稳定性。（　　）

3. 计划书编写的一般步骤是：计划编制、计划审核、计划报批、计划执行。（　　）

4. 计划可以根据其时间跨度的不同进行划分，通常分为长期计划、中期计划和短期计划三类。（　　）

5. 在计划编制中，应充分考虑社会责任、科技创新和生态环境等因素，以实现可持续发展。（　　）

6. 滚动计划法是指在制定计划时，只确定近期的目标，对远期的目标不做具体规划。（　　）

7. 计划书编写中的引言部分，通常应简述编写目的、计划的背景和主要内容。（　　）

8. 技术计划是指企业为实现某项技术目标所制定的计划，如产品开发计划等。（　　）

9. 制订计划前需要分析客户需求、竞争对手情况和市场趋势等因素，以为未来决策提供数据支持。（　　）

10. 在制订计划过程中，应根据不同目标的重要程度，确定其相应的资源支撑和完成时限等关键要素。（　　）

四、简答题

1. 简要介绍计划编制的程序。

2. 简述滚动计划法有哪些优点。

3. 列举计划的常见分类。

【案例研讨】

<table>
<tr><td>模　块</td><td colspan="2">模块 2　计划职能</td><td>姓　名</td><td></td></tr>
<tr><td>单　元</td><td colspan="2">单元 4　计划制订</td><td>讨 论 组</td><td></td></tr>
<tr><td>案例内容</td><td colspan="4">比亚迪新能源汽车发展战略布局
2021 年，新能源汽车销量迎来爆发式增长，中国进入新能源汽车时代。诸多新能源车企销量不断增长，而比亚迪在一众车企中独领风骚——2022 年 1 ~ 11 月累计销量近 163 万辆，在行业中遥遥领先，成为名副其实的市场王者。
有人可能会误以为，比亚迪只是国家新能源政策下的“幸运儿”。事实上并非如此，早在电动汽车还未得到广泛认可之前，王传福提前 20 年就开始布局，致力于新能源汽车研发。自 1996 年开始，比亚迪就开始研发动力电池技术。2004 年，比亚迪在北京车展上展示了其纯电概念车 ET，并于 2008 年推出了第一款新能源汽车 F3DM。
王传福坦言：“一些不懂技术的企业家以为我们在豪赌，一些不懂市场又不懂技术的投资家也认为我们在豪赌，其实我胆子很小，我根本不会去豪赌。”正因为王传福了解技术和市场，比亚迪才能提前全面研发新能源汽车。更重要的是，比亚迪始终坚持自主研发，从一开始就把三电技术牢牢掌控在自己手中。因为有太多的案例告诉我们，科技有国界，打铁还需自己强。比亚迪做到全球第一靠的是坚持走自主研发技术的道路，不断扩充“技术鱼池”，用技术自立自强。
对于汽车产业而言，没有人才就没有明天，没有技术就没有未来。王传福近乎“狂热”的技术投入是推动比亚迪不断向上的澎湃动力，正是因为 20 年的技术积累，比亚迪才有了今天的“厚积厚发”。相信在王传福的带领下，比亚迪必然会成为世界级的汽车品牌，更相信，未来有更多属于中国的世界级汽车品牌诞生。</td></tr>
<tr><td rowspan="4">案例分析</td><td>分析问题 1</td><td colspan="3">谈谈你对“比亚迪是新能源政策下的幸运儿”这种说法的看法。</td></tr>
<tr><td colspan="4">个人分析：</td></tr>
<tr><td>分析问题 2</td><td colspan="3">比亚迪关于新能源汽车的布局属于战略性计划还是战术性计划？谈一谈你的理由。</td></tr>
<tr><td colspan="4">个人分析：</td></tr>
</table>

案例分析	分析问题 3	联系本案例谈谈战略性计划与战术性计划的不同。
	个人分析：	
小组讨论结论		
教师评价	星级	☆☆☆☆☆
	评语：	

【游戏体验】

<table>
<tr><td>模块</td><td colspan="4">模块 2　计划职能</td></tr>
<tr><td>单元</td><td colspan="4">单元 4　计划制订</td></tr>
<tr><td>游戏名称</td><td colspan="4">计划绘制游戏</td></tr>
<tr><td rowspan="7">游戏玩法</td><td>序　号</td><td>内　容</td><td colspan="2">说　明</td></tr>
<tr><td>1</td><td>活动目的</td><td colspan="2">通过制订计划和使用不同的计划工具，锻炼团队成员在管理中制订计划的能力，提高团队协作和解决问题的能力。</td></tr>
<tr><td>2</td><td>游戏形式</td><td colspan="2">个人竞赛与团队协作</td></tr>
<tr><td>3</td><td>时间要求</td><td colspan="2">60 min</td></tr>
<tr><td>4</td><td>材料准备</td><td colspan="2">A4 纸、马克笔、计划书范本、计划表、甘特图、计时工具</td></tr>
<tr><td>5</td><td>操作程序</td><td colspan="2">第一步：将参与者分为几组，每组不少于 6 人。
第二步：讲解游戏规则和目标，每个小组需要制订一个计划，包括计划的目标、工作任务、时间表、资源需求等信息，并通过计划书和计划表的形式向其他小组进行展示。
第三步：发放材料，给每个小组发放 A4 纸和马克笔，并提供计划书范本和计划表，建议使用甘特图。
第四步：每个小组有 40 min 进行计划制订，并在规定时间内完成计划书和计划表。
第五步：制订计划结束后，每个小组要用 10 min 向其他小组展示自己的计划书和计划表。
第六步：每个小组的计划书和计划表由其他小组进行评估，评估标准根据时间、内容、可行性三个维度进行评分。</td></tr>
<tr><td>6</td><td>讨论问题</td><td colspan="2">（1）计划的制订需要考虑哪些因素？
（2）你认为如何保证计划的有效性？
（3）你认为团队成员之间如何协调才能制订出最合适的计划？</td></tr>
<tr><td rowspan="3">游戏计划安排</td><td colspan="4"></td></tr>
<tr><td>班　级</td><td></td><td>组长签字</td><td></td></tr>
<tr><td>教师签字</td><td></td><td>日　期</td><td></td></tr>
<tr><td>游戏问题讨论与心得体会</td><td colspan="4">心得：</td></tr>
</table>

【技能实训】

<table>
<tr><td>模块</td><td colspan="3">模块 2　计划职能</td></tr>
<tr><td>单元</td><td colspan="3">单元 4　计划制订</td></tr>
<tr><td>技能</td><td colspan="3">编制计划书的能力</td></tr>
<tr><td rowspan="4">实训安排</td><td>序　号</td><td>项　目</td><td>说　明</td></tr>
<tr><td>1</td><td>实训目的</td><td>（1）实践计划编制的程序和方法。
（2）运用所学的计划方法，锻炼计划编制的能力。</td></tr>
<tr><td>2</td><td>实训内容</td><td>编制一个五四青年节的学生活动计划</td></tr>
<tr><td>3</td><td>实训要求</td><td>（1）遵循计划编制的基本原理和程序，清晰地确定计划的目标、任务和时间安排。
（2）能够灵活运用常见的计划编制方法，如甘特图法等。
（3）能够根据实际情况对计划的风险和影响因素进行分析和评估，体现出弹性和预案。
（4）能够编写出结构完整的计划书，包括封面、正文、附件等。</td></tr>
</table>

<table>
<tr><td rowspan="6">实训过程记录</td><td>活动主题</td><td></td></tr>
<tr><td>活动名称</td><td></td></tr>
<tr><td>活动目标</td><td></td></tr>
<tr><td>活动内容</td><td></td></tr>
<tr><td colspan="2"></td></tr>
<tr><td colspan="2">演讲与讨论：</td></tr>
</table>

<table>
<tr><td rowspan="3">实训评价</td><td>班　　级</td><td></td><td>姓　　名</td><td></td></tr>
<tr><td>教师评价</td><td></td><td>自我评价</td><td></td></tr>
<tr><td colspan="4">我的实训成果：</td></tr>
</table>

【学习评价】

<table>
<tr><td>模　　块</td><td colspan="3">模块 2　计划职能</td></tr>
<tr><td>单　　元</td><td colspan="2">单元 4　计划制订</td><td>学　　时</td></tr>
<tr><td>我的收获</td><td>序　号</td><td>内　容</td><td>自评星级</td></tr>
<tr><td rowspan="4">知识获取</td><td>1</td><td></td><td></td></tr>
<tr><td>2</td><td></td><td></td></tr>
<tr><td>3</td><td></td><td></td></tr>
<tr><td>4</td><td></td><td></td></tr>
<tr><td rowspan="3">能力培养</td><td>1</td><td></td><td></td></tr>
<tr><td>2</td><td></td><td></td></tr>
<tr><td>3</td><td></td><td></td></tr>
<tr><td rowspan="2">素质提升</td><td>1</td><td></td><td></td></tr>
<tr><td>2</td><td></td><td></td></tr>
<tr><td>问题反馈</td><td colspan="3"></td></tr>
</table>

<table>
<tr><td rowspan="2">教师评价</td><td>班　　级</td><td></td><td>姓　　名</td><td></td><td>总　　分</td><td></td></tr>
<tr><td colspan="6">评语：</td></tr>
</table>

模块3　组织职能

【模块知识结构】

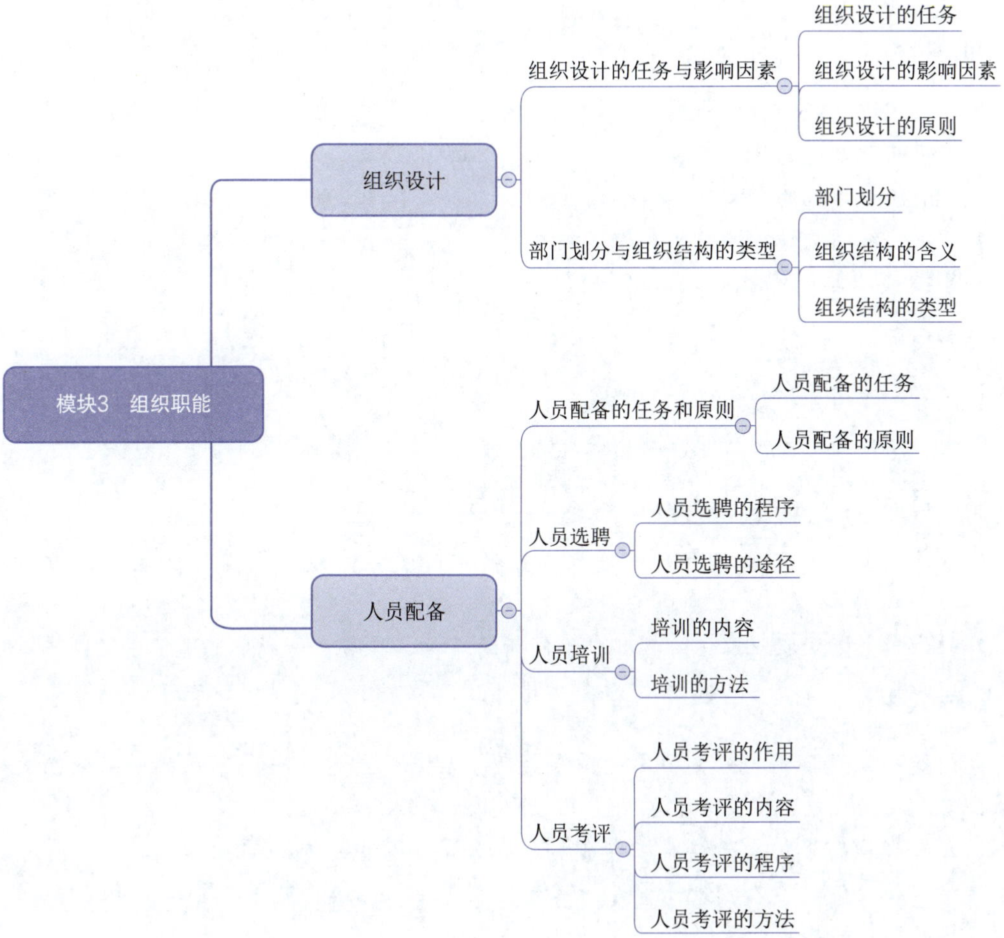

【东方管理思想】

明分任职，则治而不乱，明而不蔽矣。

——《管子·小问》

单元5 组织设计

【学习目标】

知识目标

1. 了解组织职能的含义与内容；
2. 掌握组织职能的原则与程序；
3. 了解组织结构的含义及其影响因素；
4. 掌握组织结构设计的时机与内容；
5. 掌握组织结构的基本形式。

能力目标

1. 能够认识与分析组织结构与模式；
2. 能够划分部门与进行组织结构设计。

素质目标

1. 培养具备良好的心理品质，建立和谐的人际关系，表现出人际交往的能力与合作精神；
2. 引导学生树立职业意识，具有勇于创新的精神，具备良好的职业道德。

【情景导入】

老刘是一家汽车销售分销公司的中层领导，后来他承包了公司下属的一家分销处——远航公司。在头几年，主要采取原公司的管理模式与方法。

当公司规模尚小时，一切都运转顺利，在公司销售量增加、规模扩大时，公司并购了一家汽车出租公司，不久又兼并了另一家汽车代理处。规模的扩张，增加了老刘的工作量，也花费了他大量的时间和精力。

但公司的运行仍是按照以前的一套，组织结构也没有变化，结果有些事情不能得到很好的解决，有些会议通过的决议也没有得到执行，许多重要的项目被推迟。

老刘意识到必须在短时间内重新建立起精简高效的组织机构。对于组织的一些概念他也听说过，可是，如何设置部门？管理幅度与层次是怎么回事？有哪些可供选择的组织形式？老刘一头雾水。

1. 你能说清部门、管理幅度、管理层次是怎么回事吗？

2. 你认为什么样的组织才是精简高效的组织？

3. 你认为该公司目前存在着哪些问题？这些问题是怎么产生的？

4. 在组织设计方面你认为老刘应该怎样做？

【理论学习】

当管理者制订计划、做出相应战略决策之后，需要通过组织来执行，因此组织设计成为管理活动的一项重要内容。组织设计对管理活动具有至关重要的作用。

5.1　组织设计的任务与影响因素

组织设计是对组织系统的整体设计，即按照组织目标在对管理活动进行横向和纵向分工的基础上，通过部门化形成组织框架并进行整合。

5.1.1　组织设计的任务

组织设计的任务是设计清晰的组织结构，规划各部门的职能和权限，确定组织中职能职权、参谋职权、直线职权的活动范围，最终编制职务说明书。因此，组织设计包括两方面的内容：一是静态的组织结构设计；二是动态的组织运行制度设计。下面主要介绍静态的组织结构设计。

组织结构设计是组织设计的基础性工作，既是对组织整体目标的分解，也是对组织框架的整体安排。一个完整的组织结构设计至少包括职能设计、部门设计和层级设计三方面内容。

1. 职能设计

职能设计是对组织完成目标所需要的职能、职务的整体安排。组织为了完成目标，需要将总体目标进行层层分解，明确完成任务需要哪些活动，确定所需职位、职务的类别和数量，分析各类职务所需要的任职资格及各职位管理人员需要具备的条件、应该拥有的权限、所承担的责任等。

2. 部门设计

组织的职能设计中，会出现许多职能和职务，这些职能和职务中会出现重叠、交叉和近似的情况。组织的部门设计是指按照职能的相似性、活动的关联性、联系的紧密性将各个职位整合为部门的过程。部门设计虽然有一定的规律和通用原则，但部门划分并没有统一标准，组织可以根据组织活动的特点、组织规模、环境进行安排，并根据组织内外环境的变化进行动态调整。

3. 层级设计

层级设计是对部门之间关系的安排，这种关系既包括部门之间的纵向层级，又包括部门之间的横向联系。层级设计首先要对组织内外部资源和人员情况，对各类职务、部门加以分析，必要时进行适当调整，据此确定适当的管理幅度，并划分出纵向的管理层次，以保证整个组织结构安排的精简高效，通过层级设计，组织各部门的纵向、横向关系变得清晰，职能部门以及管理者的权责关系趋于明确。

5.1.2 组织设计的影响因素

影响组织结构的因素包括环境、战略、技术、规模以及组织发展阶段五种。

1. 环境

任何一个组织的运作都不可能脱离一定的外部环境，有效的组织结构是那些与外部环境相适应的结构。而环境的复杂性影响组织部门和岗位设置。当外部环境的复杂性提高时，会带来超越原有职能覆盖面的新问题。传统的应变方法是设置必要的职能部门和岗位，减少外部环境对组织的冲击。如跨国公司遭遇战争、政治动荡等风险时，需要设置专门机构、安排相应人员收集信息；当潜在风险成为现实风险时，则需要由相应机构处理撤退、财产保全以及索赔等事宜，必要时还需要借助政府或外脑。

环境的不确定性影响组织结构。当外部环境较为稳定时，组织为了提高运行效率，往往需要制定明确的规章制度、工作程序和权力层级，因此采用机械式层级结构，规范化、集权化程度比较高；当外部环境不稳定时，组织则需要更加关注适应性，尽可能做到信息共享、权力下放，以便能够迅速对环境的变化做出反应，可以采用有机的组织结构，组织的规范化、集权化程度相应下降。

2. 战略

钱德勒认为，战略发展有四个不同的阶段，即数量扩大阶段、地区开拓阶段、纵向联合开拓阶段和产品多样化阶段，每个阶段都应有与之相适应的组织结构。

1）数量扩大阶段

许多组织开始建立时，往往只是一个单一的工厂，只有生产、销售等职能。因此，数量扩大阶段的组织结构相对简单，只需要少量职能部门就能解决问题。

2）地区开拓阶段

随着生产规模的扩大，组织需要向其他地区拓展业务，业务范围的扩大带来了协调、标准化和专业化等问题，组织需要建立职能部门对分布在不同地区的业务进行有机整合。

3）纵向联合开拓阶段

组织在同一行业发展的基础上，自然而然地会向其他领域扩展，如销售服装的商店可能拓展饰品、日用品、家具、电器等业务，这就要求组织建立与纵向联合开拓阶段相适应的组织结构。

4）产品多样化阶段

随着竞争者的加入，组织面临的竞争态势发生变化，原有产品或服务的主要市场开始衰退。组织为了应对这种变化，有必要利用现有技术、设备和人员等资源开拓新的产品和服务，于是形成了产品多样化的局面。

这一阶段，组织不得不重新考虑资源分配、部门划分、新老业务之间的协调等问题，组织结构也会随之变化。组织结构与战略的关系见表 5-1。

表5-1　组织结构与战略的关系

战略类型		组织结构特征
经营定位	专业化	倾向于集权型组织结构，强调内部效率和纵向控制
	多元化	倾向于分权型组织结构，强调内部自主性和结构灵活性
竞争态度	保守型	以刚性的集权为主，强调规范化和严密的控制
	稳健型	集、分权相结合，强调纵向的职能控制和横向的项目协调
	冒险型	以柔性的分权结构为主，注重创新和部门相互间的协调
竞争方式	成本领先	以职能型结构为主，注重规范化、内部效率和稳定性
	差异化	以弹性结构为主，注重横向的合作和纵向的专业化

3. 技术

技术是把原材料等资源转化为产品或服务的机械力和智力。任何组织都需要通过技术将投入转化为产品。技术的变化不仅能够改变生产工艺和流程，而且会影响人与人之间的沟通与协作。因此，组织设计必须考虑技术因素。

4. 规模

规模因素是影响组织设计的一个重要变量。一般来说，小规模的组织结构简单，组织层级少，集权化程度高，复杂性低，协调比较容易，随着企业的发展，企业的规模日渐扩大，业务也日趋复杂，组织管理的规范性逐渐提高，对不同岗位以及部门间协调的要求越来越高，组织也越来越复杂。

5. 发展阶段

同其他有机体一样，组织的发展同样有着自身的规律。一般来说，组织的发展会经历生成、成长、成熟、衰退和再生五个阶段。组织设计需要根据不同阶段的特点进行。

1）生成阶段

组织的生成阶段又称创业阶段。由于规模较小，组织往往采用比较简单、机械的组织结构，权力集中在以创始人为代表的高层管理者手中。

2）成长阶段

组织在成长阶段，一般发展速度较快。这一阶段，组织成长的关键在于决策的方向。随着规模的迅速扩大，原有机械式组织结构已经不能满足组织发展的需求，需要形成一种有机的组织结构，向中层、基层管理者授予更多决策权，组织的规范性提高。与此同时，容易出现沟通不畅、部门之间争权夺利的现象，组织面临各自为政的风险，因此需要对组织结构进行必要调整。

3）成熟阶段

经过快速发展之后，组织进入成熟阶段。这一阶段，组织成长的动力在于授权，组织结构呈现出规范化的特征：层级关系更加清晰；职能逐渐健全；内部沟通越来越正式化；规章制度更加完善。此时，组织需要在提高内部稳定性的同时，通过创新扩大市场，通常采用的方法是单独成立研发部门，但在官僚制组织结构中，创新的范围受到限制，组织面临着控制风险，即管理者需要通过放权来调动各部门的积极性，但又不能失去控制。

4）衰退阶段

授权、规范化固然能够带来组织的成长，但同样会产生负面影响。主要表现在：机构臃肿、人浮于事；沟通路径过长导致决策迟缓；过于强调程序和规范，形式主义蔓延；明知组织运行效率低，却无法推进改革。这种现象就是“大企业病”，如果不能有效地加以应对，组织就会进入衰退阶段。这一阶段，组织成长的动力在于协调，但同时面临着“繁文缛节风险”。

5）再生阶段

组织进入衰退阶段后，如果不能适时调整组织结构、进行大刀阔斧的改革，可能面临灭亡的命运。然而，多数情况下组织会努力地生存，寻求可持续发展，这就要求进行大胆变革：通过再集权排除阻力、推进改革；通过流程再造对原来过细的分工进行重新整合；有选择地退出部分业务，降低运行成本；通过扁平化，减少组织层级；采用矩阵制组织结构，提高沟通效率；加强与其他组织的合作，谋求共同发展等。这一阶段，组织成长的动力在于合作，而面临的风险是人才枯竭。

5.1.3 组织设计的原则

概括起来，组织设计的原则可以归纳为以下五条。

1. 目标一致原则

组织活动是围绕一定目标进行的，因此组织设计需要以组织的整体目标为引领，部门设置、沟通协调、冲突解决都要为这一目标服务，这就是目标一致原则。目标一致原则有两层含义：一是目标的一致性，及组织设计要有明确的、统一的目标，部门、成员的目标需要与组织保持一致；二是统一指挥，即组织需要有明确的指挥链，确保信息的准确传递，明确各级管理人员的责任。

2. 分工与协作原则

分工与协作原则是指组织结构能够反映出显示目标所需的工作分解和相互协调，在专业分工的基础上实现部门间、人员间的协作与配合，保证组织活动的顺利开展，从而实现组织的整体目标。

专业分工的作用主要包括两方面：一是工作的简单化，组织成员只需要承担单一任务，不必通晓所有工作；二是有利于缩短培训时间，提高熟练程度。

分工的同时也会带来一些负面影响，为了克服分工的弊端，组织需要重视专业分工之后的协调。主要措施包括：

实行系统管理，把职能性质相近或工作关系密切的部门归类，成立相应的管理子系统；通过委员会等机构实现协调；创造有利于协调的环境，提高管理人员的全局观念，增加相互间沟通等。

3. 有效管理幅度原则

管理幅度又称管理跨度或控制幅度，是指一个管理人员直接有效地指挥下属人员的数量。组织中的管理者直接管辖下属的人数应该控制在适当的范围，这样才能保证组织的有效运行。

管理幅度源自人的有限理性。管理人员由于受到个人精力、知识、经验等条件的限制，能够有效领导的直属下级人数是有限的。有效管理幅度并不存在一个固定值，因为它受到职务性质、人员素质、职能机构是否健全、沟通工具和技术等条件的影响。

当组织规模一定时，管理幅度与组织层级呈现出反比例关系。管理幅度越大，同样规模的组织所需要的组织层级越少；反过来，管理幅度越小，同样规模的组织所需要的层级也就越多。

因此，进行组织设计时，管理幅度应控制在一定的水平。既要避免管理幅度过大，保证管理人员能够对下级工作实行有效的指挥和监督，提高工作效率；也要防止管理幅度过小，造成组织层级过多，降低管理工作的效率，增加管理成本。

4. 权责对等原则

权责对等原则是指组织中各个层级的管理者都要拥有开展工作所需要的相应权力，同时承担相应责任。

组织中的职位与权力存在明确的对应关系，各岗位职务说明书要对任一个职位所需要承担的工作内容进行清晰界定。同时，意味着该职位的管理者拥有相应权力，因为权力是管理工作的基础。如果管理者没有相应权力，决策、组织、领导、控制等管理职能就无从谈起，组织也不可能实现其目标。

权责对等原则要求管理者在被授予的权限范围内行事，并承担相应的责任，避免出现有权无责、有责无权现象。

5. 柔性经济原则

柔性经济原则是指组织设计需要保持一定的灵活性，根据内外环境的变化及时对机构和人员做出调整，通过对层级与幅度、人员结构和部门工作流程的合理安排，提高组织管理的效率。柔性经济原则对组织设计提出了两方面要求：一是稳定性与适应性相结合，在维护组织稳定的同时保持一定的弹性；二是组织结构设计要合理，避免产生内耗，造成管理成本上升。

组织设计是人员配备的重要依据，也是组织运行的基本保障。因此，组织设计要有一定的稳定性，不能朝令夕改。但是，当组织内外环境发生重要变化时，组织需要利用其内在的调节机制迅速适应变化，减少变革对组织带来的冲击和震荡。这就要求组织设计一方面维护组织的稳定运行，另一方面保持一定的灵活性。

组织的经济性要求结构设计精干、人员配备到位、工作流程合理，以保证各项工作有序开展。组织层级过多或过少、管理幅度过大或过小、部门分工交叉重叠、工作流程不顺畅都会影响组织的整体效率。具体表现形式包括：组织内部冲突不断；形式主义、官僚主义蔓延；协调机制不能发挥作用；运行成本增加等。

组织的柔性与经济性是相辅相成的。一个具有适应性的组织必然是精干的，也是符合经济原则的；一个具有经济性的组织必须保持适度的柔性，因为柔性的丧失意味着应对变革的管理成本上升。

5.2 部门划分与组织结构的类型

不同规模、不同类型的组织有着不同的组织结构而且需要根据其发展进行动态调整。组织结构设计是组织设计的核心工作，是为战略服务的。

5.2.1 部门划分

在对整个组织的工作进行充分细致的分析和明确的分类后，进行科学的综合就形成通常所指的部门。部门是指组织中主管人员为完成规定的任务有权管辖的一个特定的领域。部门的划分是组织的横向分工，其目的在于确定组织中各项任务的分配与责任的归属，从而有效地达到组织的目标。部门划分的方法如下：

1. 按人数划分

按人数划分是一种最简单的划分方法，即每个部门规定一定数量的人员，由主管人员指挥完成一定的任务。这种划分的特点是只考虑人力因素，在企业的基层组织的部门划分中使用较多，如每个班组人数的确定。

2. 按时间划分

按时间划分也常用于基层组织划分，如许多工业企业按早、中、晚三班制进行生产活动，那么部门设置也是早、中、晚三套。这种方法适用于那些正常的工作日不能满足市场需求的企业。

3. 按职能划分

按职能划分是根据生产专业化原则，以工作或任务的性质为基础来划分部门的。这些部门被分为基本的职能部门和派生的职能部门。基本的职能部门处于组织机构的首要一级，当基本的职能部门的主管人员感到管理幅度太大，影响到管理效率时，就可将本部门任务细分，从而建立派生的职能部门。这种划分方法的优点是遵循了分工和专业化原则，有利于充分调动和发挥企业员工的专业才能，有利于培养和训练专门人才，提高企业各部门的工作效率。其缺点是，各职能部门容易从自身利益和需要出发，忽视与其他职能部门的配合，各部门横向协调差。

4. 按产品划分

这种方法划分的部门是按产品或产品系列来组织业务活动。这样能发挥专业设备的效率，部门内部上下关系易协调；各部门主管人员将注意力集中在特定产品上，有利于产品的改进和生产效率的提高。但是这种方法使产品部门的独立性比较强而整体性比较差，加重了主管部门在协调和控制方面的负担。

5. 按地区划分

相比较而言，这种方法更适合于分布地区分散的企业。当一个企业在空间分布上涉及地区广泛，并且各地区的政治、经济、文化、习俗等存在差别并影响到企业的经营管理，这时就将某个地区或区域的业务工作集中起来，委派一位主管人员负责。这种方法的优点是：因地制宜，取得地方化经营的优势效益。其缺点是：需要更多的具有全面管理能力的人员；增加了最高层主管对各部门控制的困难程度，地区之间不易协调。

6. 按服务对象划分

这种方法多用于最高层主管部门以下的一级管理层次中的部门划分。它根据服务对象的需要，在分类的基础上划分部门。如生产企业可划分为专门服务于家庭的部门、专门服务于企业的部门等。这种方法的优点是：提供服务针对性强，便于企业从满足各类对象的要求出发安排活动。其缺点是：按这种方法组织起来的部门，主管人员常常列举某些原因要求给予特殊照顾和优待，从而使这些部门和按照其他方法组织起来的部门之间的协调发生困难。

5.2.2　组织结构的含义

组织结构是组织中正式确定的，使工作任务得以分解、组合和协调的框架体系。一方面，组织结构是组织内部的职能分工，即按照组织目标对工作任务进行分解后，确定相应的部门完成工作；另一方面，组织结构是一个纵向的层级体系，层级的多少取决于组织的规模和管理幅度。

【互动课堂】

石墨和钻石

在自然科学领战，石墨与钻石都是由碳原子构成的，构成要素一样，但两者的力量和价值无法相提并论。钻石为什么会比石墨坚硬？钻石为什么比石墨值钱？造成它们之间差异的很大原因就是原子间晶体结构的差异，石墨的碳原子之间是“层状结构”，而钻石的碳原子之间是独特的“金刚石结构”。

在军队中，一队士兵，数量上没有变化，仅仅由于组织和列阵的不同，在战斗力上就会表现出质的差异。

互动问题：在管理中会出现构成要素相同，由于组织结构不同而产生不同管理效果的现象吗？请举例说明。

5.2.3　组织结构的类型

1. 直线制

直线制是最早出现的一种组织结构形式，其特点是组织中所有职位都实行从上到下的垂直领导，下级部门只接受一个上级的指令，各级负责人对其下属的一切问题负责（见图 5-1）。组织不设专门的职能部门，所有管理职能基本上都由各部门主管自己执行。因此，直线制是一种最简单的组织结构形式。

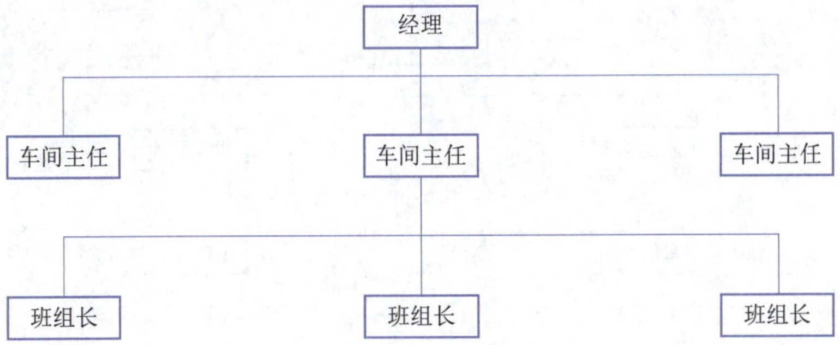

图5-1　直线制组织结构示意图

2. 职能制

职能制组织是在直线制组织的基础上发展起来的。为弥补直线制组织专业化程度低、对管理人员要求高等不足，军队组织开始设置参谋职位，职能制组织就此产生。因此，职能制组织又称参谋组织。

职能制组织形式以专业职能作为划分部门的基础，在各级管理人员之下根据业务需要设立职能机构和人员，协助其从事职能管理工作（见图 5-2）。这种结构下，管理者把相应职能的管理职责和权力交给职能机构，由职能机构在其职责范围内行使职权。

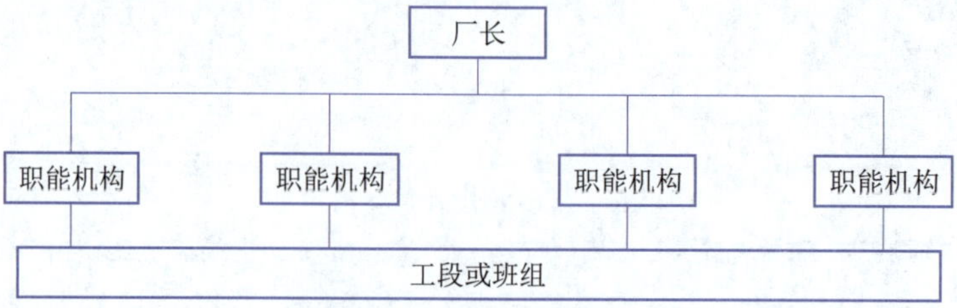

图5-2　职能制组织结构示意图

3. 直线职能制

直线职能制组织结构是对职能制组织结构的改进，是以直线制组织为基础，在各级直线主管之下，设置相应的职能部门，即设置了两套系统，一套是按命令统一原则组织的指挥系统，另一套是按专业化原则组织的管理职能系统。其特点是，直线部门和人员在自己的职责范围内有决定权，对其所属下级的工作进行指挥和命令，并负全部责任，而职能部门和人员仅是直线主管的参谋，只能对下级机构提供建议和业务指导，没有指挥和命令的权力（见图 5-3）。可见，这种组织形式综合了直线制和职能制组织结构的优点，既保证了集中统一指挥，又能发挥各种专家业务管理的作用，其职能高度集中、职责清楚、秩序井然、工作效率较高，整个组织有较高的稳定性。缺点是，下级部门主动性和积极性的发挥受到限制；各部门自成体系，不重视信息的横向沟通，工作容易重复；当职能参谋部门和直线部门之间目标不一致时，容易产生矛盾，致使上级主管的协调工作量增大；整个组织系统的适应性较差，缺乏弹性，对新情况不能及时做出反应；还会增加管理费用。

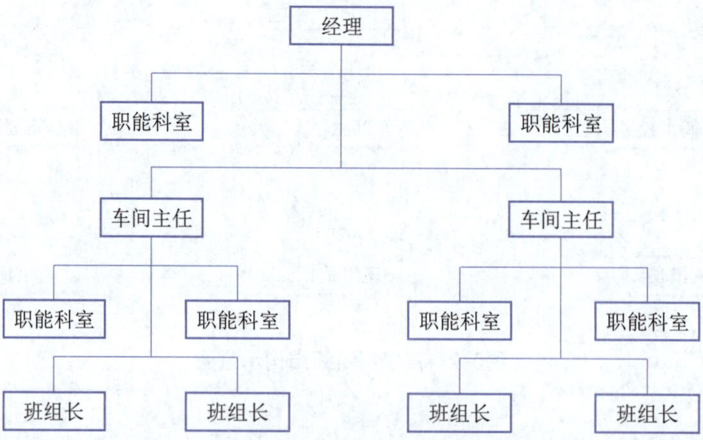

图5-3　直线职能制组织结构示意图

另外，如果授予职能部门的权力过大，容易干扰直线指挥命令系统。这种组织结构形式对中、小型组织比较适用，但对于规模较大、决策时需要考虑较多因素的组织，则不大适用。目前仍被我国大多数企业采用。

4. 事业部制

事业部制组织结构的主要优点是，组织最高层摆脱了具体的日常管理事务，有利于集中精力做好战略决策和长远规划；由于组织最高层与事业部的责、权、利划分比较明确，能较好地调动经营管理人员的积极性，提高了管理的灵活性和适应性，有利于培养管理人才。它的缺点是，由于机构重复，造成了管理人员的浪费；由于各个事业部独立经营，各事业部之间要进行人员互换就比较困难，相互支援较差；各事业部主管人员考虑问题往往从本部门出发，各事业部间独立的经济利益会引起相互间激烈的竞争，可能发生内耗；由于分权易造成忽视整个组织的利益、协调比较困难的情况，也可能出现架空领导的现象，从而减弱对事业部的控制，这种组织结构多适用于规模较大的公司组织（见图 5-4）。

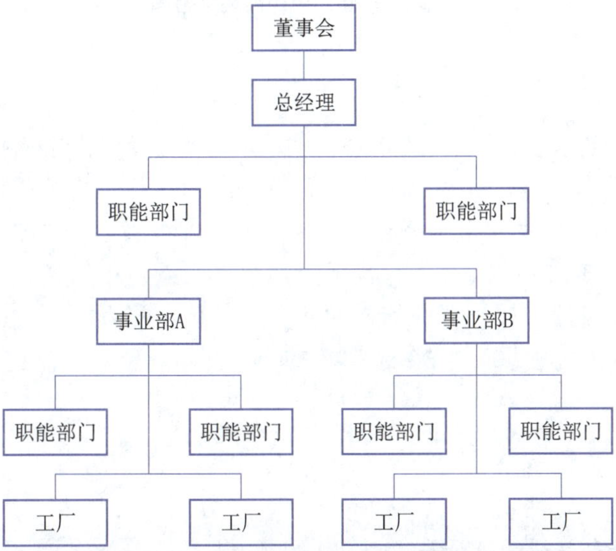

图5-4　事业部制组织结构示意图

5. 矩阵制组织结构

矩阵制组织结构是把划分的部门和按产品（如项目、服务等）划分的部门结合起来组成一个矩阵。使同一个员工既同原职能部门保持组织与业务的联系，又参加项目小组的工作，即在直线职能制基础上，再增加一种横向的领导关系。为了保证完成管理目标，每个项目小组都设负责人，在组织最高主管直接领导下进行工作。这种组织结构的特点是打破了传统的一个员工只有一个上司的命令统一原则，使一个员工属于两个或者两个以上的部门。矩阵制组织结构又称“非长期固定性组织”，它是为完成某一项目，由各职能部门抽调人员组成项目经理部，该项目经理部包括项目所必需的各类专业人员。当项目完成后，各类人员另派工作，此项目经理部即不复存在。

一般适用于外部环境变化剧烈、组织需要处理大量信息、分享组织资源要求特别迫切的情况（见图 5-5）。

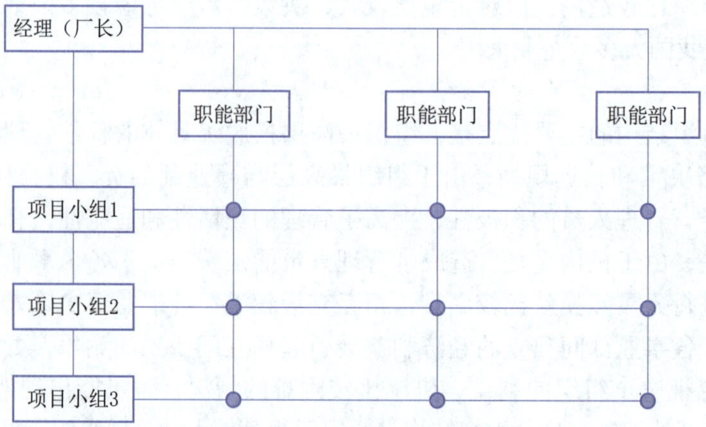

图5-5 矩阵制组织结构示意图

【思政园地】

党的二十大报告要求：“扎实推进依法行政。法治政府建设是全面依法治国的重点任务和主体工程。转变政府职能，优化政府职责体系和组织结构，推进机构、职能、权限、程序、责任法定化，提高行政效率和公信力。深化事业单位改革。深化行政执法体制改革，全面推进严格规范公正文明执法，加大关系群众切身利益的重点领域执法力度，完善行政执法程序，健全行政裁量基准。强化行政执法监督机制和能力建设，严格落实行政执法责任制和责任追究制度。完善基层综合执法体制机制。”

【知识巩固】

一、单选题

1. 组织结构设计包括横向设计与（　　）。

A. 纵向设计　　B. 平面设计　　C. 立体设计　　D. 斜向设计

2. 最早的和最简单的组织形式是（　　）。

A. 事业部制　　B. 直线职能制　　C. 直线制　　D. 职能制

3.（　　）组织结构主要适用于变动性大的组织或临时性工作项目。

A. 矩阵制　　B. 直线职能制　　C. 直线制　　D. 职能制

4. 直线制组织机构只适用于（　　）。

A. 变动性大的组织　　B. 大规模企业

C. 临时性工作项目　　D. 小规模企业

5. 下列不属于直线制组织机构优点的是（　　）。

A. 机构简单，沟通迅速　　B. 权力集中，指挥统一

C. 没有职能机构，管理者负担过重　　D. 垂直联系，责任明确

6. 下列不属于制约管理层次设计的因素的是（　　）。

A. 有效管理幅度　　B. 纵向职能分工

C. 组织效率　　D. 下级职员能力及素质

7. 一般适用于外部环境变化剧烈、组织需要处理大量信息、分享组织资源要求特别迫切的情况的是（　　）。

A. 矩阵制　　B. 直线职能制　　C. 直线制　　D. 职能制

8. 组织的（　　）由于规模较小，组织往往采用比较简单、机械的组织结构，权力集中在以创始人为代表的高层管理者手中。

A. 生成阶段　　B. 成长阶段　　C. 成熟阶段　　D. 挑战阶段

9. 经过快速发展之后，组织进入（　　）。

A. 生成阶段　　B. 成长阶段　　C. 成熟阶段　　D. 挑战阶段

10. 按（　　）划分部门，提供服务针对性强，便于企业从满足各类对象的要求出发安排活动。

A. 人数　　B. 服务对象　　C. 地区　　D. 时间

二、多选题

1. 下列属于影响组织结构的因素的有（　　）。

A. 环境　　B. 战略

C. 技术　　D. 组织发展阶段

2. 部门划分的原则包括（　　）。

A. 有效实现组织目标原则　　B. 专业化原则

C. 满足社会心理需要原则　　D. 管理者的心理需要

3. 按工艺过程设备划分部门的方法主要用于（　　）。

A. 生产制造业企业　　B. 连续生产型企业

C. 技术含量低的组织　　D. 交通运输企业

4. 确定从内部还是从外部选聘管理者时，要考虑的因素有（　　）。

A. 国家政策　　B. 职务的性质

C. 企业经营状况　　D. 内部人员的素质

5. 实现最佳组合的途径包括实现（　　）。

A. 最佳知识组合　　B. 最佳技能组合

C. 最佳年龄组合　　D. 最佳气质、性格组合

三、判断题

1. 只有新建组织才需要进行组织结构设计。（　　）

2. 按时间划分部门的方法通常用于生产经营一线的基层组织。（　　）

3. 职能制组织结构适用于规模大、有不同市场的多产品的现代大企业。（　　）

4. 科学合理的分工，可以优化劳动组织，提高劳动效率；同时，也可以提高员工对工作的满足感，进而提高其工作积极性。（　　）

5. 人员组合的目的是实现人与人的相容与互补，取长补短，形成一种默契的合作关系，最大限度地调动组织内各种人员的工作积极性，更好地实现管理的目标。（ ）

6. 组织设计是人员配备的重要依据，也是组织运行的基本保障。（ ）

7. 事业部制组织结构形式对中、小型组织比较适用，但对于规模较大、决策时需要考虑较多因素的组织，则不大适用。（ ）

8. 权责对等原则是指组织中各个层级的管理者都要拥有开展工作所需要的相应权力，同时承担相应责任。（ ）

9. 管理层次是指一个管理人员直接有效地指挥下属人员的数量。（ ）

10. 数量扩大阶段的组织结构相对简单，只需要少量职能部门就能解决问题。（ ）

四、简答题

1. 划分部门的主要方法有哪些？

2. 简述影响管理幅度的因素

3. 试述人员考核的方法。

【案例研讨】1

<table>
<tr><td>模　　块</td><td>模块 3　组织职能</td><td>姓　　名</td><td></td></tr>
<tr><td>单　　元</td><td>单元 5　组织设计</td><td>讨 论 组</td><td></td></tr>
<tr><td>案例内容</td><td colspan="3">阿里巴巴的组织结构调整
阿里巴巴在 2022 年进行了多次大规模的组织结构调整。
1 月 1 日，阿里中国数字商业板块正式成立。
1 月 6 日，阿里巴巴宣布了原淘宝天猫业务的新组织结构。在这次调整中，新设立了三个中心：工业运营中心、平台战略中心、用户运营和发展中心。
12 月 29 日，阿里巴巴集团董事会主席兼首席执行官张勇发了一封邮件，宣布组织变更。
有媒体评价：今年阿里巴巴的一系列组织结构调整主要集中在淘宝天猫业务线的进一步整合上，设立三个产业中心，促进业务更加集中；年底的最新调整集中在阿里巴巴云业务上，张勇亲自接管阿里巴巴云，表明他非常重视这项业务。另一方面，阿里巴巴达摩学院今年成为人事调整最频繁的部门。</td></tr>
<tr><td rowspan="4">案例分析</td><td>分析问题 1</td><td colspan="2">阿里巴巴为什么要在 2022 年进行一系列组织结构调整？</td></tr>
<tr><td colspan="3">个人分析：</td></tr>
<tr><td>分析问题 2</td><td colspan="2">对阿里巴巴的组织结构调整进行评价。</td></tr>
<tr><td colspan="3">个人分析：</td></tr>
<tr><td>小组讨论结论</td><td colspan="3"></td></tr>
<tr><td rowspan="2">教师评价</td><td>星级</td><td colspan="2">☆☆☆☆☆</td></tr>
<tr><td colspan="3">评语：</td></tr>
</table>

【案例研讨】2

<table>
<tr><td colspan="2">模　　块</td><td>模块 3　组织职能</td><td>姓　　名</td><td></td></tr>
<tr><td colspan="2">单　　元</td><td>单元 5　组织设计</td><td>讨 论 组</td><td></td></tr>
<tr><td>案例内容</td><td colspan="4">小米的组织结构调整
2018 年 9 月，小米进行了史上首次组织结构重大调整，也是小米成立以来最大的组织架构变革。新设集团参谋部和集团组织部，进一步增强总部管理职能，并同时调整王川、刘德、洪锋和尚进等高管的工作分工；将电视部、生态链部、MIUI 部和互娱部等四个业务部重组成十个新的业务部，一大批 80 后年轻高管走上前台。
关于为什么做出调整，雷军提到：“经过 8 年奋斗，小米已经成为营收过千亿，员工近两万人的公众公司。为保障公司可持续发展，我们必须把组织管理、战略规划放到头等位置，建立更具前瞻的战略领航与更坚实有力的组织保障能力。”
雷军表示，小米的愿景是让每个人都能享受科技带来的美好生活，未来要成为营收万亿的公司，而达成这一目标预计需要十万员工，必须依靠更多的人才。为此，小米需要进一步强化总部管理职能，提升组织效率，优化组织结构，强化公司人才梯队建设，发掘更多年轻人才并给予更多提升的机会。
值得一提的是，小米成为继华为和阿里之后，第三家专门设立组织部的公司。雷军表示，小米要成为万亿营收的公司，首先要做的就是增强大脑能力，将经验丰富、年富力强的核心高管集中在总部工作。因此新设集团参谋部和集团组织部，也是此次小米架构改革的重中之重，担负组织管理和战略规划的重要职能。</td></tr>
<tr><td rowspan="4">案例分析</td><td>分析问题 1</td><td colspan="3">试分析小米新设集团组织部的具体职能。</td></tr>
<tr><td colspan="4">个人分析：</td></tr>
<tr><td>分析问题 2</td><td colspan="3">对小米的组织结构调整进行评价。</td></tr>
<tr><td colspan="4">个人分析：</td></tr>
<tr><td>小组讨论结论</td><td colspan="4"></td></tr>
<tr><td rowspan="2">教师评价</td><td>星级</td><td colspan="3">☆☆☆☆☆</td></tr>
<tr><td colspan="4">评语：</td></tr>
</table>

【游戏体验】

<table>
<tr><td>模块</td><td colspan="3">模块 3 组织职能</td></tr>
<tr><td>单元</td><td colspan="3">单元 5 组织设计</td></tr>
<tr><td>游戏名称</td><td colspan="3">角色扮演</td></tr>
<tr><td rowspan="7">游戏规则</td><td>序 号</td><td>内 容</td><td>说 明</td></tr>
<tr><td>1</td><td>活动目的</td><td>（1）能准确分析企业内部的部门、组织层次及适合的组织结构。
（2）掌握并能熟练运用所学知识。</td></tr>
<tr><td>2</td><td>游戏形式</td><td>4 ~ 6 人一组</td></tr>
<tr><td>3</td><td>时间要求</td><td>30 min</td></tr>
<tr><td>4</td><td>材料准备</td><td>A4 纸、黑色中性笔、铅笔、橡皮</td></tr>
<tr><td>5</td><td>训练程序</td><td>第一步，每个小组根据自身情况创建一个模拟公司，并由组员扮演公司中重要角色。
第二步，每个小组组员都以自己扮演的角色身份参与集体讨论，对适合的组织结构类型进行分析。
第三步，对各种观点进行分析、归纳和要点提炼，最终选择一种组织结构类型。
第四步，各小组选出一名代表发言，由其对小组讨论分析结果进行总结。
第五步，将讨论的结果形成一份组织结构设计图上交。</td></tr>
<tr><td>6</td><td>有关讨论</td><td>组织结构设计受哪些因素的影响?</td></tr>
<tr><td rowspan="3">游戏成果展示</td><td colspan="3"></td></tr>
<tr><td>班 级</td><td></td><td>组长签字</td></tr>
<tr><td>教师签字</td><td></td><td>日 期</td></tr>
<tr><td>问题讨论与心得体会</td><td colspan="3">心得：</td></tr>
</table>

【技能实训】

<table>
<tr><td>模块</td><td colspan="4">模块 3　组织职能</td></tr>
<tr><td>单元</td><td colspan="4">单元 5　组织设计</td></tr>
<tr><td>技能</td><td colspan="4">组织结构设计</td></tr>
<tr><td rowspan="4">实训安排</td><td>序　号</td><td>项　目</td><td colspan="2">说　明</td></tr>
<tr><td>1</td><td>实训目的</td><td colspan="2">（1）通过对李经理新组建的公司进行组织结构设计，学生能准确分析企业内部的部门、组织层次及适合的组织结构，掌握并能熟练运用所学知识。
（2）培养学生根据企业实际情况设计组织结构的能力。</td></tr>
<tr><td>2</td><td>实训内容</td><td colspan="2">李经理在商海闯荡了五年，有了自己的一个小型店铺，专营运动服装，生意还不错。目前正遇到旧城区改造，他的门市所在地属拆迁范围。他想借这次机会扩大经营面积，品种也增加一些。
他看好了一个约 300 m^2 的店铺，计划除了经营专业运动服，还增加运动鞋和部分运动器材，以迎合人们追求健康、锻炼身体的风尚。李经理为了使新店铺能有效运营，正筹划聘请管理人员成立相应的组织机构。</td></tr>
<tr><td>3</td><td>实训要求</td><td colspan="2">（1）分析并选定与李经理的企业规模和管理水平相适应的组织结构。
（2）分析并确定李经理的企业的具体部门划分。
（3）绘制李经理的企业的组织结构图。</td></tr>
<tr><td rowspan="3">实训过程记录</td><td colspan="2">组织结构</td><td colspan="2"></td></tr>
<tr><td colspan="2">部门划分</td><td colspan="2"></td></tr>
<tr><td colspan="4">组织结构图：</td></tr>
<tr><td rowspan="3">实训评价</td><td>班　级</td><td></td><td>姓　名</td><td></td></tr>
<tr><td>教师评价</td><td></td><td>自我评价</td><td></td></tr>
<tr><td colspan="4">我的实训成果：</td></tr>
</table>

【学习评价】

<table>
<tr><td>模　　块</td><td colspan="4">模块 3　组织职能</td></tr>
<tr><td>单　　元</td><td colspan="2">单元 5　组织设计</td><td>学　　时</td><td></td></tr>
<tr><td>我的收获</td><td>序　号</td><td colspan="2">内　容</td><td>自评星级</td></tr>
<tr><td rowspan="4">知识获取</td><td>1</td><td colspan="2"></td><td></td></tr>
<tr><td>2</td><td colspan="2"></td><td></td></tr>
<tr><td>3</td><td colspan="2"></td><td></td></tr>
<tr><td>4</td><td colspan="2"></td><td></td></tr>
<tr><td rowspan="3">能力培养</td><td>1</td><td colspan="2"></td><td></td></tr>
<tr><td>2</td><td colspan="2"></td><td></td></tr>
<tr><td>3</td><td colspan="2"></td><td></td></tr>
<tr><td rowspan="2">素质提升</td><td>1</td><td colspan="2"></td><td></td></tr>
<tr><td>2</td><td colspan="2"></td><td></td></tr>
<tr><td>问题反馈</td><td colspan="4"></td></tr>
</table>

<table>
<tr><td rowspan="2">教师评价</td><td>班　　级</td><td></td><td>姓　　名</td><td></td><td>总　　分</td><td></td></tr>
<tr><td colspan="6">评语：</td></tr>
</table>

【东方管理思想】

良弓难张，然可以及高入深；
良马难乘，然可以任重致远；
良才难令，然可以致君见尊。
——《墨子·亲士》

单元6 人员配备

【学习目标】

知识目标

1. 了解员工选聘的含义与作用；
2. 掌握人员配备的原则和基本程序；
3. 了解员工选聘的途径；
4. 掌握组织考评的内容与要求；
5. 掌握组织考评的基本程序和方法。

能力目标

1. 根据人员配备与评价的要求进行人员配备与评价；
2. 能够划分部门与进行组织结构设计。

素质目标

1. 树立公平、公正、公开的思想，把优秀的人员纳入自己团队；
2. 培育学生经世济民、诚信服务的职业素养。

【理论学习】

6.1 人员配备的任务和原则

6.1.1 人员配备的任务

人员配备，一般是指组织中基于组织岗位要求对人员的配备，既包括组织管理岗位的人员配备，也包括非管理岗位的人员配备。在企业组织中人员配备是一项非常重要的工作，是现代组织进行人才建设的基础。组织在进行人员配备时，不仅要注意就职人员与岗位的匹配，更要注意人员自身的发展与成长，实现人的全面和自由发展，体现社会主义的本质特征。人员配备的主要任务有以下几个方面：

1. 为组织岗位选聘合适的人员

组织各部门是在任务分工基础上设置的，因而不同的部门和岗位有不同的任务和不同的工作性质，要求具有不同的知识结构和水平、不同的能力结构和水平的人与之相匹配。人员配备的首要任务就是根据岗位工作需要，经过严格的考查和科学的论证，选聘或培训组织所需的各类人员。

2. 促进组织结构功能的有效发挥

要使组织的岗位设计和职务安排的目标得以实现，让组织结构真正成为凝聚各方面力量、保证组织管理系统正常运行的有力手段，就必须把具备不同素质、能力和特长的人员分别安排在适当的岗位上，使人员配备尽量适应各类职务的性质要求，使各职务应承担的职责得到充分履行，这样组织设计的要求才能实现，组织结构的功能才能充分发挥出来。

3. 充分开发和挖掘组织内的人力资源

现代市场经济条件下，组织之间竞争的成败取决于人力资源的开发程度，在管理过程中，通过适当的选拔、配备和使用、培训人员，可以充分挖掘每个成员的内在潜力，实现人员与工作任务的协调匹配，做到人尽其才、才尽其用，从而使人力资源得到高度开发。

4. 促进人的全面和自由的发展

人员配备既要做到就职人员与岗位的高度匹配，以适应组织发展的要求，同时，又要注意对人的培养，使人员在组织中充分发挥自己的主观能动性时自身的素质也得到提升，最大限度地实现全面发展。

【思政园地】

党的二十大报告要求：“建设堪当民族复兴重任的高素质干部队伍。全面建设社会主义现代化国家，必须有一支政治过硬、适应新时代要求、具备领导现代化建设能力的干部队伍。坚持党管干部原则，坚持德才兼备、以德为先、五湖四海、任人唯贤，把新时代好干部标准落到实处。树立选人用人正确导向，选拔忠诚干净担当的高素质专业化干部，选优配强各级领导班子。坚持把政治标准放在首位，做深做实干部政治素质考察，突出把好政治关、廉洁关。”

6.1.2 人员配备的原则

人员配备是为组织的每个岗位配备适当的人。人员配备首先要满足组织的需要，同时，也要为每个人安排适当的工作，因此要考虑满足组织成员个人的特点、爱好、动机和能力。为求得人与事的最佳组合，人员配备过程中必须依据以下原则。

1. 因事用人的原则

因事用人指应该以所空职位和工作的实际要求为标准选拔符合标准的各类人员。组织用人的目的是使其担当一定的职务，要求其从事与该职务相应的工作。要有效完成工作，首先要求工作人员具备相应的知识和能力。因此，因事用人是人员配备的首要原则。

2. 因材适用的原则

因材适用指根据人的能力和素质的不同，去安排不同要求的工作。不同的工作要求不同的人员来担当，而不同的人也具有不同的能力和素质，能够从事不同的工作。从人的角度来看，只有根据每个人的特点来安排工作，才能最大限度地发挥他们的潜力，最大限度地激发他们的工作热情。

3. 用人所长的原则

用人所长指在用人时不能求全责备，管理人员应该注重发挥人的长处。在现实生活中，由于人的知识、能力以及个性的发展是不平衡的，组织中的工作任务要求又具有多样性，因此，完全意义上的全才是不存在的，就算是存在，组织也不一定非要选用这种全才，而是应该选择最适合职位要求的候选人。有效的管理就是要发挥人的长处，并使其弱点减少到最小。

4. 人事动态平衡的原则

人事动态平衡就是指要使那些能力发展充分的人去从事组织中更为重要的工作，同时也要使能力平平、不符合职务需要的人得到识别以及合理的调整，最终实现人与工作的动态平衡。处在动态环境中的组织是在不断发展的，工作中人的能力和知识也是在不断丰富和提高的，同时，组织对其成员的素质认识也是不断完善的。因此，人与事的配合是需要不断调整的，以使能力平平、不符合职务需要的人有机会进行力所能及的活动，使能力超群的人担当更加重要的工作和更高的职务，使每个人都得到最合理的使用，实现人与工作的动态平衡。

6.2 人员选聘

6.2.1 人员选聘的程序

1. 制订招聘计划和策略

招聘计划是组织根据发展目标和岗位需求对某一阶段招聘工作所作的安排，包括招聘目标、信息发布的时间与渠道、招聘员工的类型及数量、甄选方案及时间安排等方面。人才招聘需求申请表和人才需求申请表如下表所示。

人才招聘需求申请表

填报日期：

招聘岗位		拟招人数		期望到位时间	
岗位职责简述：（工作地点________________）					

基本素质要求： 学历：________________________　年龄：_____　岁至_____　岁　性别：_____ 专业：________________________　相关工作经验：_____　年以上 其他：					
专业素质要求：					
提供待遇标准	最低		平均		最高
其他招聘要求（是否有目标人选、是否需要猎头等） 部门负责人签名：					
以上内容由人才需求部门负责人填写					
公司主管领导审核意见： 签名：					
招聘结果反馈： 签名：					

人才需求申请表

职位名称		需求紧急度及渠道选择（√）：1. 重要紧急；2. 重要不紧急；3. 在公司内部招聘；4. 外部招聘
直属上司		
直接下级		所需人员到岗时间（√）：1. 15 天内；2. 一个月内
下级人数		申请人（签字）： 时间： 年 月 日

工作职责：

1. ______
2. ______
3. ______
4. ______
5. ______
6. ______
7. ______
8. ______

任职资格：

性别：	要求条件： 1. ______
年龄：	2. ______
学历：	3. ______
专业：	4. ______ 5. ______
经验（年）：	6. ______

福利待遇：

薪　酬	______元 / 月
劳动保险	1. 城镇职工社会保险；2. 外来务工人员综合保险
住房公积金	1. 有；2. 暂时没有；3. 没有
年终分红	1. 有，协商；2. 暂时没有；3. 没有
其他福利待遇	

部门主管意见	签字： 时间： 年 月 日
公司领导审批	签字： 时间： 年 月 日

2. 发布招聘信息

组织要将招聘信息通过多种渠道向社会发布，确保有更多符合要求的人员前来应聘。

招聘表如下表所示。

__________公司招聘表

填表日期:　　　年　　月　　日

基本状况	姓名		性别		婚姻状况	□未婚 □已婚	民族		照片粘贴处
	出生地		户口所在地		出生日期	□公历 □农历	年　月　日		
	身份证号				手机号				
	身高（m）		学历		职称		证件		
	现住址						固定电话		
	长期有效通信地址						E-mail		
教育经历	类别	起止日期	毕业院校				专业		
	初中								
	高中								
	大专以上								
培训经历									
工作经历	起止日期		公司名称、所在部门				薪资情况		
技能特长									
申请职位					薪资期望值				
对申请职位的认识									
初试意见		面试意见			复试意见		录用情况		

3. 甄选

甄选的过程一般包括对所有应聘者的情况进行初步审查、知识与心理素质测过、面试，以确定最终的录用者。招聘评分表如下表所示。

招聘评分表

面试评分要素	分值	要求	要素评分	总分
外貌气质	5	仪表端庄自然，服饰得体大方，举止稳重朴实，精神面貌良好		
沟通表达能力	10	语言表达过程的流畅度，清晰度，措辞的准确度，流畅性以及条理性，感染力与说服力		
协调与应变能力	15	思维的敏捷性，条理性与广度、深度；逻辑性和严密性，判断问题和分析是否全面、准确，辩证深刻有理有据		
业务素养	25	政治水平、理论水平、业务知识		
解决实际问题的能力	25	能否理论联系实际，分析、处理问题的原则性、灵活性、有效性，适应岗位需求的实际工作能力与业务能力		
研究与发展潜力	10	个人对本职位发展前沿性认识和创造能力，研究能力和完成能力有无新观点、新思路、新办法		
逻辑思维能力	10	反应的机敏程度，人际沟通，合作的意识、能力与技巧，面对压力的心理承受力和自制力		

4. 录用

人员录用过程一般可分为试用合同的签订、新员工的安置、岗前培训、试用、正式录用等几个阶段。

试用就是企业对新上岗员工的尝试性使用，这是对员工的能力与潜力、个人品质与心理素质的进一步考核。

员工的正式录用是指试用期满后，对表现良好、符合组织要求的新员工，使其成为组织正式成员的过程。一般由用人部门根据新员工在试用期间的具体表现对其进行考核，做出鉴定，并提交人力资源管理部门。人力资源管理部门对考核合格的员工正式录用，并代表组织与员工签订正式录用合同，正式明确双方的责任、义务与权利。

5. 招聘工作评估

招聘工作评估主要指对招聘的结果、招聘的成本和招聘的方法等方面进行评估。一般在一次招聘工作结束后，要对整个招聘工作做个总结和评价。对招聘工作的评价一般应从以下两方面进行：一是对招聘工作的效率评价；二是对录用人员的评估。

招聘计划下达及进度

招聘需求类别：

□紧急/重要岗位　　□紧急/一般岗位　　□中期需求/重要岗位

□中期需求/非重要岗位

招聘渠道选择：

□猎头　　□网络招聘　　□登报广告　　□人才市场招聘

□内部人才库（同事推荐）　　□专场招聘会 ___________　　□其他 ___________

招聘落实情况：

1. 招聘信息发布：

完成日期：　　完成情况：

完成人：

2. 简历收集/初选情况：

完成日期：　　初选合格简历数：

筛选比例：　　完成人：

3. 初试情况：

完成日期：　　初试通过人数：

筛选比例：　　完成人：

4. 复试情况：

完成日期：　　复试通过人数：

筛选比例：　　完成人：

5. 人员到位情况：

到位日期：　　姓名：　　是否转正：

用人部门对招聘工作的反馈意见：

人员招聘流程如图 6-1 所示。

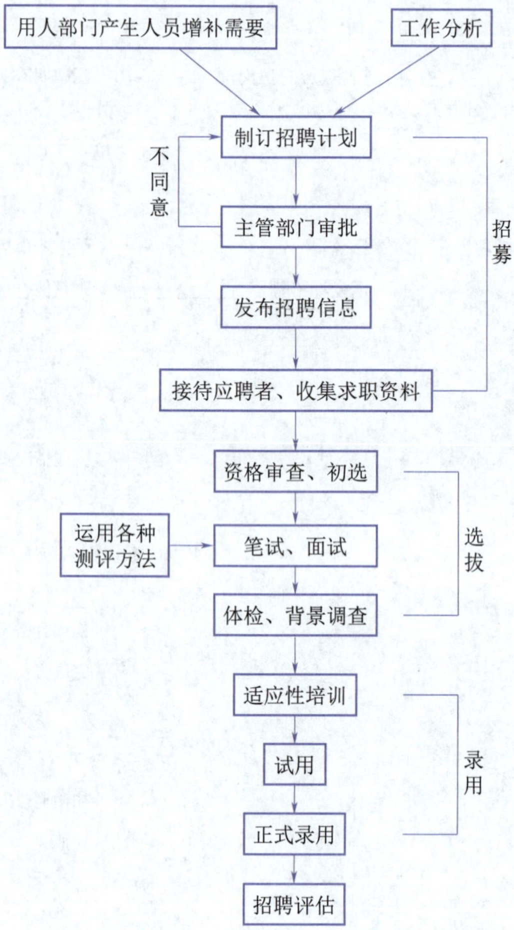

图6-1 招聘流程图

【互动课堂】

汇商商贸公司的人员招聘问题

汇商商贸公司成立于 1998 年，成立后公司发展迅速，目前拥有 10 多家连锁店。近年来，从公司外部招聘来的中高层管理人员，约 50 % 的人员不符合岗位要求，工作绩效明显低于公司内部提拔起来的人员。

在过去两年中，从公司外聘的中高层管理人员中有 8 人不是自动离职就是被解雇。从外部招聘来的分公司经理因年度考评不合格而被免职之后，终于促使总裁召开一个由行政副总裁、人力资源部经理出席的专题会议，分析这些外聘的管理人员频繁离职的原因，并试图得出一个全面的解决方案。

首先，人力资源部经理就招聘和录用过程作了一个回顾，公司是通过职业介绍所或报纸上刊登招聘广告来获得职位候选人的。人员挑选的工具包括一份申请表，三份测试试卷

（一份智力测试和两份性格测试），有限的简历检查以及必要的面试。行政副总裁认为，他们在录用某些职员时，犯了判断上的错误，他们的履历表看起来不错，他们说起话来也头头是道，但是工作了几个星期之后，他们的不足就明显地暴露出来了。

总裁则认为，根本的问题在于没有根据工作岗位的要求来选择合适的人才。“从离职人员的情况来看，几乎所有录用人员都能够完成领导交办的工作，但他们很少在工作上有所作为、有所创新”。

人力资源部经理提出了自己的观点，他认为公司在招聘时过分强调了人员的性格和能力，而并不重视应聘者过去在零售业方面的记录，例如在7名被录用的部门经理中，有4人来自与其任职无关的行业。

行政副总裁指出，大部分被录用的职员都有某些共同的特征，例如他们大都在30岁左右，而且经常跳槽，曾多次变换自己的工作，他们都雄心勃勃，并不十分安于现状：在加入本公司后，他们中的大部分人与同事关系不是很融洽，与直属下级的关系尤为不佳。

会议结束的时候，总裁要求人力资源部经理：“彻底解读公司目前在人员招聘上存在的问题，采取有效措施从根本上提高公司人才招聘的质量。”

思考：

（1）汇商商贸公司管理人员的招聘有什么问题？造成这些问题的原因是什么？

（2）你对该公司管理人员的招聘有哪些更好、更具体的建议？

6.2.2　人员选聘的途径

1. 组织内部选聘

当组织中某一岗位或职位发生空缺时，首先应考虑从现有成员中调剂解决，或是在组织内按照有关标准考评提拔。

2. 组织外部人员招聘

1）职业介绍机构与人才交流市场

组织通过职业介绍机构和人才交流市场进行人员选聘的优点是：应聘者面广，中间环节少，人员选用耗时较短，并且可以避免裙带关系的形成。缺点是：在选聘过程中，应聘人员的素质高低不齐；选聘时间短，对他们的情况了解不够全面；有些职介机构鱼龙混杂。因此，运用这种选聘方式时，要选择信誉较高的机构，并尽可能多地了解应聘者的情况。

2）猎头公司

猎头公司是指一些专门为组织选聘高级人才或特殊人才的职业选聘机构。当组织需要雇用对其有重大影响的高级专业人员或当组织需要多样化经营、开拓新的市场或与其他组织合资经营时，就会委托猎头公司代其选择人才。猎头公司以其专业优势准确把握关键的职位所需要的工作能力、关键品质，科学评价应聘的人选，从而快捷、有效地完成选聘，而且被聘用的人员不需进一步的培训就可以马上上岗并发挥重要作用，为组织管理带来立竿见影的效果。当然，这种选聘方式所需费用较高。

3）校园选聘

高等院校和职业学校是组织选聘管理人员和专业技术人员的重要途径之一。学生在校期间通过系统学习，基本掌握了组织经营管理的基础知识，并初步具备了组织服务与管理的技能，具有专业知识较强、接受新事物能力快、个人素质较高等特点。不仅如此，学生在校期间按受一定时间的专业训练和专业实习，具有一定的实际工作经验，组织只需进行短时间的培训，就可以上岗工作，并能够很快适应工作需要。

4）公开选聘

公开选聘是指利用广播、电视、报纸、杂志、互联网和海报等途径向社会公开宣布选聘计划，为社会人员提供一个公平竞争的机会，从而择优录取合格人员的选聘方式。

6.3 人员培训

人员培训，是指企业为了实现其组织目标、提高竞争力而有计划、有组织、多层次、多渠道地组织人员从事学习和训练，从而不断提高人员的知识和技能，改善人员的工作态度，激发人员的创新意识的管理活动。

6.3.1 培训的内容

员工培训的内容必须与企业的战略目标、员工的职位特点相适应，同时考虑适应内外部环境的变化。一般从以下几个方面展开。

1. 知识的学习

员工通过培训应该掌握完成本职工作所需的基本知识，企业应根据经营发展战略要求和技术变化的预测，以及将来对人力资源的数量、质量、结构的要求，有计划、有组织地培训员工，使员工了解企业的发展战略、经营方针、经营状况、规章制度、文化基础、市场竞争等。

2. 技能的提高

企业应对不同层次的员工进行岗位所需技术性能力的培训，如认知能力、写作能力、表达能力等，还应更多地培养员工的人际交往能力、改革创新能力和决策应变能力等。

3. 态度的转变

态度是影响能力与工作绩效的重要因素，员工的态度与培训效果和工作表现是直接相关的。通过培训，员工可以改变自己的工作态度，进而提高其工作能力和绩效水平。

6.3.2 培训的方法

1. 讲授法

讲授法是一种传统的培训方式，优点是运用方便，便于培训者控制整个过程。缺点是单向信息传递，反馈效果差。常被用于一些理念性知识的培训。

2. 案例研讨法

案例研讨法是通过向培训对象提供相关的背景资料，让其寻找合适的解决方法。这一方式使用费用低，反馈效果好，可以有效训练学员分析、解决问题的能力。

案例研讨法的优点在于：一是可以帮助学员学习分析问题和解决问题的技巧；二是能

够帮助学员确认和了解解决问题的多种可行方法。缺点是：需要的时间较长；与问题相关的资料有时可能不甚明了，影响分析结果。

3. 角色扮演法

角色扮演法是让受训者在培训教师设计的工作情境中扮演某个角色，其他学员与培训教师在学员表演后做适当的点评。由于信息传递多向化，反馈效果好、实践性强、费用低，因而多用于人际关系能力的训练。角色扮演法的优点和缺点都很多。优点是：能激发学员解决问题的热情；可增加学习的多样性和趣味性；能够激发热烈的讨论，使学员各抒己见；能够提供在他人立场上设身处地思考问题的机会；可避免可能的危险与尝试错误的痛苦。缺点是：观众的数量受限；演出效果可能受限于学员过度羞涩或过强的自我意识。

在采用角色扮演法进行培训时要注意做好以下工作：准备好场地与设施，使演出学员与观众之间保持一段距离；演出前要明确议题所遭遇的情况；谨慎挑选演出学员与角色分配；鼓励学员以轻松的心情演出；可由不同组的学员重复演出相同的情况；可安排不同文化背景的学员演出，以了解不同文化的影响。

4. 互动小组法

互动小组法又称敏感训练法。此方法主要适用于管理人员的实践训练与沟通训练。让学员通过培训活动中的亲身体验增强处理人际关系的能力。其优点是：可明显提高人际关系与沟通的能力，但其效果在很大程度上依赖于培训教师的水平。

5. 网络培训法

网络培训法是利用计算机网络信息和技术进行培训的一种方式。该培训方式灵活、分散，便于被培训者根据自己的具体情况选择参加何种内容的培训，且可以按照自己的计划灵活安排培训时间。

6. 师徒传承法

师徒传承法又称师傅带徒弟、学徒工制、个别指导法，是由一个经验丰富的资深员工支持一位资历较浅者的方式，师傅的角色包含了教练、顾问以及支持者。

6.4 人员考评

6.4.1 人员考评的作用

人员考评是为了确定占据职位的人员是否确实符合要求，值得进一步提拔还是应当加以调整，管理人员的培训和培养工作的效果，管理人员的薪酬应当依据什么进行确定等。此外，通过考评，还可以起到相互学习、促进组织内部沟通，共同进步的作用。

6.4.2 人员考评的内容

对人的评价应该是综合性的，所以对人员的考核要全面，不能只看一面而忽略另一面。人员考核要素，从大的方面讲主要包括四部分：职业品德、工作态度、工作能力、工作业绩。

1. 职业品德

职业品德要考核组织成员是否在思想上与组织精神、理念保持高度一致。具体内容包括：一是忠诚度。考核组织成员是否责任心、事业心强，爱岗敬业，能否认真做好本职工作，与组织同甘共苦。二是贯彻执行。考核组织成员的积极主动性。

2. 工作态度

工作态度包括责任心、服务意识、协作意识等，了解成员是否具有积极性、主动性，是否能充分发挥自己的能力，是否具有较好的组织纪律性。

3. 工作能力

工作能力是指组织成员的业务知识和工作能力，主要考核组织成员的基本能力、业务能力、应用能力和创新能力等。

4. 工作业绩

工作业绩是指工作目标完成度、准确度、效益和对组织的贡献，目的是考查组织成员完成工作任务的质量和数量，从事创造性劳动的成绩、工作效率及为组织所做的贡献大小。各类人员的工作业绩由专业部门负责考评。

6.4.3 人员考评的程序

1. 确定考核目标

根据职位的性质和特点，有针对性地选择、确定特定的考核评估目标，并据此设计科学的考评表。这是有效开展人事考评工作的基本前提。

2. 制定考核标准

根据确定的考核目标，制定考核标准，科学设计考核方法，选择合适的考评人员，并对其进行培训。

3. 衡量岗位工作、收集岗位信息

根据考核标准和考评表，多方面获取能够反映被考核人员岗位工作状态及其结果的信息。这些信息应当真实可靠。

4. 做出综合评价

在充分了解、详细分析考核信息的基础上，采用科学的方法对被考核人员进行综合考评，得出科学有效的结论。

5. 考评结果反馈和备案

将考评结果及时反馈给考评对象。形式可以是直接面谈，也可以是书面通知。同时，人力资源部门应将考评结果及时进行备案，作为确定考核对象职业发展方向和组织人力资源工作决策的依据。

6.4.4 人员考评的方法

1. 实测法

实测法是指通过各种项目实际测量进行考评的方法。例如，对被考评者进行生产技术技能的考评，通常采用现场作业，通过对其实际测量，进行技术测定、能力考核。

2. 成绩记录法

成绩记录法是指将取得的各项成绩记录下来，以最后累积的结果进行评价的方法。这种方法主要适用于能实行日常连续记录的生产经营活动，如生产数量、进度、质量投诉等。

3. 书面考试法

书面考试法是指通过各种书面考试的形式进行考评的方法。这种方法适用于对被考评者所掌握的理论知识进行测定。

4. 直观评估法

直观评估法是指依据被考评者平日的接触与观察，由考评者凭主观判断进行评价的方法。

5. 情境模拟法

情境模拟法是指设计特定情境，考查被考评者现场随机处置能力的一种方法。

6. 民主测评法

民主测评法是指由组织成员集体打分评估的考核方法。

7. 因素评分法

因素评分法即分别评估各项考核因素，为各因素打分，然后汇总，确定考核结果的一种考核方法。

【知识巩固】

一、单选题

1. (   ) 就是指要使那些能力发展充分的人去从事组织中更为重要的工作，同时也要使能力平平、不符合职务需要的人得到识别以及合理的调整，最终实现人与工作的动态平衡。

A. 因事用人原则　　B. 因材适用原则
C. 用人所长原则　　D. 人事动态平衡原则

2. (   ) 又称敏感训练法，此方法主要适用于管理人员的实践训练与沟通训练。

A. 案例研讨法　　B. 角色扮演法
C. 互动小组法　　D. 网络培训法

3. (   ) 是利用计算机网络信息和技术进行培训的一种方式。

A. 案例研讨法　　B. 角色扮演法
C. 互动小组法　　D. 网络培训法

4. (   ) 是指由组织成员集体打分评估的考核方法。

A. 民主测评法　　B. 成绩记录法
C. 书面考试法　　D. 因素打分法

5. 设计特定情境，考查被考评者现场随机处置能力的方法是 (   )。

A. 实测法　　B. 因素评分法
C. 情景模拟法　　D. 民主测评法

6.（ ）即分别评估各项考核因素，为各因素打分，然后汇总，确定考核结果的一种考核方法。

A. 实测法　　B. 因素评分法

C. 情景模拟法　　D. 民主测评法

7. 通过向培训对象提供相关的背景资料，让其寻找合适的解决方法是（ ）。

A. 案例研讨法　　B. 角色扮演法

C. 互动小组法　　D. 网络培训法

8. 根据人的能力和素质的不同，去安排不同要求的工作属于（ ）。

A. 因事用人原则　　B. 因材适用原则

C. 用人所长原则　　D. 人事动态平衡原则

9. 下列属于角色扮演法优点的是（ ）。

A. 观众的数量受限

B. 演出效果可能受限于学员过度羞涩

C. 演出效果可能受限于学员过强的自我意识

D. 能激发学员解决问题的热情

10. 人员考评的第一步是（ ）。

A. 确定考核目标　　B. 制定考核标准

C. 收集岗位信息　　D. 考核结果反馈

二、多选题

1. 一般员工培训的主要方式有（ ）。

A. 上岗培训　　B. 岗位练兵

C. 集中培训　　D. 脱产进修

2. 人员录用过程一般可分为（ ）等几个阶段。

A. 试用合同的签订　　B. 新员工的安置

C. 岗前培训　　D. 正式录用

3. 人力资源管理的内容包括（ ）。

A. 人力资源需求预测与规划　　B. 人员选聘与组合

C. 人员使用与激励　　D. 人力资源开发

4. 人员配备的原则包括（ ）。

A. 优化原则　　B. 竞争原则

C. 激励原则　　D. 开发原则

5. 人员考评的内容包括（ ）。

A. 职业品德　　B. 工作态度

C. 工作业绩　　D. 工作能力

三、判断题

1. 人是组织最宝贵的资源，它将决定其他资源作用的发挥。 ( )

2. 管理者选聘有两大途径，即外部招聘和内部提升。 ( )

3. 人员培训可以改善人员的工作态度，但对激发人员的创新意识没有帮助。 ( )

4. 师徒传承法又称师傅带徒弟、学徒工制、个别指导法，是由一个经验丰富的资深员工支持一位资历较浅者的方式，师傅的角色包含了教练、顾问以及支持者。 ( )

5. 职业品德要考核组织成员是否在思想上与组织精神、理念保持高度一致。 ( )

6. 讲授法是一种传统的培训方式，缺点是单向信息传递，反馈效果差。 ( )

7. 通过培训，员工可以改变自己的工作态度，进而提高其工作能力和绩效水平。 ( )

8. 正式录用就是企业对新上岗员工的尝试性使用，这是对员工的能力与潜力、个人品质与心理素质的进一步考核。 ( )

9. 运用职业介绍所这种选聘方式时，要选择信誉较高的机构，并尽可能多地了解应聘者的情况。 ( )

10. 网络培训法方式灵活、分散，便于被培训者根据自己的具体情况选择参加何种内容的培训，且可以按照自己的计划灵活安排培训时间。 ( )

四、简答题

1. 简述人员考核的作用。

2. 简述人员考核的程序。

3. 试述人员考核的方法。

【案例研讨】

<table>
<tr><td colspan="2">模　块</td><td>模块 3　组织职能</td><td>姓　名</td><td></td></tr>
<tr><td colspan="2">单　元</td><td>单元 6　人员配备</td><td>讨 论 组</td><td></td></tr>
<tr><td>案例内容</td><td colspan="4">A 在招聘中的困境
M 公司是一家民营企业，位于深圳市中心区。公司董事长、总经理、副总经理都是 W 省的人。A 是公司的 HRM，进公司没多久，刚过试用期。经过三个多月的观察，对公司的情况有了基本的了解，其中招聘这一环节比较麻烦。
公司是销售型企业，主要以网络招聘为主，和国内三大招聘网站都有合作关系。由于高层都是 W 省的人，公司里职员一直以 W 省人为主，占 30% 以上。目前投简历应聘者以 W 省、H 省、J 省、S 省居多，其中 W 省和 H 省应聘简历各占总数的 35% 以上。公司以前在一些关键岗位上招过 H 省的人员，后来和公司发生了些不愉快的事，甚至上了仲裁厅。因此几位老总强烈要求 A 不得再录用 H 省的员工。同时，老总对一些省份的员工也颇有微词，比如说 G 省的人员做老板的多，不甘心打工的，G 省份的人员尽量不招，就算招来了也做不长久；N 省的员工整体素质低，喜欢拉帮结派，爱打架闹事，这个省份的不要；J 省的人精于算计，重要岗位不要安排……
按老总这些要求，把简历一一筛选，就没多少可用的人了。就算有也几乎十之七八就是 W 省份的人了。再说，这两年招工越来越难，按老总们的要求把简历一筛选，几乎去掉了 80%，这招聘的难度就更大了。</td></tr>
<tr><td rowspan="4">案例分析</td><td>分析问题 1</td><td colspan="3">你认为 M 公司老总的用人要求是否存在问题，请举例说明。</td></tr>
<tr><td colspan="4">个人分析：</td></tr>
<tr><td>分析问题 2</td><td colspan="3">如果你是 A，接下来你会怎么做?</td></tr>
<tr><td colspan="4">个人分析：</td></tr>
<tr><td>小组讨论结论</td><td colspan="4"></td></tr>
<tr><td rowspan="2">教师评价</td><td>星级</td><td colspan="3">☆☆☆☆☆</td></tr>
<tr><td colspan="4">评语：</td></tr>
</table>

【游戏体验】

<table>
<tr><td>模块</td><td colspan="4">模块 3　组织职能</td></tr>
<tr><td>单元</td><td colspan="4">单元 6　人员配备</td></tr>
<tr><td>游戏名称</td><td colspan="4">模拟公司人员招聘会</td></tr>
<tr><td rowspan="7">游戏玩法</td><td>序　号</td><td>内　容</td><td colspan="2">说　明</td></tr>
<tr><td>1</td><td>活动目的</td><td colspan="2">（1）提高对企业岗位设计和人员招聘的感性认识。
（2）熟悉人员招聘的流程和注意事项。
（3）训练应聘的能力与心理素质。</td></tr>
<tr><td>2</td><td>游戏形式</td><td colspan="2">模拟演练、角色扮演</td></tr>
<tr><td>3</td><td>时间要求</td><td colspan="2">90 min</td></tr>
<tr><td>4</td><td>材料准备</td><td colspan="2">A4 纸，彩笔</td></tr>
<tr><td>5</td><td>操作程序</td><td colspan="2">第一步，各小组结合所需岗位，制订人员招聘计划，包括招聘目的、招聘岗位、招聘流程等。
第二步，各小组根据招聘计划做好模拟招聘会前的充分准备，做好人员分工。
第三步，每个人要写出应聘提纲，或应聘演讲稿，做好模拟应聘的准备。
第四步，模拟招聘会分两场进行，第一场的招聘公司、应聘人员分别是第二场的应聘人员、招聘公司。
第五步，综合教师、同学及招聘公司的意见，最终决定入选的人员。
第六步，教师根据学生事先准备工作及临场表现进行综合评价，给予成绩。</td></tr>
<tr><td>6</td><td>有关讨论</td><td colspan="2">（1）班级组织交流，应聘率高者介绍经验体会。
（2）评价每个人的表现，特别是受到其他公司聘任的频次高的同学。</td></tr>
<tr><td rowspan="3">游戏计划安排</td><td colspan="4"></td></tr>
<tr><td>班　　级</td><td></td><td>组长签字</td><td></td></tr>
<tr><td>教师签字</td><td></td><td>日　　期</td><td></td></tr>
<tr><td>游戏问题讨论与心得体会</td><td colspan="4">心得：</td></tr>
</table>

【技能实训】

<table>
<tr><td>模块</td><td colspan="4">模块 3　组织职能</td></tr>
<tr><td>单元</td><td colspan="4">单元 6　人员配备</td></tr>
<tr><td>技能</td><td colspan="4">培训方案设计</td></tr>
<tr><td rowspan="4">实训安排</td><td>序　号</td><td>项　目</td><td colspan="2">说　明</td></tr>
<tr><td>1</td><td>实训目的</td><td colspan="2">（1）培养制定人员培训方案、运用培训方法的初步能力；
（2）培养制定人员培训方案的能力。</td></tr>
<tr><td>2</td><td>实训内容</td><td colspan="2">情景：设计新入职员工培训方案</td></tr>
<tr><td>3</td><td>实训要求</td><td colspan="2">（1）详细阐明培训的总体目标；
（2）写明培训的形式与方法；
（3）制定明确的员工培训流程。</td></tr>
<tr><td rowspan="2">实训过程记录</td><td colspan="4">新入职员工培训方案</td></tr>
<tr><td colspan="4"></td></tr>
<tr><td rowspan="3">实训评价</td><td>班　　级</td><td></td><td>姓　　名</td><td></td></tr>
<tr><td>教师评价</td><td></td><td>自我评价</td><td></td></tr>
<tr><td colspan="4">我的实训成果：</td></tr>
</table>

【学习评价】

<table>
<tr><td>模　　块</td><td colspan="4">模块 3　组织职能</td></tr>
<tr><td>单　　元</td><td colspan="2">单元 6　人员配备</td><td>学　　时</td><td></td></tr>
<tr><td>我的收获</td><td>序　号</td><td colspan="2">内　容</td><td>自评星级</td></tr>
<tr><td rowspan="4">知识获取</td><td>1</td><td colspan="2"></td><td></td></tr>
<tr><td>2</td><td colspan="2"></td><td></td></tr>
<tr><td>3</td><td colspan="2"></td><td></td></tr>
<tr><td>4</td><td colspan="2"></td><td></td></tr>
<tr><td rowspan="3">能力培养</td><td>1</td><td colspan="2"></td><td></td></tr>
<tr><td>2</td><td colspan="2"></td><td></td></tr>
<tr><td>3</td><td colspan="2"></td><td></td></tr>
<tr><td rowspan="2">素质提升</td><td>1</td><td colspan="2"></td><td></td></tr>
<tr><td>2</td><td colspan="2"></td><td></td></tr>
<tr><td>问题反馈</td><td colspan="4"></td></tr>
<tr><td rowspan="2">教师评价</td><td>班　　级</td><td>　　姓　　名　　</td><td>总　　分</td><td></td></tr>
<tr><td colspan="4">评语：</td></tr>
</table>

模块4　领导职能

【模块知识结构】

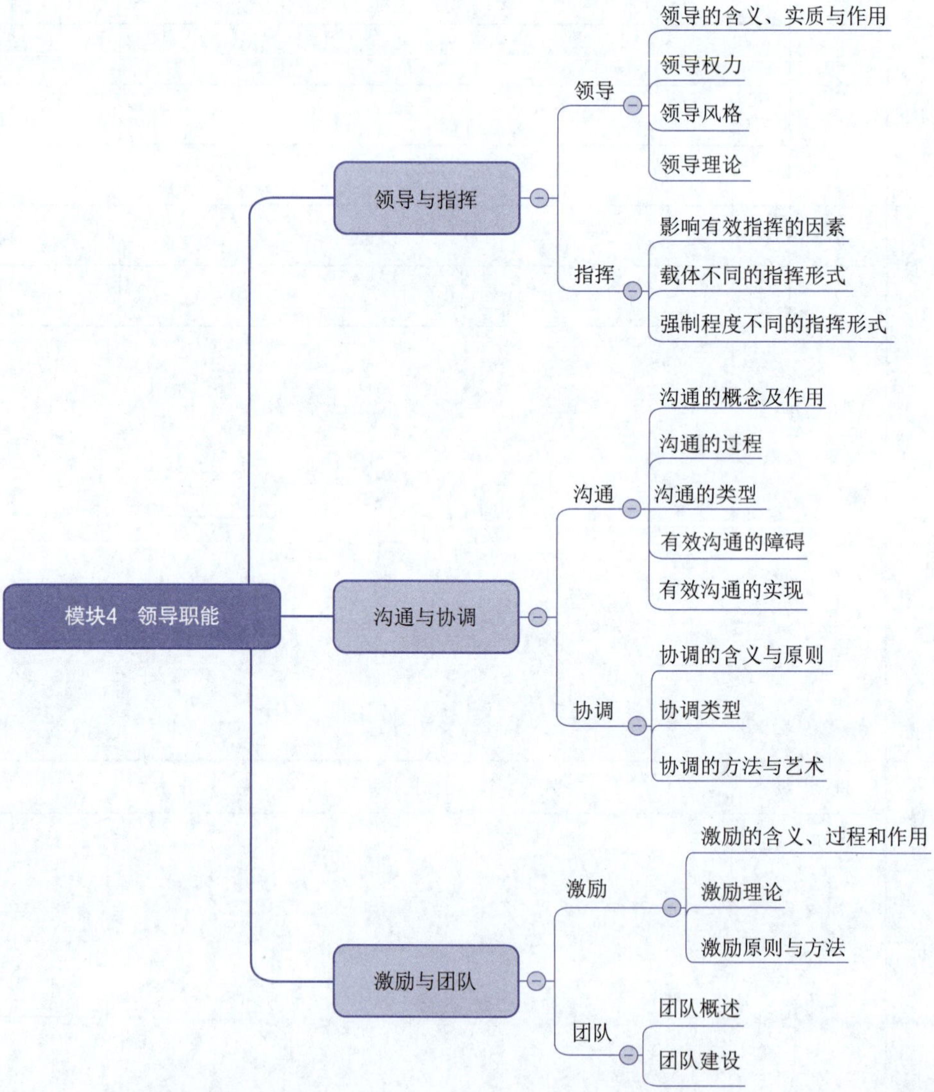

【东方管理思想】

威不两措，政不二门。

——《管子·明法》

单元7　领导与指挥

【学习目标】

知识目标

1. 了解领导的概念、作用和领导权力来源；
2. 掌握领导风格和领导理论；
3. 了解指挥的含义和指挥过程推销人员职责和职业前景；
4. 掌握指挥手段和指挥艺术。

能力目标

1. 能够准确区分领导者和管理者；
2. 能够识别领导风格和应用领导理论；
3. 能够合理选择指挥手段发挥领导作用。

素质目标

1. 培养学生学会与人和谐相处，具备以人为本、宽容友善的领导情操；
2. 引导学生践行社会主义核心价值观，树立服务精神和服务意识。

【情景导入】

你能接受“霸道总裁”吗？

某世界五百强公司总裁曾直言不讳地承认自己在企业经营中喜欢独裁。他认为“民主是最没有效率的管理。任何一个组织需要的都不是管理，而是领导。而领导者就必须要有独裁为公的决断勇气。”在企业经营与管理活动的组织中，特别是涉及一些重要问题的选择时，该总裁宁可相信自己的战略眼光，根据个人意志主导公司最终决策，避免一些公司经常遇到的议而不决的现象，以达到提升企业执行力的效果。该公司 2000 年后快速崛起成为全球最大的电子产业专业制造商，也在一定程度上证明了其奉行这一信条的成功。与此同时，也有许多管理者在实践中认识到，决策是每个领导者最重要、最费神，也最具有风险的工作。领导者仅凭自己个人的知识和能力，往往难以应对企业在复杂环境中需要及时解决的许多问题。因此领导者在决策时必须尊重科学，尊重民主，不能由领导者的主观愿望来定。领导者在做决策时能够在这方面下功夫，才能准确地发现问题，做好决策。否则，就会陷入误区，导致失败。

如果你是该公司员工，你更愿意接受“民主的领导者”还是该公司这样的“霸道总裁”？

【理论学习】

管理的组织职能是对组织资源进行配置。但是如何让它们运作起来，需要通过管理的领导职能来完成。管理的领导职能是组织成员在一定环境中，通过管理者的指挥、协调、激励完成组织目标的过程。

7.1 领　导

7.1.1 领导的含义、实质与作用

1. 领导的含义

领导是指领导者依靠影响力，指挥、带领、引导和鼓励被领导者或者追随者，实现组织目标的活动和艺术。其基本含义包括以下几个方面：

（1）领导的主体是组织的管理者，领导的客体是管理者的下属，有下属并对其施加影响才可称为领导，即领导者。

（2）领导是一种活动，是引导人们的行为过程，是领导者带领、引导和鼓舞部属去完成工作、实现目标的过程。领导的作用方式是带领与影响，包括指挥、激励、沟通等多种手段。

（3）领导的目的是有效地实现组织目标。

2. 领导的实质

领导实质上是一种对他人的影响力，即管理者对下属及组织行为的影响力。这种影响力能改变或推动下属及组织的心理与行为，为实现组织目标服务。

领导工作有效性的核心内容就是领导者影响力的大小及其有效程度。管理者要实施有效的领导，最关键的就是要增强对下属及组织影响力的强度与有效性。

【互动课堂】

孔子的影响力

孔子在古代被尊奉为“天纵之圣”“天之木铎”，是当时社会上的最博学者之一，被后世统治者尊为孔圣人、至圣、至圣先师、大成至圣文宣王先师、万世师表。其儒家思想对中国和世界都有深远的影响，孔子被列为“世界十大文化名人”之首。他被尊为儒教始祖。

公元一世纪，孔子文化南下越南，东渡日本。早在明朝初年，朝鲜就创设成均馆于汉城（今首尔），祭孔于文庙，促进了文化、科技的发展和社会的进步。

互动问题：孔子是管理者吗？是领导者吗？

3. 领导的作用

领导者在带领、引导和鼓舞部下为实现组织目标而努力的过程中主要起到指挥、协调、激励、创新作用。

1）指挥作用

在组织活动中，需要有头脑清醒、胸怀全局，能高瞻远瞩、运筹帷幄的领导者帮助组织成员认清所处的环境和形势，指明活动的目标和达到目标的路径。

2）协调作用

组织在内外因素的干扰下，需要领导者来协调组织成员之间的关系和活动，朝着共同的目标前进。

3）激励作用

领导者为组织成员主动创造能力发展空间和职业生涯发展的行为。

4）创新作用

组织长久发展的动力源于创新，缺乏创新就会缺乏生命力和竞争力。组织的繁荣和发展很大程度上取决于领导者独特的创新精神。领导者还是组织创新精神的培养者和组织者。领导者的创新意识会极大地影响和鼓励员工积极创新，在组织内部形成创新氛围。

4. 领导与管理

领导和管理有着密切的关系，从表面上看，两者似乎没有什么差别，人们通常将它们混为一谈。但实际上，两者既有紧密联系，又有很大差异。

（1）领导与管理的联系方面：从行为方式看，领导和管理都是在组织内部通过影响他人协调活动，实现组织目标；从权力的构成看两者都与组织层级的岗位设置有关。

（2）领导与管理的区别体现在以下四个方面：

①范围：从一般意义上说，管理的范围要小一些，而领导的范围相对要大一些。管理是建立在立法的职位权力基础上对下属的行为进行指挥的过程，下属必须服从管理者的命令，但下属在工作过程中可能尽自己最大的努力，也可能出工不出力。而领导则更多的是建立在个人影响力和专业特长以及模范作用的基础上影响追随者的行为，通过对下属施加影响，使下属自觉地为实现组织目标而努力工作。

②作用：管理是为组织活动选择方法、建立秩序、维持运转等。领导在组织中的作用表现在为组织活动指出方向、设置目标、创造态势、开拓局面等方面。

③层次：领导具有战略性、较强的综合性，贯穿在管理的各个阶段。从整个管理过程来看，如果把管理过程划分为计划、执行和控制三个主要阶段，领导活动处在不同阶段之中，集中起来就表现为独立的职能，即为了实现组织目标，使计划得以实施、使建立起来的组织能够有效运转，组织和配备人员对各个过程结果进行监督检查。

④功能：管理的主要功能是解决组织运行的效率，而领导的主要功能是解决组织活动的效果。效率涉及活动的方式，而效果涉及活动的结果。

领导者与管理者不同的关注点见表7-1。

表7-1　领导者与管理者不同的关注点

领导者	管理者
部署	执行
开发	维护

续表

领导者	管理者
价值观、期望和鼓舞	控制和结果
长期视角	短期视角
询问“做什么”和“为什么做”	询问“怎么做”和“何时做”
挑战现状	接受现状
做正确的事	正确地做事

7.1.2 领导权力

1. 领导权力内涵

领导的核心在于权力。领导权力通常就是指影响他人的能力，在组织中就是排除各种障碍完成任务，达到目标的能力。权力是管理者行使领导职能的重要条件，管理者只有凭借权力与权威才能进行有效的指挥。

2. 领导权力的来源

从管理者的角度看领导权力主要有五种来源，具体见表 7-2。

表7-2 领导权力来源

组织性权力	法定性权力
	奖赏性权力
	惩罚性权力
个人性权力	感召性权力
	专长性权力

1）法定性权力

法定性权力是由个人在组织中的职位决定的。个人由于被任命担任某一职位，因而获得了相应的法定权力和权威地位。例如，在政府和企业等层级组织中，上级在自己的职责范围内有权给下级下达任务和命令，下级必须服从；教练有权决定谁上场和比赛的策略，队员必须服从；裁判有权判定是否犯规和是否得分，并有权用出示黄牌或红牌提出对某一队员的警告或处罚，队员必须服从；老师有权布置作业，出试题和给分，学生必须服从等。

但拥有法定权力的权威，并不等于就是领导，虽然我们通常把层级机构中担任各级职位的官员都称为领导。其实这些负责人可能是有效的领导者，也可能不是。有些官员根本没有自愿的追随者，只是凭借手中的权力作威作福而已，这样的人并不是真正的领导者。

同时，应当充分认识到下层甚至普通员工也拥有宪法、劳动法、民法典、工会法等法律和规章制度赋予他们的法定权力，他们凭借这种权力，也可以有效地影响和抵制领导者的领导行为。

2）奖赏性权力

奖赏性权力是指个人控制着对方所重视的资源而对其施加影响的能力。例如上级在其职权范围内可以决定或影响下级的薪水、晋升、提拔、奖金、表扬，或分配有利可图的任务、职位，予下属所希望得到的其他物质资源或精神上的安抚、亲近、信任、友谊等，从而有效地影响他人的态度和行为。

奖赏性权力是否有效，关键在于领导者要确切了解对方的真实需要。人们的需要是多方面的，也可能各不相同，不一定都是金钱或官位，所以必须采用适当的方式有针对性地雪中送炭才能取得良好的效果。

被领导者也拥有某种奖赏权，例如对领导者的忠诚、顺从，更加积极地忘我工作，为了组织利益不计个人安危的英雄行为，甚至对领导者的热情招呼，演讲后的热烈鼓掌等，都可以看作被领导者对领导者的奖赏。这种奖赏权也能有效地影响领导行为。

3）惩罚性权力

惩罚性权力是指通过强制性的处罚或剥夺而影响他人的能力。例如批评、罚款、降职、降薪、撤职、除名、辞退、开除、起诉等，或者调离到偏远、劳苦、无权的岗位上去。这实际上是利用人们对惩罚和失去既得利益的恐慌心理而影响和改变他的态度和行为。

应当注意，惩罚权虽然十分必要，见效也很快，但毕竟是一种消极性的权力，更不是万能的，因此务必慎用。如果使用不当，可能产生严重的消极后果。例如下属在合法范围内拥有消极怠工、抗议、上访、静坐、游行、示威、罢工等权力，员工可以利用这种合法权力对领导者的不当行为进行惩罚，使用不当甚至引发不应有的暴力违法事件。

4）感召性权力

感召性权力是由于领导者拥有吸引别人的个性、品德、作风而引起人们的认同、赞赏、钦佩、羡慕而自愿地追随和服从他。例如无私工作、刚正不阿、主持正义、清正廉洁、思路敏捷、开拓创新、不畏艰险、有魄力、关心群众疾苦、保护下属利益、倾听不同意见、结交下层朋友等模范行为，都会引来大批追随者，形成巨大的模范权力。

感召性权力的大小与职位高低无关，只取决于个人的行为。不过具有高职位的人，其模范行为会有一种放大的乘数效应。一些行为对普通人来说可能是很平常的事，但对某些高层领导者就会变成非常感人的模范行为，产生巨大的感召性权力。但是任何组织中，总是有许多没有任何职位的人，也往往会有巨大的感召性权力，成为非正式的群众领袖，他们对人们的影响力可能远远大于拥有正式职位的领导者。对组织有利的做法是后者应对前者有更多的尊重和争取更好的合作。

5）专长性权力

专长性权力是知识的权力，指的是因为人在某一领域所特有的专长而影响他人的能力。一位医术精湛的医生在医院中具有巨大的影响力；一位资深的教授、著名学者可能没有任何行政职位，但在教师和学生中具有巨大的影响力；企业中的一位财务专家、营销专家、工程师等都可能拥有某种专长性权力，而在一定领域内发挥巨大的影响。

任何领导者绝对不可能在所有领域内都具有专长性权力，所以对组织中正式职位的领导者而言只要在他的工作职责范围内具有一定的专长性权力就可以，而不必要求一定是某一领域的专家。例如大学校长只要具有正确的办学理念，能充分尊重和依靠各领域的专家教授，能筹集到足够的办学经费就行，不一定非要“院士”不可。实践证明，许多院士在本领域有专长权、有追随者、有无可争辩的权威地位，但面对全校错综复杂的局面往往一筹莫展。

组织中的各级领导者只有正确地理解领导权力的来源，精心地营造和运用这些权力，才能成为真正有效的领导者。

即使成为真正有效的领导者，也必须清醒地认识到领导者与追随者、领导者与管理者的正确关系。没有追随者就没有领导者，没有埋头苦干的管理者，领导者也难以获得成功。一个组织的成功必须依靠领导者、追随者、管理者的共同努力；不仅领导者要成为有效的领导者，追随者也要成为有效的追随者，而不是一味地盲从，管理者也要成为有效的管理者，而不能只满足于循规蹈矩地工作。

在现实生活中，处于层级组织各级职位的领导者在不同情况下，往往要扮演多种角色。在上级领导者面前，他是顺从的追随者、精明的管理者；在下层面前，他又是令人敬畏的领导者。从底层的领导者，到最高层的领导者，概莫能外。

【思政园地】

党的二十大报告指出："全面建设社会主义现代化国家、全面推进中华民族伟大复兴，关键在党。我们党作为世界上最大的马克思主义执政党，要始终赢得人民拥护、巩固长期执政地位，必须时刻保持解决大党独有难题的清醒和坚定。经过十八大以来全面从严治党，我们解决了党内许多突出问题，但党面临的执政考验、改革开放考验、市场经济考验、外部环境考验将长期存在，精神懈怠危险、能力不足危险、脱离群众危险、消极腐败危险将长期存在。全党必须牢记，全面从严治党永远在路上，党的自我革命永远在路上，决不能有松劲歇脚、疲劳厌战的情绪，必须持之以恒推进全面从严治党，深入推进新时代党的建设新的伟大工程，以党的自我革命引领社会革命。"

3. 领导权力运用

1）正确处理权力的自主与制衡

保证管理者独立地行使权力，包括正确地分配权力、上级不要越级指挥、保证权力的配置；建立必要的权力制衡体制，包括进行必要的分权、处理好权力运用中的利益关联因素、通过法律和制度体系保证权力制衡等。

2）科学地使用权力

坚持从实际出发，按客观规律办事；运用权力要同民主管理相结合、同思想工作相结合、同管理者言传身教相结合。

3）正确地处理相关人员的职权关系

坚持统一指挥原则；严格进行职权界定；加强授权；相互尊重职权。

4）酌情适度地运用奖惩

重视奖惩效应；奖惩要分开；使用奖惩要酌情适度。

5）授权

授权是指由管理者将自己所拥有的一部分权力赋予下级，以期更有效地完成任务并有利于激励下级的一种管理方式。

有利于组织目标的实现、有利于领导者从日常事务中解脱出来、有利于激励下级、有利于培养和锻炼下级。

授权要符合依据目标需求授权、适度授权、职责权利相当、职责绝对性、有效监督等基本原则。

授权方式包括口头授权与书面授权、个人授权与集体授权、随机授权与计划授权、长期授权与短期授权、逐级授权与越级授权等方式。

7.1.3　领导风格

领导风格又称"领导类型"或"领导方式"，是指领导者用来行使权力和发挥领导力或影响力的方式。不同的领导方式产生不同的团体气氛或组织气氛，对团体或组织的工作效率产生深远的影响。

按不同标准可对领导类型做不同的分类：

1. 按权力控制程度进行分类

按权力控制程度，可分为集权型领导、分权型领导和均权型领导。

（1）集权型领导是工作任务、方针、政策及方法都由领导者决定，然后布置给部属执行。

（2）分权型领导是领导者只决定目标、政策、任务的方向，对部属在完成任务各个阶段上的日常活动不加干预。领导者只问效果，不问过程与细节。

（3）均权型领导是领导者与工作人员的职责权限明确划分，工作人员在职权范围内有自主权。这种领导方式主张分工负责、分层负责，以提高工作效率，更好地达成目标。

2. 按领导重心所向进行分类

按领导重心所向，可分为以事为中心的领导、以人为中心的领导、人事并重式的领导。

（1）以事为中心的领导：以工作为中心，强调工作效率。

（2）以人为中心的领导：注意发挥部属的主动性和积极性。

（3）人事并重式的领导：既重视人，又重视工作。

3. 按领导者的态度进行分类

按领导者的态度，可分为体谅型领导、严厉型领导。

（1）体谅型领导是领导者对部属十分体谅，关心其生活，注意建立互相依赖、互相支持友谊，注意赞赏部属的工作成绩，提高其工作水平。

（2）严厉型领导是领导者对部属十分严厉，重组织、轻个人，要求部属牺牲个人利益服从组织利益。

4. 按决策权力的大小进行分类

按决策权力的大小，可分为专断型领导、民主型领导、自由型领导。

（1）专断型领导：决策权集于一身。

（2）民主型领导：领导者同部属互相尊重，彼此信任。

（3）自由型领导：有意分散领导权，给部属以极大的自由度。

7.1.4　领导理论

在管理学领域现有的领导理论大致分为领导特性理论、领导行为理论、领导权变理论三类。

1. 领导特性理论

这是一种最古老的传统理论，认为伟大的领导者都具有某些共同的特性，个人特性的差异形成了各自不同的领导风格。例如，斯大林、毛泽东等，他们都天生具有一些共同的特性才使他们成为伟大的领导者，并且都有自己独特的领导风格。20 世纪 90 年代领导特性理论出现了一些新的观点，认为领导者确实具有某些共同的特性，但是领导者的特性并不是先天具有的，而是后天形成的。他们都是经过非常勤奋的努力学习和在实践中长期艰苦锻炼，才渐渐成为有效领导者的。

有效的领导者具有以下共同特性。

1）努力进取、渴望成功

他们具有崇高的抱负和志向，并能为之付出全部精神，进行持之以恒的不懈努力，正是这种坚强的意志和毅力，使他们到达成功的顶峰。

2）强烈的权力欲望

他们具有强烈的领导欲望、遇事都勤于思考，常常会提出与众不同的见解，并总想用自己的见解和理论去影响他人。试图赢得他人的信任、尊重和对理想的认同，从而争取得到更多的追随者。

3）正直诚信，言行一致

这是人类社会普遍推崇的价值观，只有具有这种特性的人才能取得他人的信任。尽管一些想成为领导者的人在这方面实际做的还有距离，但他们一定不遗余力地完善自己，尽量向人们展示自己公正直率、诚实可信、言行一致的形象，因为只有这样人们才愿意追随他。

4）充满自信

他们不怕任何困难、挫折，勇于面对巨大的挑战。对自己追求的事业永远充满自信，并且善于把这种自信传递给他人，使群体产生一种勇往直前的力量。

5）追求知识和信息

他们对新事物充满敏感和兴趣，尽一切可能坚持不懈地去获取有关的知识和有用的信息，努力使自己拥有更多的专长权，在相关领域中使自己拥有更多的发言权，从而获得更多的追随者，或者使追随者更加理性和坚定。

每个领导者在上述各个特性方面，发展不可能完全均衡，因而形成了领导者各自的个性和领导风格。权力欲和自信心特别强的人可能更易于走向集权；反之则更乐于实行民主。

特别重视正直诚信、渴望成功的人，可能更愿意采取务实的事务型领导风格；知识和信息方面能力特别强的人，可能更倾向于进行战略思维。除此之外，每个领导者的性格心态和领导所处的情景，以及追随者状态都会对领导风格产生重大影响，这正是特性理论的不足之处。

2. 领导行为理论

领导行为理论试图从研究领导者的行为特点与绩效的关系，来寻找最有效的领导风格。主要研究成果有四分图理论和管理方格理论等。

1）四分图理论

四分图理论是由美国俄亥俄州立大学的领导行为研究者们于 1945 年提出来的。他们在调查的基础上，收集了 1 790 个具体描述领导行为特征的项目因素，逐步筛选，最后通过高度概括将领导行为归纳为两个方面：关心组织和关心人。

关心组织的领导行为是以完成工作任务为目的，注意工作是否有效地完成。重视组织设计、职权关系、工作效率，是一种重视组织任务和组织目标实现的领导行为。

关心人的领导行为强调以人为中心，注重与下属的友谊，相互信任。尊重下属，倾听下级意见和关怀员工的利益和需求，是一种重视人际关系的领导行为。

根据上述两类因素，他们认为领导行为是两种行为的具体结合，即可以用两维空间的四分图来表示，故将这种理论称为四分图理论，如图 7-1 所示。

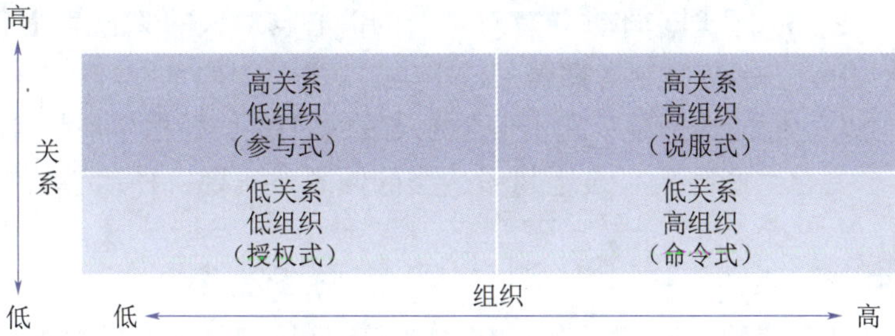

图7-1 领导行为四分图

这项研究发现，在两个维度方面皆高的领导者，一般更能使下属达到高绩效和高满意度。不过高关系 - 高组织型风格并不总是产生积极效果；而其他三种维度组合类型的领导者行为，普遍与较多的缺勤、事故、抱怨以及离职有关系。其他发现还有，领导者的直接上级给领导者的绩效评估等级，与高关怀度成负相关。

2）管理方格理论

管理方格理论是由美国管理学家布莱克和穆顿在 1964 年提出的。他们认为，领导者在对生产（工作）关心与对人关心之间存在着多种复杂的领导方式，因此，可以用两维坐标图来表示。以横坐标表示领导者对生产的关心，以纵坐标表示领导者对人的关心，各划分 9 个格，反映关心的程度，这样形成 81 种组合，代表各种各样的领导方式，如图 7-2 所示。

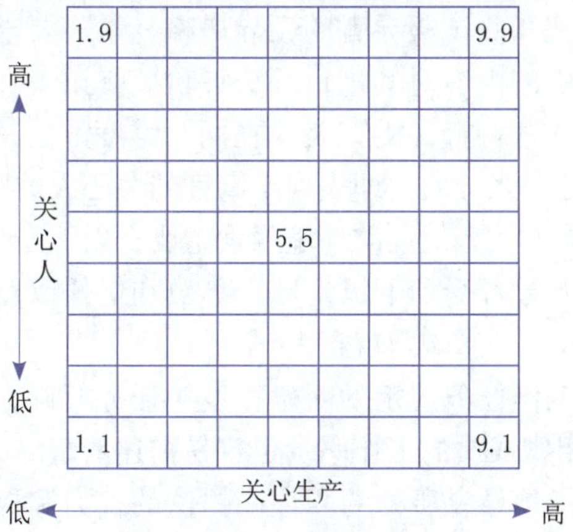

图7-2 管理方格图

管理方格中有五种典型的领导方式，简要分析如下：

（1）1.1：放任式管理。领导者既不关心生产，也不关心人，是一种不称职的领导。

（2）9.1：任务式管理。领导者高度关心生产任务，而不关心员工。这种方式有利于短期内生产任务的完成，但容易引起员工的反感，不利于长期管理。

（3）1.9：俱乐部式管理。领导者不关心生产任务，只关心人，热衷于融洽的人际关系，这不利于生产任务的完成。

（4）9.9：团队式的管理。领导者既关心生产，又关心人，是一种最理想的状态。但是，在现实中是很难做到的。

（5）5.5：中间道路式管理。即领导者对生产的关心与对人的关心都处于一个中等的水平上。在现实中，相当一部分领导者都属于这一类。

一个领导者较为理性的选择是：在不低于 5. 5 的水平上，根据生产任务与环境等情况，在一定时期内，在关心生产与关心人之间做适当的倾斜，实现一种动态的平衡，并努力向 9.9 靠拢。

3. 领导权变理论

领导权变理论是在特质理论与行为理论的基础上发展起来的，反映了当代管理理论发展的重要趋势。权变理论认为，不存在一种普遍适用、唯一正确的领导方式，只有结合具体情景，采用因时、因地、因事、因人制宜的领导方式，才是有效的领导方式。其基本观点可用下式反映：

$$有效领导 = F（领导者，被领导者，环境）$$

有效的领导是领导者自身、被领导者与领导过程所处的环境的函数。

主要的领导权变理论成果有菲德勒的权变理论、路径 - 目标理论、专制 - 民主连续统一理论等。

1）菲德勒的权变理论

美国管理学家菲德勒在大量研究的基础上提出了有效领导的权变理论。他认为，任何形态的领导方式都可能有效，其有效性完全取决于领导方式与环境是否适应。

菲德勒研究了两种领导风格，即关系导向型和任务导向型。他以一种被称为“你最不喜欢的同事”的问卷来反映和测试领导者的领导风格，量表要求受试者主观上确定一位最难相处的同事，并依据表中的内容对其进行等级评价。受试者在评价过程中，自然地反映出其自身的行为类型特点。这种行为类型表现在两个维度上，一是工作关系导向，即其行为以工作为核心。二是人际关系导向，即表现出高度的关心人的因素在管理中的作用。

菲德勒提出的决定领导方式有效性的环境因素主要有以下三个：

（1）上下级关系。即领导者受到下级爱戴、尊敬和信任以及下级情愿追随领导者的程度，程度越高，领导者的权力和影响力就越大。

（2）任务结构。即对工作任务规定的明确程度，任务明确、程序化程度高，工作的质量就比较容易控制，每个组织成员的工作职责也容易描述清楚。

（3）职位权力。这是指领导者所处的职位能提供的权力和权威在多大程度上能使组织成员遵从他的指挥。一个具有明确的并且相当高的职位权力的领导者比缺乏这种权力的领导者更容易得到他人的追随。

菲德勒将三种情境因素组合成八种情况。三种条件都具备或基本具备，是有利的领导情境；三种条件都不具备，是不利的领导情境。在有利和不利两种情况下，采用“任务导向型”的领导方式效果较好；对处于中间状态的情境，则采用“关系导向型”的领导方式效果较好。

2）路径 - 目标理论

路径 - 目标理论是权变理论的一种，由多伦多大学的组织行为学教授罗伯特·豪斯最先提出，后来华盛顿大学的管理学教授特伦斯·米切尔也参与了这一理论的完善和补充。目前已经成为当今最受人们关注的领导观点之一。

“途径 - 目标理论”同以前的各种领导理论的最大区别在于，它立足于部下，而不是立足于领导者。在豪斯眼里，领导者的基本任务就是发挥部下的作用，而要发挥部下的作用，就得帮助部下设定目标，把握目标的价值，支持并帮助部下实现目标。在实现目标的过程中提高部下的能力，使部下得到满足。

这样，就形成了这一理论的两个基本原理：

一是领导方式必须是部下乐于接受的方式，只有能够给部下带来利益和满足的方式，才能使他们乐于接受。

二是领导方式必须具有激励性，激励的基本思路是以绩效为依据，同时以对部下的帮助和支持来促成绩效。也就是说，领导者要能够指明部下的工作方向，还要帮助部下排除实现目标的障碍，使其能够顺利达到目标，同时在工作过程中尽量使职工需要得到满足。

3）专制 - 民主连续统一理论

坦南鲍姆和施密特于 1958 年提出该模型。它把专制的领导行为和民主的领导行为描述为一个连续统一体中的两个极端点，在两个极端点之间存在着多种不同的专制与民主水平的领导行为。该理论强调领导者应该根据具体的情境，如历史条件、问题性质、工作的时间性等条件，适当地选择某种领导行为，才能达到有效的领导。

在高度专制和高度民主的领导风格之间，坦南鲍姆和施米特划分出 7 种主要的领导模式：

（1）领导做出决策并宣布实施。在这种模式中，领导者确定一个问题，并考虑各种可供选择的方案，从中选择一种，然后向下属宣布执行，不给下属直接参与决策的机会。

（2）领导者说服下属执行决策。这种模式同前一种模式一样，领导者承担确认问题和做出决策的责任，但他不是简单地宣布实施这个决策，而是认识到下属中可能会存在反对意见，于是试图通过阐明这个决策可能给下属带来的利益来说服下属接受这个决策，消除下属的反对。

（3）领导者提出计划并征求下属的意见。在这种模式中，领导者提出一个决策，并希望下属接受这个决策，他向下属提出一个有关自己的计划的详细说明，并允许下属提出问题。这样，下属就能更好地理解领导者的计划和意图，领导者和下属能够共同讨论决策的意义和作用。

（4）领导者提出可修改的计划。在这种模式中，下属可以对决策发挥某些影响作用，但确认和分析问题的主动权仍在领导者手中。领导者先对问题进行思考，提出一个暂时的可修改的计划，并把这个暂定的计划交给有关人员征求意见。

（5）领导者提出问题，征求意见做决策。在以上几种模式中，领导者在征求下属意见之前就提出了自己的解决方案，而在这个模式中，下属有机会在决策做出以前就提出自己的建议。领导者的主动作用体现在确定问题，下属的作用在于提出各种解决的方案，最后，领导者从自己和下属所提出的解决方案中选择一种他认为最好的解决方案。

（6）领导者界定问题范围，下属集体做出决策。在这种模式中，领导者已经将决策权交给了下属的群体。领导者的工作是弄清所要解决的问题，并为下属提出做决策的条件和要求，下属按照领导者界定的问题范围进行决策。

（7）领导者允许下属在上司规定的范围内发挥作用。这种模式表示了极度的群体自由。如果领导者参加了决策的过程，他应力图使自己与群体中的其他成员处于平等的地位，并事先声明遵守团体所作出的任何决策。

坦南鲍姆和施密特认为，不能抽象地认为哪一种模式一定是好的，哪一种模式一定是差的。成功的领导者应该是在一定的具体条件下，善于考虑各种因素的影响，采取最恰当行动的人。当需要果断指挥时，他应善于指挥；当需要员工参与决策时，他能适当放权。

领导者应根据具体的情况，如领导者自身的能力、下属及环境状况、工作性质、工作时间等，适当选择连续体中的某种领导风格，才能达到领导行为的有效性。

7.2 指 挥

指挥是管理者运用权威最基本的形式，而且也是管理者实施领导职能的首要和最基本的手段。广义的指挥，包括指示、部署、指导与调节等基本手段。

7.2.1 影响有效指挥的因素

一位管理者的指挥行为是否有效，直接关系到领导成效的高低。其指挥的有效性主要受以下因素影响。

1. 权威

权威是指挥的基础，只有凭借权威，才能进行指挥。而且，权威越大，指挥作用越明显。权威是指挥有效性的首要决定因素。

2. 指挥内容的科学性

有效的指挥，首先应是符合客观规律和实际情况的指挥。只有指挥内容科学、正确，才可以产生好的指挥效果。

3. 指挥形式的适宜性

指挥的有效性，在相当程度上取决于指挥形式是否适当。如果采取的形式不恰当，内容正确的指挥也可能收不到好的效果。内容正确的指挥，还要靠科学、合理、恰当的形式来实施，才能收到好效果。

4. 指挥对象

指挥要适应指挥对象的特点，这样，才能被指挥对象所接受，从而使其按照要求自觉服从，达到指挥目的。

5. 环境

指挥的实际效果还受诸如时机、场所、群体氛围、工作性质，以及其他主客观条件的影响。

只有综合处理好以上因素，才能实现有效指挥。

下面按不同形式的指挥特点，分析如何实现有效指挥问题。

7.2.2 载体不同的指挥形式

管理者的指挥形式，按所采用的载体不同，可划分为口头指挥、书面指挥和会议指挥三种。

1. 口头指挥

口头指挥即管理者用口头语言的形式直接进行指挥。口头指挥是最常用的形式，它具有直接、简明、快速、方便等特点。运用口头指挥形式，要注意掌握以下要领：

（1）内容表达要清晰、准确。口头指挥的优点是及时、方便，缺点是瞬间即逝，容易误解。因此，对指挥内容进行表述时，一定要非常清楚、完整、准确，绝不可令人产生歧义或误解。这是口头指挥最重要的要求。

（2）用语简洁有力，详略得当。口头指挥是一种瞬间即逝的形式，用语必须斟酌，以做到简洁、有力。不但能令接受者清楚明白，而且要产生必要的语言情感力量。例如，热情、严肃；和缓、紧急；含混宽泛或严格精确等。同时，还要注意详略得当。

（3）讲究语言艺术。语言的艺术直接关系到指挥的效果。讲究语言艺术，主要考虑两方面因素：一方面是如何依据任务、情景的要求，选择恰当的语言。如紧急情况下，必须采用直截了当的语言；而可能涉及敏感问题时，则需要选择委婉的语言。另一方面，要根据指挥对象的心理特点选择语言。例如，为满足指挥对象希望得到尊敬的心理，可使用商量、征询或请求的语言；而当对方犹豫不决时，则需要采用严肃、明确、坚定的语言，以打消其动摇心理。

2. 书面指挥

书面指挥即采用书面文字形式进行指挥。书面指挥同口头指挥相比，具有准确性、规范性、确定性和可存储性等特点。正因为如此，许多重要的、正规的、要求在较大范围和较长时期内起作用的指挥一般都采取书面形式。

书面指挥的具体形式多种多样。以行政机关的文件形式最为规范，主要包括命令、指令，决定、决议、指示，布告、公告、通告，通知、通报，报告、请示，批复，函等。

提高书面指挥的有效性，应注意以下几点：

（1）加强针对性。书面指挥在易接受性和节省成本等方面一般不如口头指挥。因此，书面指挥要针对所要解决的管理问题，紧紧围绕指挥目标，做到确属必要，真正有的放矢，防止滥发文件；同时注意既要表达完整、准确，又要文字精练，重点突出。

（2）增强规范性。书面文件最显著的特点是其规范性。要注意文件种类的规范化和文件内容的规范化，包括文件用语的规范化。

（3）提高写作质量。书面文件白纸黑字，并供众多人反复推敲，这对书面文件的写作质量提出了极高的要求。除字、词正确外，最重要的是用语严密、准确。绝不能出现用词（或句）不当，或容易引起歧义误解等问题。

3. 会议指挥

这是一种通过多人聚集，共同研究或布置工作的指挥形式。在实际工作中，会议是一种经常使用而又行之有效的形式。会议指挥具有快速下达，接受面广，即时反馈等特点。

（1）会议类型。根据研究的内容不同，会议可以划分为多种类型：

①研究性会议。分析与研究解决组织所发生的各种类型的问题，如经理办公例会。这是最基本，也是最大量的会议类型。

②立法性会议。审议、决定或通过组织的重大事项的法定正规会议。如股东大会、职代会等。

③征询性会议。运用会议形式征求意见或交流思想。包括各种形式的座谈会、对话会、恳谈会等。

④汇报性会议。在会议上由相关方传播工作信息。包括各种形式的汇报会、通报会、总结会等。

⑤部署性会议。利用会议部署工作任务，传达上级或领导指示精神。包括工作部署会、传达会等。

⑥协调性会议。通过会议形式协调有关部门或环节的工作，指挥与调节生产经营过程。如生产调度会、现场办公会等。

（2）会议要领。会议指挥主要把握好以下要领：

①控制会议的议题与规模、次数。会议必须有明确而确属需要解决的议题，且解决这些议题已具备较成熟的条件（紧急情况下除外）。同时，要控制会议的次数与规模。会议的次数过多不但增加成本，而且会引起下级的厌烦心理，影响会议的效果及工作的效率。此外，还要严格控制参加会议的人员及会议时间。这些将直接涉及会议的成本与效率。

②必须做好充分的会前准备。主要包括：会议议题、会议程序、参加人员、相关材料与信息、时间、场所等方面的准备，其中最重要的是对议题本身的准备。如是研究问题的会议，职能部门和主管领导必须搜集到足够的相关信息，设计解决问题的几种备选方案，并提出倾向性意见；如是部署工作的会议，必须有明确、具体、操作性强的方案、要求与措施。此外，会前应发“安民告示”，使与会者对议题有准备也是很重要的。

③科学地掌握会议。会议主持者能否科学地掌握会议，对于提高会议的效率和效果具有非常关键的作用。主持会议过程中，要始终抓住会议议题，确保会议围绕中心进行，切不可“跑题”；主持者要有效地引导与控制与会者，需要讨论问题时，启发、激励与会者思维活跃，积极发言，畅所欲言，而需要集中时，又能引导和约束与会者及时统一认识，真心服从；主持者要掌握好会议进程，通常按照“导入—研讨—总结”的逻辑过程，顺利进行并按时结束。

④狠抓会议内容的落实与反馈。会议指挥，既要防止“议而不决”，但更要防止“决而不行”。会议过后，对于管理者来说，并不是完事大吉，而必须责成专人或亲自检查会议落实情况，及时搜集会议落实情况的反馈信息，以保证会议目标落到实处，并对相关事项进行必要的调整与完善。

7.2.3　强制程度不同的指挥形式

管理者的指挥行为，一般都带有一定程度的强制性。但指挥又不是单纯的强制行为，总是需要辅以一定程度的说服、教育与思想工作，两方面相互配合，不可偏废。

按强制程度不同，指挥形式主要可分为以下几种：

1. 命令与决定

运用好这类指挥形式，要注意以下几点：

（1）必须遵循客观规律，坚持从实际出发。

（2）要简明扼要，并有很强的可操作性。

（3）注意实施方式的艺术性和有效性

2. 建议与说服

建议与说服具有引导、说理性质，不带或只有微弱的强制性。运用这类方式时应注意以下几方面：

（1）要以平等的身份进行交流。

（2）管理者提出的见解、意见要有较高水平。

（3）加强信息反馈与控制。

3. 暗示与示范

这是一种完全不带强制性的指挥形式。暗示是指管理者通过各种语言、行为、政策及其他形式，对下级的行为进行某种隐含性的引导。示范则指管理者以自身的模范带头作用来影响、带动下级的行为。它具有隐含性、间接性和自觉自愿性等特点。运用好这类指挥形式，应注意以下几点：

（1）要有鲜明的目的性。

（2）选择预期行为的恰当方式。

（3）要有其他形式的有机配合。

4. 指示与规范

指示对某一管理问题做出的一次性指令或要求。规范用以解决某一类问题的原则、程序、办法。指示和规范其强制性弱于命令和决定，强于其他指挥形式，有其特定的使用范畴。

【知识巩固】

一、单选题

1. 领导的本质是（　　）。

A. 对他人的指挥能力　　B. 对他人的激励能力

C. 与下属的沟通能力　　D. 对他人的影响力

2. 领导的目的是（　　）。

A. 有效实现组织目标　　B. 使下属心甘情愿地追随

C. 与下属的沟通舒畅　　D. 对下属有影响力

3. 某管理人员说：“因为我是老板，你必须按我说的去做。”他运用的是（　　）权力。

A. 奖励权　　B. 法定权　　C. 专家权　　D. 感召权

4. 绝对的权力就意味着绝对的腐败是指权力的（　　）。

A. 权力的魅力　　B. 权力需要监督

C. 授权需要监督　　D. 权力具有激励作用

5. 管理者最经常使用的领导手段是（　　）。

A. 激励　　B. 指挥　　C. 沟通　　D. 执行力

二、多选题

1. 领导职能发挥作用的手段主要有（　　）。

A. 指挥　　B. 激励　　C. 沟通　　D. 协调

2. 领导权力来源有（　　）。

A. 组织授　　B. 领导者组织与行为

C. 管理者的顺从追随　　D. 天赋权力

3. 从领导者角度看权力主要来自（　　）。

A. 组织性权力　　B. 个人性权力

C. 管理者的顺从追随　　D. 天赋权力

4. 古代“代天巡抚”携带圣旨和“尚方宝剑”，代表皇上裁决地方事务，是（　　）授权方式。

A. 口头授权　　B. 书面授权

C. 长期授权　　D. 短期授权

5. 指挥的具体形式包括（　　）。

A. 协调　　B. 部署　　C. 命令　　D. 要求

6. 管理者的指挥形式，按所采用的载体不同，可划分为（　　）。

A. 口头指挥　　B. 书面指挥

C. 会议指挥　　D. 广告指挥

三、判断题

1. 一个人可能是个领导者，但并非是一个管理者 。（　　）

2. “你是个好领导”与“这是管理学的领导职能”，中的领导内涵是相同的。（　　）

3. 甲对乙的依赖度越高，乙对甲权力越大。（　　）

4. 中层管理者对下属领导不力时，高层可以直接越过中层对基层人员直接指挥。（　　）

5. 授权给下属，下属就要对该项权力后果负最终责任。（　　）

四、简答题

1. 一位经理这样说：“走得正，行得端，领导才有威信，说话才有影响，群众才能信服，才能对我行使权力颁发通行证。”这位经理在这里强调了领导的力量来源于什么？

2. 某公司经理被批评“管理得太多，而领导得太少”。该经理在工作中可能存在什么问题？

3. 晚上11点多，男生宿舍楼的卫生间水管突然爆裂。此时楼门和校门都已经关闭（水闸门手轮生锈锈住）。同学们都在睡梦之中，只有临近几个宿舍的学生被惊醒。水不断从卫生间顺着走廊涌出，情况非常紧急。假如你身在其中，如何利用你的指挥能力化险为夷？

4. 何为领导？领导在管理中的作用具体表现在哪些方面？

5. 简述领导理论流派，谈一谈对管理者有何启示作用。

【案例研讨】

<table>
<tr><td>模　　块</td><td colspan="2">模块 4　领导职能</td><td>姓　　名</td><td></td></tr>
<tr><td>单　　元</td><td colspan="2">单元 7　领导与指挥</td><td>讨 论 组</td><td></td></tr>
<tr><td>案例内容</td><td colspan="4">欧阳健的管理危机
蓝天技术开发公司由于在一开始就瞄准国际市场，在国内率先开发出高技术含量的产品，其业务得到了超常规的增长，公司的发展速度十分惊人。然而，在竞争对手如林的今天，该公司和许多高科技公司一样，也面临着来自国内外大公司的激烈竞争。当公司经济上出现了困境时，公司董事会聘请了一位新的常务经理欧阳健负责公司的全面工作，原先的那个自由派风格的董事长仍然留任。欧阳健来自一家办事古板的老牌企业，他照章办事，与蓝天技术开发公司的风格相去甚远。公司管理人员彼此心照不宣。看来，一场潜在的“危机”迟早会爆发。
第一次“危机”发生在欧阳健首次召开的高层管理会议上。会议定于上午 9 点开始，可有一个人姗姗来迟，直到 9 点半才进来。欧阳健厉声道：“我再重申一次，本公司所有的日常例会要准时开始，谁做不到，我就请他走人。从现在开始一切事情由我负责。你们应该忘掉老一套，从今以后，就是我和你们一起干了。”到下午 4 点，竟然有两名高层主管提出辞职。
然而，此后公司发生了一系列重大变化。由于公司各部门没有明确的工作职责、目标和工作程序，欧阳健首先制定了几项指令性规定，使已有的工作有章可循。他还三番五次地告诫公司副经理徐钢，公司一切重大事务向下传达之前必须先由他审批，他抱怨下面的研究、设计、生产和销售等部门之间互相扯皮、踢皮球，导致公司一直没能形成统一的战略。
欧阳健在详细审查了公司人员的工资制度后，决定将全体高层主管的工资削减 10%，这引发了公司一些高层主管向他辞职。研究部主任这样认为：“我不喜欢这里的一切，但我不想马上走，因为这里的工作对我来说太有挑战性了。”生产部经理也是个不满欧阳健做法的人，可他的一番话颇令人惊讶：“我不能说我很喜欢欧阳健，不过至少他给我那个部门设立的目标我能够达到。当我们圆满完成任务时，欧阳健是第一个感谢我们干得棒的人。”
采购部经理牢骚满腹地说：“欧阳健要我把原料成本削减 20%，他说假如我能做到的话就给我丰厚的奖励，如果我做不到就自行走人。但干这个活简直就不可能，欧阳健这种‘胡萝卜加大棒’的做法是没有市场的。从现在起，我另谋出路。”
但欧阳健对被人称为“爱哭的孩子”的销售部胡经理的态度则让人刮目相看。以前，销售部胡经理每天都到欧阳健的办公室去抱怨和指责其他部门。欧阳健对付他很有一套，让他在门外静等半小时，见了他对其抱怨也充耳不闻，而是一针见血地谈公司在销售上存在的问题。过不了多久，大家惊奇地发现胡经理开始更多地跑基层而不是跑欧阳健的办公室了。
随着时间的流逝，公司在欧阳健的领导下恢复了元气。欧阳健也渐渐地放松控制，开始放手让设计和研究部门去做事。然而，对生产和采购部门，他仍然勒紧缰绳。公司内再也听不到关于欧阳健去留的流言蜚语了。大家这样评价他：欧阳健不是那种对这里情况很了解的人，但他对各项业务的决策无懈可击，而且确实使我们走出了低谷，公司也开始走向辉煌。</td></tr>
<tr><td rowspan="2">案例分析</td><td>分析问题 1</td><td colspan="3">欧阳健进入蓝天技术开发公司时采取了何种领导方式？这种领导方式与留任的董事长的领导方式有何不同？他对研究部门和生产部门各采取了何种领导方式？当公司各方面的工作走上正轨后，为适应新的形势，欧阳健的领导方式做出了哪些改变？</td></tr>
<tr><td colspan="4">个人分析：</td></tr>
</table>

<table>
<tr><td rowspan="2">案例分析</td><td>分析问题 2</td><td>有人认为，对下属人员采取敬而远之的态度对一个经理来说是最好的行为方式，所谓的“亲密无间”会松懈纪律。你如何看待这种观点？你认为欧阳健属于这种类型的领导吗？</td></tr>
<tr><td colspan="2">个人分析：</td></tr>
<tr><td>小组讨论结论</td><td colspan="2"></td></tr>
<tr><td rowspan="2">教师评价</td><td>星级</td><td>☆☆☆☆☆</td></tr>
<tr><td colspan="2">评语：</td></tr>
</table>

【游戏体验】1

<table>
<tr><td>模块</td><td colspan="4">模块 4　领导职能</td></tr>
<tr><td>单元</td><td colspan="4">单元 7　领导与指挥</td></tr>
<tr><td>游戏名称</td><td colspan="4">他的授权方式</td></tr>
<tr><td rowspan="7">游戏玩法</td><td>序　号</td><td>内　容</td><td colspan="2">说　明</td></tr>
<tr><td>1</td><td>活动目的</td><td colspan="2">让学生体会及学习，作为一位主管在分派任务（权力运用）时通常犯的错误以及改善的方法。</td></tr>
<tr><td>2</td><td>游戏形式</td><td colspan="2">8 人一组</td></tr>
<tr><td>3</td><td>时间要求</td><td colspan="2">15 ~ 20 min</td></tr>
<tr><td>4</td><td>材料准备</td><td colspan="2">眼罩 4 个，20 m 长的绳子一条</td></tr>
<tr><td>5</td><td>操作程序</td><td colspan="2">（1）教师选出一位总经理、一位总经理秘书、一位部门经理，一位部门经理秘书，四位操作人员。
（2）教师把总经理及总经理秘书带到一个看不见的角落而后给他说明游戏规则：
①总经理要让秘书给部门经理传达一项任务，该任务就是由操作人员在戴着眼罩的情况下，把一条 20 m 长的绳子做成一个正方形，绳子要用尽。
②全过程不得直接指挥，一定是通过秘书将指令传给部门经理，由部门经理指挥操作人员完成任务。
③部门经理有不明白的地方也可以通过自己的秘书请示总经理。
④部门经理在指挥的过程中要与操作人员保持 5 m 以上的距离。</td></tr>
<tr><td>6</td><td>有关讨论</td><td colspan="2">（1）作为操作人员，你会怎样评价你的这位主管经理？如果是你，你会怎样分派任务？
（2）作为部门经理，你对总经理的看法如何？对操作人员在执行过程中看法如何？
（3）作为总经理，你对这项任务的感觉如何？你认为哪方面是可以改善的。</td></tr>
<tr><td rowspan="3">游戏计划安排</td><td colspan="4"></td></tr>
<tr><td>班　级</td><td></td><td>组长签字</td><td></td></tr>
<tr><td>教师签字</td><td></td><td>日　期</td><td></td></tr>
<tr><td>游戏问题讨论与心得体会</td><td colspan="4">心得：</td></tr>
</table>

【游戏体验】2

<table>
<tr><td>模块</td><td colspan="4">模块 4　领导职能</td></tr>
<tr><td>单元</td><td colspan="4">单元 7　领导与指挥</td></tr>
<tr><td>游戏名称</td><td colspan="4">穿网球鞋的外星人</td></tr>
<tr><td rowspan="8">游戏玩法</td><td>序　号</td><td>内　容</td><td colspan="2">说　明</td></tr>
<tr><td>1</td><td>活动目的</td><td colspan="2">教会学生清晰地发出指挥的命令</td></tr>
<tr><td>2</td><td>游戏形式</td><td colspan="2">7 ~ 8 人一组</td></tr>
<tr><td>3</td><td>时间要求</td><td colspan="2">15 ~ 20 min</td></tr>
<tr><td>4</td><td>材料准备</td><td colspan="2">一双短袜，一双网球鞋，其中一只网球鞋没系上鞋带，向学生分发的材料（每人一份）</td></tr>
<tr><td>5</td><td>操作程序</td><td colspan="2">（1）教师自己扮演外星人，走进教室，一只脚穿着袜子和系了鞋带的鞋，另一只脚则光着。将材料分发给大家，然后坐下，将短袜、鞋带和网球鞋放在你面前，等大家给你指导。
（2）教师的任务是帮助学生认识到，他们做出的指令必须意思清晰。不要说话，完全按照他们的指令去做。如果一个学生说“将短袜放在脚上”，你就捡起短袜放在脚上。如果学生说“捡起鞋带”，就从中间捡起鞋带，而不是从两头。如果学生说：“将鞋带穿进鞋上的孔”，就将鞋带的头部穿进任何一个空，而不一定是第一个——或者是将鞋带整个塞进孔里。
（3）如果几个学生同时对你进行指导，或某个学生变得过于情绪化，失落或骂人，你可以停下来，装傻。如果学生有对你说了或做了你愿意继续游戏的事，你可以继续配合他们进行游戏。
（4）限时 10 min，停止活动，提出问题。如果时间允许，继续这个游戏，学生在进行第二轮指导时就应该好多了。</td></tr>
<tr><td>6</td><td>有关讨论</td><td colspan="2">（1）你从指导他人中学会了什么？
（2）在这个游戏中，你会看到外星人有时听从你的指挥，有时又不听从你的指挥。那么你怎么让客户理解你的指挥并加以实施呢？</td></tr>
<tr><td>7</td><td>游戏背景</td><td colspan="2">穿网球鞋的外星人
刚刚发这份材料给你的“人”是到达地球的外星人，这个外星人双脚穿鞋和袜子，然而出于好奇，这个外星人脱下了一只鞋和袜子，现在他不知道怎么穿回去了。
作为一个热心的地球人你来教他穿好鞋带，然后将袜子和穿上鞋带的鞋穿回脚上。你的任务是进行清晰的指导（抵达地球之前，外星人接受过汉语速成班，但是根本不会说）外星人没有能力模仿你，所以你穿自己的鞋和袜子，对他们没有任何的帮助，还有在进化的过程中，外星人形成了只能一次听一个人说话的特点，请和其他参与者相互配合，轮流进行指导。
对了，再提醒一点：不要碰这个外星人，如果你碰了他，没有人会确定将会发生什么？上次碰了这个外星人的人当时就被蒸发掉了。</td></tr>
<tr><td rowspan="3">游戏计划安排</td><td colspan="4"></td></tr>
<tr><td>班　级</td><td></td><td>组长签字</td><td></td></tr>
<tr><td>教师签字</td><td></td><td>日　期</td><td></td></tr>
<tr><td>游戏问题讨论与心得体会</td><td colspan="4">心得：</td></tr>
</table>

【技能实训】

<table>
<tr><td>模块</td><td colspan="3">模块 4　领导职能</td></tr>
<tr><td>单元</td><td colspan="3">单元 7　领导与指挥</td></tr>
<tr><td>技能</td><td colspan="3">指挥技能</td></tr>
<tr><td rowspan="4">实训安排</td><td>序　号</td><td>项　目</td><td>说　明</td></tr>
<tr><td>1</td><td>实训目的</td><td>（1）强化学生对领导者以及领导理论的认识。
（2）提高学生分析领导者在领导中体现出的特质能力。
（3）让学生养成良好的领导者特质。</td></tr>
<tr><td>2</td><td>实训内容</td><td>凭直觉挑选出三位你认为是优秀成功的领导者（如朋友、亲属、政府官员和知名公众人物等），分析与探讨你觉得这些人是优秀成功领导者的原因。</td></tr>
<tr><td>3</td><td>实训要求</td><td>（1）对挑选出的三位杰出领导者，分别列举出你认为他们优秀的原因。
（2）将三个人的列表进行比较，如果有的话，哪些特质是三个人共同具备的？
（3）教师将引导学生针对相应列表展开关于领导特质的讨论。
（4）学生讲出自己的看法，老师将其记录于黑板上，引导学生思考要想成为一名杰出的领导者，该如何培养一些良好的特质。</td></tr>
<tr><td rowspan="6">实训过程记录</td><td>领导者</td><td colspan="2">优秀特质</td></tr>
<tr><td>1</td><td colspan="2"></td></tr>
<tr><td>2</td><td colspan="2"></td></tr>
<tr><td>3</td><td colspan="2"></td></tr>
<tr><td colspan="3">杰出领导者的共性：</td></tr>
<tr><td colspan="3">演讲与讨论：</td></tr>
<tr><td rowspan="3">实训评价</td><td>班　级</td><td></td><td>姓　名</td></tr>
<tr><td>教师评价</td><td></td><td>自我评价</td></tr>
<tr><td colspan="3">我的实训成果：</td></tr>
</table>

【学习评价】

<table>
<tr><td>模　　块</td><td colspan="6">模块 4　领导职能</td></tr>
<tr><td>单　　元</td><td colspan="3">单元 7　领导与指挥</td><td colspan="2">学　　时</td><td></td></tr>
<tr><td>我的收获</td><td>序　号</td><td colspan="4">内　容</td><td>自评星级</td></tr>
<tr><td rowspan="4">知识获取</td><td>1</td><td colspan="4"></td><td></td></tr>
<tr><td>2</td><td colspan="4"></td><td></td></tr>
<tr><td>3</td><td colspan="4"></td><td></td></tr>
<tr><td>4</td><td colspan="4"></td><td></td></tr>
<tr><td rowspan="3">能力培养</td><td>1</td><td colspan="4"></td><td></td></tr>
<tr><td>2</td><td colspan="4"></td><td></td></tr>
<tr><td>3</td><td colspan="4"></td><td></td></tr>
<tr><td rowspan="2">素质提升</td><td>1</td><td colspan="4"></td><td></td></tr>
<tr><td>2</td><td colspan="4"></td><td></td></tr>
<tr><td>问题反馈</td><td colspan="6"></td></tr>
<tr><td rowspan="2">教师评价</td><td>班　　级</td><td></td><td>姓　　名</td><td></td><td>总　　分</td><td></td></tr>
<tr><td colspan="6">评语：</td></tr>
</table>

【东方管理思想】

以天下之目视则无不见也，
以天下之耳听则无不闻也，
以天下之心虑则无不知也。
——《管子·九守》

单元8 沟通与协调

【学习目标】

知识目标

1. 了解沟通的概念、作用和类型；
2. 掌握沟通的障碍和有效沟通技巧；
3. 了解协调的含义、原则和类型；
4. 掌握协调的方法和艺术。

能力目标

1. 能够有效地排除沟通障碍进行有效的沟通；
2. 能够利用有效的协调方法进行工作协调。

素质目标

1. 培养学生和谐共处和良好的人际沟通能力；
2. 引导学生树立科学社会主义价值观。

【情景导入】

教授的长裤子

有一位教授在精心准备一个演讲。这次演讲是在一个会议上，会议的规格之高、规模之大，都是他平生第一次遇到。那么盛大、重要的场面，一家人都满怀兴奋、激动的心情，为此，老婆专门为他选购了一身西装。

晚饭时，老婆询问教授西装是不是合身。教授说，上身很不错，裤腿却长了那么两厘米，但是能穿，影响倒也不大。为了第二天能够精神饱满地进行演讲，晚上教授早早地就睡下了。老妈却睡不着了，琢磨者，儿子头一回在这么隆重的会议上演讲，西裤长了怎么能行，被别人注意到多丢人。反正年纪大了，有些失眠，老妈就翻身下床，把西装的裤腿剪掉两厘米，缝好烫平，这才安心地躺下了。

早上五点半，老婆睡醒了，教授要演讲也算家中一件大事，所以醒得也比往常早些。她想到老公西裤的事儿，琢磨着，反正时间还来得及，不如把裤子改得合身一些，便拿来西裤又剪掉两厘米，缝好烫平，惬意地去做早餐了。一会儿，女儿也早早起床了，看妈妈的早餐还没有做好，就想起爸爸西裤的事情，寻思自己应该体谅妈妈，为爸爸做点事情，便拿来西裤再剪短两厘米，缝好烫平……嗨，这个裤子足足短了四厘米，还能穿吗？

为什么故事中的主人公们，付出了三倍的劳动，得到的结果却是这么的令人不满？如果你是教授应该怎么避免这种情况发生？如果你是教授的家人应该如何避免这种情况发生？

【理论学习】

在现代管理中，沟通与人际关系协调处于极为重要的地位。企业及一切社会组织如果没有良好的沟通，就没有整体的和谐、战斗力与绩效；管理者如果没有很强的沟通与协调关系能力，就是一个无能与不称职的管理者。沟通是现代管理的制胜法宝。

管理就是协调关系、解决矛盾的过程。在实际管理中，各个管理要素之间、各个管理环节之间，总会发生这样或那样的不协调或矛盾，管理者只有成功地解决这些矛盾，实现要素、环境之间的协调，才能保证管理系统的有效运行。特别是有一些难题，需要经过复杂、艰难的交涉或说服才能解决。这就要求管理者必须具备很强的协调工作与关系，交涉、解决复杂及困难问题的能力。

8.1 沟　通

8.1.1 沟通的概念及作用

1. 沟通的概念

沟通是借助一定手段把可理解的信息、思想和情感在两个或两个以上的个人或群体中传递或交换的过程，目的是通过相互间的理解与认同来使个人和 / 或群体间的认知以及行为相互适应。

它包括两层含义：

首先是意义的传递。如果信息和想法没被传递到，这就意味着沟通没发生。就像一个哲学问题"树林中有一棵树倒了，却无人听到，它是否发出了声响？"如果从沟通的角度出发，其答案是否定的。

其次，沟通还需要被理解。如我们在交流时，使用的不是同一种语言，而我们又不懂彼此的语言，那么，不经翻译，我们将无法进行沟通。因为沟通不仅仅是传递，它还需要相互理解。完美的沟通如果存在的话，应是经过传递后被接收者感知到的信息与发送者完全一致。正是在这个意义上，德鲁克说："沟通是接收者的行为。"

在很大程度上，组织的整个管理工作都和沟通有关。组织内部，有员工之间的交流、员工与工作团队之间的交流、工作团队之间的交流；组织外部，有组织与客户之间的交流、组织之间的交流。

2. 沟通的作用

1）从个体的角度看

沟通是人与人之间发生相互联系的最主要形式，是人们工作、学习、生活中不可或缺的一部分。事实上，我们大多数人每天都以不同的形式进行着沟通。沟通是满足人们彼此交流需要，实现目标，达成更多共识和合作，实现自我的重要工具之一。不论我们所做的沟通是否有效，沟通构成了每个人日常生活的组成部分。

2）从组织管理的角度看

沟通的作用体现在以下几个方面：

（1）有效沟通可以提高企业效率、节约时间成本，对增加企业效益，扭转无效沟通造成的人力、物力浪费至关重要，同时又能增加本企业成员对企业的信任感、归属感和认同感。

（2）有效沟通使成员被倾听，成员的需要被回应，成员的智慧得到运用，从而使成员对企业产生持久的责任感和对工作保持长久的热情。从马斯洛需求层次理论来说，有效沟通不仅满足成员的生存需要还满足他们被尊重和自我价值实现的需要。

（3）有效沟通能消除各部门之间的误会，利于公司团结氛围的构建，促进各部门之间相互配合的默契度提升。

（4）一旦企业形成有效沟通的人文氛围，还会使得合作方在与企业的合作中如沐春风，进而增加对该企业的信任感，增强与该企业的合作愿望。

8.1.2 沟通的过程

从表面上看，沟通就是传递信息的过程。但是实际上，管理学意义上的沟通是一个复杂的过程，这种复杂过程可以通过图 8-1 反映出来。

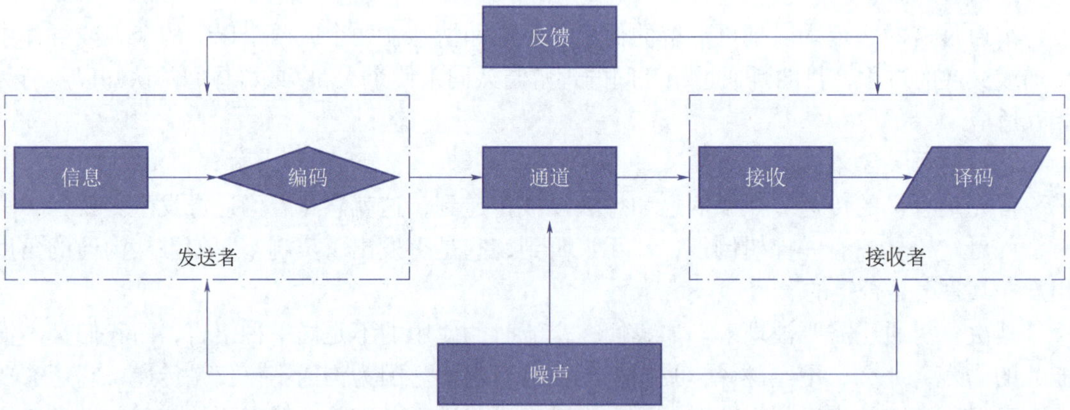

图8-1 沟通过程简图

在这个过程中至少存在着一个发送者和一个接收者，即信息发送方和信息接收方。其中沟通的载体成为沟通渠道，编码和译码分别是沟通双方对信息进行的信号加工形式。信息在两者之间的传递是通过下述几个方面进行的：

（1）发送者需要向接收者传送信息或者需要接收者提供信息。这里所说的信息范围很广，诸如想法、观点、资料等。

（2）转化成接收者能够理解的一系列符号。为了有效地进行沟通，这些符号必须能够符合适当的媒体。例如，如果媒体是书面报告，符号的形式应选择文字、图表或者照片。

（3）将上述符号传递给接收者。由于选择的符号种类不同，传递的方式也不同。传递的方式可以是书面的，也可以是口头的，甚至还可以通过形体动作来表示。

（4）接收者接收到这些符号。接收者根据这些符号传递的方式，选择相对应的接收方式。

（5）接收者将这些符号译为具有特定含义的信息。由于发送者翻译和传递能力的差异，以及接收者接收和翻译水平的不同，信息的内容和含义经常被曲解。

（6）接收者理解信息的内容。

（7）发送者通过反馈来了解他想传递的信息是否被对方准确无误地接收。图中的反馈构成了信息的双向沟通。

【互动课堂】

秀才买柴

话说大唐末年，正值兵荒马乱之时，物资奇缺。隆冬时节，有一秀才去买柴。

他对卖柴的人说："荷薪者过来！"卖柴的人虽然听不懂"荷薪者"（担柴的人）三个字，但是听得懂"过来"两个字，于是把柴担到秀才前面。

秀才开口便问："其价如何？"卖柴的人听不太懂这句话，但是听得懂"价"这个字，于是就告诉秀才价钱。秀才接着说："外实而内虚，烟多而焰少，请损之。"

（你的木柴外表是干的，里头却是湿的，燃烧起来，会浓烟多而火焰小，请减些价钱吧。）

卖柴的人愣了半天，还是听不懂秀才的话，于是担着柴就走了。

寒风中等柴烧的秀才也是好不郁闷啊。

互动问题：1. 为什么卖柴人听不懂秀才的话？2. 听不懂秀才的话是卖柴人一人的问题吗？3. 生活中是否存在类似的沟通问题？

8.1.3 沟通的类型

沟通方式多种多样，但是按照不同分类标准可以把沟通分为不同类别。

1. 按沟通的组织结构特征分类

1）正式沟通

正式沟通是指按照组织明文规定的渠道进行信息的传递和交流。例如，组织内部的文件传达，上下级之间例行的汇报、总结，工作任务分配以及组织之间的信函往来等都属手正式沟通。正式沟通具有组织的严肃性、程序性、稳定性，可靠性及信息不易失真的特点，它是组织内沟通的主要方式。

2）非正式沟通

非正式沟通是指正式沟通渠道以外自由进行的信息传递和交流，它是正式沟通的补充，通过它可以掌握群体成员的心理状况，并在一定程度上为组织决策提供依据。如组织成员私下交流看法、朋友聚会、传播小道消息等。但由于在非正式沟通中信息失真比较大，所以，作为管理人员，既不能完全依赖它获得必要的信息，又不能完全忽视它。

2. 按信息流动方向分类

1）下行沟通

下行沟通是指信息从较高的组织层次流向较低的组织层次。包括命令、指示、谈话、会议、电话、邮件等。下行沟通是组织中最重要的沟通方式。

2）上行沟通

上行沟通是指信息从较低的组织层次流向较高的组织层次。包括下属正式或口头的报告、请示、汇报、建议等。这种沟通方式提倡员工参与和民主领导。

3）平行沟通

平行沟通又称横向沟通，是指同一组织层次的人和部门之间的沟通。多用于各部门的协调合作工作。做好平行沟通，有利于及时协调各部门之间的工作步调，减少矛盾。这在规模较大、层次较多的组织中尤为重要。

4）斜向沟通

斜向沟通是一种特殊形式的沟通，包括群体内部非同一组织层次上的单位或个人之间的信息沟通和不同群体的非同一组织层次之间的沟通。例如营销经理与仓储主管之间的沟通。

3. 按照是否反馈分类

1）单向沟通

单向沟通是指信息仅从发送者流向接收者，在这种沟通中，不存在信息反馈。其优点是沟通比较有秩序、速度较快、缺点是接收者不能进行信息反馈、容易降低沟通效果。

2）双向沟通

双向沟通是指发送者和接收者两者之间的位置不断交换，且发送者是以协商和讨论的姿态面对接收者，信息发出以后还需及时听取反馈意见，必要时双方可进行多次重复商谈，直到双方共同明确和满意为止，如交谈、协商等。双向沟通的准确率较高，有更高的自我效能感，但一般比较费时，人际压力较大，容易受到干扰。

4. 按照功能划分

沟通可以分为工具式沟通和感情式沟通。工具式沟通指发送者将信息、知识、想法、要求传达给接收者，目的是影响和改变接收者的行为。感情式沟通指沟通双方表达情感，获得对方精神上的同情和谅解，最终改善相互之间的人际关系。

5. 按信息沟通时所凭借的媒介

1）口头沟通

口头沟通是指以口头语言为媒介的沟通，如演讲、口头汇报、座谈会、电话交流等，口头沟通是人际关系中最常用的一种形式，人们借助口头语言的表达方式彼此传递着不同的信息、情感和思想。口头沟通的优点是信息发送和反馈快捷、及时；其缺点是信息传递经过的中间环节越多，信息被曲解的可能性就越大。

2）书面沟通

书面沟通与口头沟通都属于语言沟通的过程，但书面沟通更加规范、正式和完整。书面沟通是以书面文字为媒介的沟通，如报告、通知、文件、布告、备忘录等。在组织和群体正式的、比较规范的沟通中通常用书面沟通。书面沟通的优点是沟通的内容具体化、直观化，沟通信息能够被永久保存，便于查询；其缺点是花费大量时间，缺乏及时的反馈，而且不能保证接收者完全正确地理解信息。

3）非语言沟通

非语言沟通是通过动作、表情、语调、手势等语音以外的形式进行信息沟通，常见的非语言沟通主要有手势、面部表情、目光控制、肢体动作、语气、身体距离、沉默等。

绝大多数的非语言是习惯性和无意识的，很大程度上是无结构的，并且是模仿学到的。非语言沟通的优点在于信息意义十分明确、内涵丰富、含义隐含灵活；缺点是传递距离受限、界限较模糊、只可意会等。

事实上，非语言沟通越来越被重视，因为在语言沟通的同时，伴随一些非语言沟通效果会更佳。除特殊环境、特殊原因，一般语言沟通都伴随非语言沟通，而非语言沟通很少伴随语言沟通，非语言沟通能起到语言沟通无法达到的效果。

此外按照媒介还可以把沟通分为传统沟通和现代沟通，传统沟通指使用传统的沟通媒介如通知、文件、会议等。现代沟通指使用现代信息网络沟通工具，如微信、QQ、钉钉、腾讯会议、抖音、快手等。

6. 按照沟通信息的纵横流动分

按照沟通信息的纵横流动分链式沟通、轮式沟通、Y 式沟通、环式沟通、全通道式沟通，如图 8-2 所示。

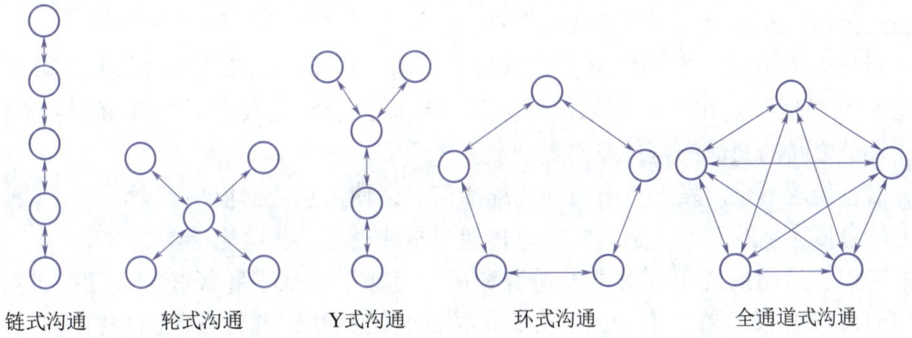

图8-2　五种沟通网络

1）链式沟通

这是一个线性的网络，其中，居于两端的人只能与内侧的一个成员联系，居中的人则可分别与两人沟通信息。在一个组织系统中，它相当于一个纵向沟通网络，代表一个五级层次，逐渐传递，信息可自上而下或自下而上进行传递。在这个网络中，信息经层层传递、筛选，容易失真，各个信息传递者所接收的信息差异很大，平均满意程度有较大差距。

2）轮式沟通

轮式沟通属于控制型网络，其中只有一个成员是各种信息的汇集点与传递中心。在组织中，大体相当于一个主管领导直接管理几个部门的权威控制系统。此网络集中化程度高，解决问题的速度快，组织成员的满意程度较低。

3）Y 式沟通

这是一个纵向沟通网络，其中只有一个成员位于沟通的中心，成为沟通的媒介。在组织中，这一网络大体相当于组织的高层领导者通过秘书班子再到下级主管人员的这种纵向关系。这种网络集中化程度较高，除中心人员外，组织成员的平均满意程度较低。

4）环式沟通

此种形态可以看成是链式形态的一个封闭式结构，表示五个人之间依次联络和沟通。其中，每个人都可同时与两侧的人沟通信息。在这个网络中，组织的集中化程度较低，组织中成员具有比较一致的满意度。

5）全通道式沟通

这是一个开放式的网络系统，每个成员之间都有一定的联系。此种网络中的集中化程度较低。由于沟通渠道多，组织成员的平均满意程度高且差异小，因此士气高昂，合作气氛浓厚。但是，由于这种网络渠道太多，易造成混乱，且又费时，影响工作效率。

8.1.4 有效沟通的障碍

在人们沟通信息的过程中，常常会受到各种因素的影响和干扰，使沟通受到阻碍。沟通障碍主要来自三个方面：发送者的障碍、接收者的障碍、信息传播通道的障碍。

1. 发送者的障碍

在沟通过程中，信息发送者的情绪、倾向、个人感受、表达能力、判断力等都会影响信息的完整传递。发送者的障碍主要表现在：

（1）表达能力不佳。发送信息方如果口齿不清，词不达意或者字体模糊，就难以把信息完整地、准确地表达出来；如果使用方言、土语，会使接收者无法理解。在不同地域、不同民族人员之间的交流中这种障碍更明显。

（2）信息传送不全。发送者有时人为缩减信息，使信息变得模糊不全。

（3）信息传递不及时或不适时。信息传递过早或过晚，都会影响沟通效果。

（4）知识、经验的局限。信息发送者和接收者如果在知识和经验方面相差悬殊，发送者认为沟通的内容很简单，不考虑对方，仅按照自己的知识和经验范围进行编码，就会使接收者难以理解，从而影响沟通效果。

（5）对信息的过滤。过滤是指故意操纵信息，使信息显得对接收者更有利。如某管理人员向上级传递的信息都是对方想听到的东西，这位管理人员就是在过滤信息。过滤的程度与组织结构层次和组织文化有关。组织纵向管理层次越多，过滤的机会也就越多。组织文化则通过奖励系统鼓励或抑制这类过滤行为。如果奖励只注重形式和外表，管理人员便会有意识地按照上级的习惯、品位调整和改变信息的内容，现实生活中“报喜不报忧”就是典型的信息过滤行为。

2. 接收者的障碍

从信息接收者的角度看，影响信息沟通的因素主要有六个方面：

（1）信息译码不准确。接收者如果对发送者的编码不熟悉，就有可能误解信息，甚至得到相反的理解。

（2）对信息的筛选。受主观性的影响，接收者在接收信息时，会根据自己的知识、经验去理解，按照自己的需要对信息进行选择，从而可能会使许多信息内容丢失，造成信息的不完整甚至失真。

（3）对信息的承受力。每个人在单位时间接收和处理信息的能力不同，对于承受能力较低的人来讲，如果信息过量，难以全部接收，就会造成信息的丢失而产生误解。

（4）心理上的障碍。接收者对发送者不信任，敌视或冷淡、厌烦，或者心理紧张、恐惧，都会歪曲或拒绝接收信息。

（5）过早地评价。在尚未完整地接收一项信息之前就对信息做出评价，将有碍于对信息所包含的意义的接收。价值判断就是对一项信息所给予的总的价值的估计，它是以信息的来源、可靠性或预期的意义为基础的。过于匆忙地做出评价，就会使接收者只能听到他所希望听到的那部分内容。

（6）情绪。接收者的感觉会影响到他对信息的理解。不同的情绪感受会使个体对同一信息的解释截然不同。狂喜或悲伤等极端情绪体验都可能阻碍信息沟通，因为这种情况下人们会出现意识狭隘的现象而不能进行客观的、理性的思维活动，而代之以情绪性的判断。因此，应尽量避免在情绪很激动的时候进行沟通。

3. 信息传播通道的障碍

信息传播通道的障碍也会影响到沟通的效果。信息传播通道的障碍主要有以下几个方面：

（1）选择沟通媒介不当。比如对于重要事情而言，口头传达效果较差，因为接收者会认为“口说无凭”“随便说说”而不加重视。

（2）几种媒介相互冲突。当信息用几种形式传送时，如果相互之间不协调，会使接收者难以理解传递的信息内容。如领导表扬下属时面部表情很严肃甚至皱着眉头，就会让下属感到迷惑。

（3）沟通渠道过长。组织机构庞大，内部层次多，从最高层传递信息到最低层，从低层汇总情况到最高层，中间环节太多，容易使信息损失较多。

（4）外部干扰。信息沟通过程中经常会受到自然界各种物理噪声、机器故障的影响或被其他事物干扰，也会因双方距离太远而沟通不便，影响沟通效果。

4. 沟通障碍在日常管理中的表现

在企业日常的管理中，经常发生一些信息沟通上的障碍，这些障碍的产生都源于上述因素的影响，具体表现如下：

（1）距离。上级与下级之间的物理距离减少了他们面对面的沟通。我们知道较少的面对面的沟通可能会导致误解或不能理解所传递的信息。物理距离还使得上级与下级之间的误解不易澄清。

（2）曲解。当一个人分不清实际材料和自己的观点、感受、情绪的界限时，就容易发生曲解。很多时候，我们不仅在工作层面上进行交流，也在情感层面上进行沟通，但有时上级和下级都倾向于根据自己的观点、价值观念、意见和背景来解释信息，而不是对它给出客观的解释。

（3）语义。这涉及沟通语言、文字，图像、身体语言等，因为几乎所有的信息沟通都利用符号来表达一定的含义。而符号通常有多种含义，人们必须从中选择一种。有时选错了，就会出现语义障碍。比如词语这一符号，会从词的多重含义、专业术语、词语的下意识联想等方面引起沟通障碍。

（4）缺乏信任。这种障碍与上下级相处的经历有关。在以往经历的基础上，如果下级觉得把坏消息报告给上级于己无益，他就会隐瞒这些消息，但如果他觉得上级能体谅并且给予帮助，他就不会把坏消息或不利信息过滤掉。

（5）不可接近性。在一些企业中，会有这样的管理人员，他们经常外出，或者把自己置身于烦琐的小事中，下级没有机会与他们进行商谈、讨论或得到他们的指导。这种难以接近上级的情形会导致沟通失败。它会挫伤下级从上级那里寻求适当指导的积极性。不可接近并不一定非得是实体上的，也可以是心理上的。由于上级常采取严厉的态度，下级要弄懂他的观点，也许并不容易。

（6）职责不明确。当一个下级的职责不明确时，他们就会找替罪羊或者捏造理由。例如，我们常常听人说“我以为这是你要我做的”或者“我以为该由 × × 来做”。职责不明会导致职务和作用的含糊，这恰恰意味着下级对其所处的职位以及所履行的职责感到模糊。

（7）个性不相容。上下级的个性不相容，常常发生冲突，并因此而产生沟通障碍。

（8）拒绝倾听。一些管理人员，或是自高自大，或是漫不经心，拒绝倾听上级或下级的意见。这种态度阻碍了有效的沟通。拒绝倾听有两种类型：源于“我知道所有事情”的优越情绪，或者源于“我一无是处”的自卑情结。

（9）没有利用恰当的媒介。在组织环境下进行沟通，可以利用好几种媒介。沟通的有效性依赖于管理人员如何根据自己的情况选择恰当的媒介。有些管理者以给下级发送充满行话的便条为自豪，却不顾下级是否有能力阅读和理解。

（10）沟通缺口。这指的是沟通的正式网络中所存在的缺陷与漏洞。在一些规模较大、体系较复杂的组织中，这种障碍是一种普遍现象。正式沟通网络是沿着组织的权责路线而建立的。随着组织的成长壮大，这些网络便倾向于变得大而复杂，同时又没有很多的计划工作。在这种情况下，沟通网络便开始出现了缺陷，过分依赖于正式沟通而不利用其他来源和方法，导致沟通系统产生缺口。

【互动课堂】

如何解决李萍的问题

李萍是一个有着两个孩子的单身妈妈，被一个物流运输公司雇用，做订单录入员。头两周，她被送去参加一个特殊的培训课程，每天早上 8 点到下午 4 点，在那里她学习怎样对订单进行分类、编码和输入计算机。最初有老师给她大量的指导，逐渐地她越来越熟练，越来越自信，指导就逐渐减少。李萍为拥有这个新工作而高兴，也喜欢这个时间安排。培训结束以后，公司通知她下周一去订单录入部门报到。

在她最初被招聘时，也许是李萍没有阅读和理解通知书上关于她工作的时间安排，也可能是招工的人忘了告诉她，她是被招来填补从早上4点到中午这一特殊工作时段的。不管什么原因，李萍第一天上班时没有按早班时间报到。当她8点来上班时，她的主管批评她没有责任感。李萍则反驳说，她不可能上早班，因为她要照顾孩子，她威胁说如果不能上晚班就辞职。由于公司业务紧张，劳动力市场上也很难找到合适的人选，主管很需要李萍做这份工作，但是早上8点到下午4点的班已经排满了。

互动问题：案例中涉及的沟通障碍是什么？如果你是物流主管该如何处理这样的问题？

8.1.5 有效沟通的实现

1. 把握沟通的基本原则

管理学家彼得·德鲁克在考察企业时发现了一些影响企业沟通的问题。为了提高沟通效率，他提出了有名的四项基本沟通原则。

1）确保可感知原则

有效的沟通取决于接收者如何去理解。所以，无论使用什么样的渠道，沟通的第一个问题必须是："这一信息是否在接收者的接收范围之内？他能否收得到？他如何理解？"

接收者的认知取决于他的教育背景、过去的经历以及他的情绪。如果沟通者没有意识到这些问题的话，他的沟通将会是无效的。因此，与他人说话时必须依据对方的经验。

如谈话时试图向对方解释自己常用的专门用语并无益处，因为这些用语已超出了他们的知觉能力。另外，晦涩的语句就意味着杂乱的思路，所以，需要修正的不是语句，而是语句背后想要表达的看法。

2）满足受众期望原则

人们习惯于听取他们想听的，而对不熟悉的或威胁性的内容具有排斥情绪。因此，要有一个循序渐进的过程。对管理者来说，在进行沟通之前，了解接收者的期待是什么显得尤为重要。只有这样，我们才可以知道是否能利用他的期望进行沟通。

一位经理安排下属主管去管理某个生产车间，但是这位主管认为，管理该车间这样混乱的部门是件费力不讨好的事。经理于是开始了解主管的期望，如果这位主管是一位积极进取的年轻人，经理就应该告诉他，管理生产车间更能锻炼和反映他的能力，今后还可能得到进一步提升；相反，如果这位主管只是得过且过，经理就应该告诉他，由于公司的业务重组，他必须去车间，否则只有离开公司。

3）激发听众需要原则

一个人一般不会做不必要的沟通。沟通都是为了达到某种目的，例如发号施令、指导、斥责或款待。沟通总会产生要求，总是要求接收者要成为某人、完成某事、相信某种理念，也经常诉诸激励。换言之，如果沟通能够符合接收者的渴望、价值与目的的话它就具有说服力。假如沟通违背了接收者的渴望、价值与动机，可能一点也不会被接受，或者最坏的情况是受到抗拒，最后，沟通的信息无法为人所接受。

例如，一家公司员工因为工作压力大、待遇低而产生不满情绪，纷纷怠工或准备另谋高处。这时，公司管理层反而提出口号“今天工作不努力，明天努力找工作”，更加招致员工反感。

4）提供有价值信息原则

信息过多或不相关都会使沟通达不到预期效果。而沟通是在人与人之间进行的。沟通的背后都隐藏着目的。尽管信息对于沟通来说必不可少，但信息过多也会阻碍沟通，让人无所适从，影响沟通的效果。

2. 克服沟通障碍

沟通是管理活动和管理行为中最重要的组成部分。可以这么说，所有的管理行为过程，绝大部分就是沟通行为过程。组织成员之间良好有效的沟通是组织效率的切实保证，而组织管理者与被管理者之间的有效沟通更是协调全体成员实现目标的重要手段。有效的沟通过程就是不断克服障碍，寻求最佳沟通途径，进而改善沟通效果的过程。从组织的角度，解决组织沟通障碍可从以下几个方面着手：

1）减少沟通环节，优化沟通渠道

沟通环节过多，沟通渠道过长，一方面会影响沟通的及时性，另一方面，由于沟通过程中存在噪声干扰，沟通环节越多，则可能的干扰越多，信息就越容易失真。这就是为什么很多现代企业提倡减少沟通层次的“扁平化组织”或“无边界组织”。因此，在实际工作中应注意减少沟通环节。

2）创造一个相互信任、有利于沟通的环境

在组织中无论下行沟通还是上行沟通，沟通双方应该先控制情绪，以真实地传递信息和正确地判断信息，避免因思想偏激而歪曲信息。管理者应激发员工自下而上沟通，注重创造一个相互信任、有利于沟通的环境，改进沟通技巧，充分利用主动倾听，并以平等的心态倾听下属的呼声，尊重他们的想法，让他们参与决策，做到真正与员工交心。

3）加强平行沟通，促进横向交流

在进行信息沟通的时候，除了下行沟通外，也应该多加强平行沟通。一方面可以一定程度上避免因为等级观念、地位差异的影响造成的沟通障碍；另一方面，通过横向沟通可以调动组织成员的参与积极性，共同利用同一资源为产生整体的效益而协同工作。

4）发挥非正式组织、非正式沟通的积极作用

组织内部不可避免地存在非正式组织。组织成员往往会通过非正式渠道获取和反馈大量信息。领导者要对非正式组织和非正式沟通渠道加以合理利用和引导，帮助组织成员获得相关信息，在达成理解的同时解决潜在的问题，从而最大限度地提升组织凝聚力，发挥整体效应。管理者要允许甚至鼓励非正式组织的存在，引导其向良性发展。

5）注意信息的反馈

有效的反馈是提高沟通效果的重要方面。管理者在沟通中要注意信息接收者的反馈。这些反馈，有些是通过语言表达的，而有些是通过非语言方式表现出来的。对此，管理者应高度重视，并注意自身的反馈。同时，反馈要求是双向的。如下级主管部门要向上级领导提供信息，

同时也接受上级领导的信息查询；上级领导要经常向下级提供信息，同时对下级提供的信息进行反馈，从而形成一种信息环流，以有利于提高团队士气，调动员工参与管理的积极性。

总之，沟通无处不在，沟通障碍亦无处不在，因而每一个人都要学会如何去应对沟通障碍。沟通双方都应当积极应对沟通障碍，且要选择恰当的沟通渠道。

3. 提高沟通技能

信息发送者和信息接收者都要努力增强自己的人际沟通技能，提高有效沟通水平。

1）改进沟通态度

信息沟通不仅仅是信息符号的传递，它包含着更多的情感因素，所以在沟通过程中，沟通双方采取的态度对于沟通的效果有很大的影响。只有双方坦诚相待时，才能消除彼此间的隔阂，从而求得对方的合作。另外，在信息沟通过程中还要以积极的、开放的心态对待沟通，要愿意并且有勇气用恰当的方法展示自己的真实想法；在沟通过程中顾虑重重，会导致很多误解。

2）提高自己的语言表达能力

语言是信息的载体，是提高沟通效率要解决的首要问题。掌握语言表达艺术的前提是通过学习和训练，使自己运用语言的能力达到熟练自如、得心应手的水平。其一般规律是沟通中要与沟通对象、沟通环境、沟通内容结合起来考虑怎么使用语言。也就是说，无论是采用口头交谈还是采用书面交流的形式，都要力求准确地表达自己的意思。同时，还要双方相互了解对方的理解能力，根据对方的具体情况来确定自己表达的方式和用语等；选择正确的词汇、语调、标点符号；注意逻辑性和条理性，对重要的地方要加上强调性的说明；借助于体态语言来表达完整的思想和感情的沟通，加深双方的理解。

3）培养倾听的艺术

以前人们往往只注重说、写能力的培养，忽视了听的能力的训练和培养。事实上，忽视了听的能力，就很难接收有用的信息。而倾听则区别于一般的听，它是一种通过积极的听来完整地获取信息的方法，主要包括注意听、听清、理解、记忆和反馈五层内容。

8.2 协　　调

8.2.1 协调的含义与原则

1. 协调的含义

协调顾名思义就是协商问题和调节关系。管理中的协调，作为一种管理职能，是指管理者通过一定的手段和方法，对管理活动中各个要素之间的问题和关系进行协商和调节，使之配合得当，从而有效实现组织目标的活动。协调内容十分广泛，有人与人之间的协调、物与物之间的协调，还有人与物之间的协调，当然，最核心的还是人与人之间的协调。

2. 协调原则

1）统筹全局原则

组织协调的目的在于实现组织的整体功能和总体目标，而要有效地实现这种整体功能与总体目标，就必须首先形成全局的、系统的观念，遵循统筹全局的原则。这一原则要求管理者在进行协调活动和工作时，必须从全局出发，从总体目标、总体部署上来认识协调工作的重要性。局部服从全局，部分服从整体。

2）综合平衡原则

组织的系统、整体功能是建立在组织要素之间的相互联系、相互依存、相互作用的基础之上的，任何组织要素在结构和功能上的残缺，都必然导致组织整体在结构和功能上的不健全。因此，组织管理者要有效地对组织活动进行协调管理，还必须确立并遵循综合平衡的原则。

3）主次有序原则

综合平衡要求我们在对组织进行协调管理时，要注意每一要素在结构和功能上的完整和健全，并不是要我们在任何时候、任何条件下都必须“均衡”地对待。这一原则要求我们在对组织进行协调管理时，必须做到有主有次、有轻有重，有先有后，抓住重点，照顾一般。

4）互相尊重原则

协调工作要坚持互相尊重、理解，不论是上级、下级还是同级，都要力戒骄傲和冷漠。要避免因为态度不好，恶语伤人使关系疏远，问题恶化，力求态度诚恳，互相尊重、理解，在友好的气氛中将矛盾淡化。

5）民主协商原则

协调工作要坚持发扬民主，提倡平等协商。这样做，一方面有利于矛盾双方在感情上的靠拢，为协调创造一个和谐的气氛；另一方面，双方在民主协商中畅所欲言，有利于管理者全面了解情况，做到“兼听则明”，这样双方的感情距离缩小，加上管理者情况明了，措施正确，就更易于接受调解，协调工作就能真正见效。

【思政园地】

党的二十大报告指出：“协商民主是实践全过程人民民主的重要形式。完善协商民主体系，统筹推进政党协商、人大协商、政府协商、政协协商、人民团体协商、基层协商以及社会组织协商，健全各种制度化协商平台，推进协商民主广泛多层制度化发展。坚持和完善中国共产党领导的多党合作和政治协商制度，坚持党的领导、统一战线、协商民主有机结合，坚持发扬民主和增进团结相互贯通、建言资政和凝聚共识双向发力，发挥人民政协作为专门协商机构作用，加强制度化、规范化、程序化等功能建设，提高深度协商互动、意见充分表达、广泛凝聚共识水平，完善人民政协民主监督和委员联系界别群众制度机制。”

6）求大同存小异原则

在管理系统中，由于各个层次、各类人员所处的地位不同、责权不同，加之各人的经历、知识、个性心理特征上的差异，矛盾的存在是必然的、普遍的。管理者的协调艺术在于既坚持原则又善于妥协，大事不糊涂，小事不计较，把坚持原则和必要的妥协巧妙地结合起来。

8.2.2　协调类型

1. 按照协调的对象分

1）对事的协调

对事的协调就是谋求事与事之间的合理匹配，明确计划执行过程中各项事务的地位和作用，以及它们之间的相互承接关系，区分事务的轻重缓急，保证组织计划有条不紊地进行。

2）对人的协调

对人的协调就是人际协调，是谋求人和人之间的心理沟通，追求统一行为的过程。协调工作的重点实际上就是对人的协调，其核心是处理好领导集体内部之间的关系，同时协调领导者与被领导者之间的关系以及组织内其他成员的关系。

2. 按照协调的范围分

1）内部协调

内部协调是指对组织内部关系的协调，如组织内各部门及各成员之间、组织活动的各个方面的协调。

2）外部协调

外部协调指组织与外部环境协调，如组织与其他组织之间，组织与外部的政治、经济、技术、客户之间的协调。

3. 按照协调的方向分

1）纵向协调

工作的纵向协调是指在组织纵向结构的各管理层次之间的协调。工作的纵向协调由于存在领导隶属关系，可以靠领导权威与权力进行干预，因此，协调较为容易。

2）横向协调

是指在组织横向结构的同一管理层次之间的协调。由于都是平级关系，无法靠权威与权力加以干预，因此，横向协调较为困难。

8.2.3　协调的方法与艺术

1. 横向协调

横向协调的基本方式。进行横向协调的主要方式有三种：一是制度方式，即通过建立科学有效的组织与管理制度，健全与完善组织体系来保证工作的协调；二是组织方式，即在组织结构出现缺陷时，通过建立协调组织来进行工作协调的方式；三是人际关系方式，即通过协调人际关系来协调工作的方式。

1）制度方式

（1）对经常性业务与工作制定标准、程序与规范，实现管理工作标准化，从制度规范体系上保证协调，这是制度协调最基本的方法。

（2）对于需要各部门根据变化随机处理的问题，要通过例会制度进行协调。

（3）建立有联系的横向部门之间的信息沟通制度，遇有例外性问题，可进行跨部门直接沟通。

（4）涉及多个部门的例外性问题，可采用联合办公和现场调度的形式进行协调。

2）组织方式

（1）对于需要多个部门长期协调的，可建立常设委员会或任务小组。借助委员会的协调，可保证该项工作的有效实施。

（2）对于需多个部门共同参与完成的临时性任务，可依需要设立临时性的委员会或任务小组。在委员会或任务小组的协调下，突击完成该项任务，任务完成后委员会解散。

（3）对于职权相关的几个部门，可由一名上级领导来分管，以有利于这几个部门的协调。

（4）对于需要经常性进行各部门工作协调的，可设置专职的协调部门，专司协调工作。

3）人际关系方式

这是中基层管理者经常应用的协调手段。协调人际关系的方式主要有：

（1）培养健康融合的组织文化，使各部门人员之间有共同的价值取向，建立合作、融洽的人际关系。这是最重要的人际关系协调方式。

（2）对于需要密切配合的部门，应使其合署办公，促进人员沟通与工作配合。

（3）建立基层管理运营组织，如专项工作小组、科研攻关小组等，使组织成员密切配合。

（4）直接沟通方式，即对出现的矛盾或冲突直接进行人际间的交往与沟通，加以解决或融合。

2. 对上协调

对上协调也就是协调与上级的关系。尤其是对中级层管理者。协调好与其上级的关系是非常重要的。首先，协调上级关系是获取上级支持的关键因素。不能协调与上级的关系，就很难得到上级的全力支持，不利于工作的开展和对下级的统御，很难取得好的工作绩效；其次，与上级关系不好，会造成很大的心理压力，难以维系和谐的工作关系。最后，不能得到上级的信任与支持，就不利于个人的成长，包括提拔与重用。

要协调好与上级的关系，既包括努力工作的方面，又包括协调的方法与艺术。

（1）最根本的是要出色地做好本职工作，并表现出有很强的工作能力。明智公正的上级会把下级是否很好地完成本职工作看成决定上下级关系最首要的因素。这一点反映了上下级关系的本质联系。

（2）摆正位置，尊重职权。“干事而不越位”，这是许多管理者在实践中的经验之谈。尊重领导的职权，不但是对领导者个人的尊重，更重要的是对组织及管理工作秩序的尊重与服从。下级不尊重上级的职权，是影响上下级关系最敏感的因素。因此，管理者要努力做到：尊重与敬畏上级权威；服从与积极落实上级指示、命令、要求；不越位干预上级职权范围内的工作；遵从必要的上下级礼仪规范。

（3）与上级主动沟通。事前要请示，事后要汇报，并注意保持必要的经常性联系。使领导感到，重要而成功的工作是领导决策的（领导会与你分享），重大但失误的工作是领导知道的（领导会与你分担），重大问题均在领导掌控之中（领导不被架空）。你既有出色的工作表现，又是领导放心和信任的。

（4）与上级保持适度的距离。当然，每个下级都愿意与其上级保持亲密的关系。但这种亲密的关系也要适度，理想的应是一种默契的工作关系加亲密的同志友谊，过分密切的关系也是不正常的。同时，还要注意与各相关领导的“等距外交”。

如果与上级发生冲，首先，要以事实为根据，分清是非与责任，并以适当的方式作出必要的说明；其次，下级服从上级，要以尊重的态度，认真查找自己的责任与原因；最后，主动与上级沟通，修好关系。

3. 对下协调

对下协调也就是协调与下级关系。管理者协调下级关系更是极为重要的。“水能载舟，亦能覆舟”，与下级的关系，是中基层管理者实施管理的立足之本。如何协调下级关系？

1）坚持“以人为本”的现代理念，尊重、关怀下级

领导者对待下级的理念是协调与下级关系的思想基础，这将起决定性作用。管理者必须坚持以自己的下级为本，尊重他们的人格、地位与自主意识，关心他们的生活与疾苦，关怀与支持他们的成长。抓好工作，只是宗成了管理者一半的职责；其另一半职责就是为下级营造一个愉悦的、高质量的社会生活，促进员工的全面发展。

2）充分信任，放手使用

上级的信任就是对下级的巨大激励。“疑人不用，用人不疑”，对下级充分信任，授予实权，让下级放开手脚干，下级就会积极主动，敢于负责，会显著地提高组织的绩效。而现实中，一些领导者不信任下级，事必躬亲，忙得不可开交；而其下级，反倒无事可干，更无主动性可言，导致组织绩效低下。其尖，“下级的主动程度与上级的干预程度成反比”，上级干预得越多，下级的积极性、主动性越低。如果领导者太忙了，建议他自我反思。

3）多沟通、多联络

管理者作决策者、下指示，尽可能让下级参与。下级参与决策不但可以提高决策的可行性，还使下级受到领导信任的激励，特别是作为决策参与者，他们会在实施中加倍努力。开展合理化建议活动，虚心征求下级的意见，重大事件及时向下级通报，与下级保持经常性联系，都会对激励下级，联络感情，满足下级的社会心理需要起着积极的作用。

4）不搞“五湖四海”，坚持“一视同仁”

管理者切忌在下级之间区分远近亲疏，对少数人“亲”，就意味着对多数人“疏”。“亲者”可能情感更近，但却不利于对其进行教育管理；而“疏者”则可能在心理上大受伤害，极不利于组织的团结与稳定。

5）严爱结合、宽猛相济

在尊重、关爱下级的同时，也必须从严要求，维护组织权威与秩序。首先，管理者要塑造严爱结合的自身形象，使下级对你既有敬爱，又有敬畏。管理者自身的权威对于维护组织的统一与团结是至关重要的。其次，管理者要奖惩分明，强化奖惩效应。就驾驭下级而言，无“严”不“爱”，无“猛”不“宽”，只有科学而严格的治理，才有组织的和谐与绩效。

当与下级出现矛盾或冲突时，管理者应高姿态处理。首先，解决冲突最重要的是应以宽容之心对待下级。当下级与你发生冲突时，管理者常常觉得其权威与面子受到挑战，于

是大发雷霆，要“兴师问罪”。这是极不明智的。有一条铁的定律：“任何一位下级都不愿意得罪自己的上级”。冲突之所以发生，往往是一些主客观因素导致“箭在弦上，不得不发”，而非下级本意。基于上述定律，管理者应放下架子，丢掉面子，主动找下级沟通，这样做几乎没有不成功的。这不但可令该人“心服”，而且可令众人“敬服”；其次在做到上一条的基础上，以平等的、毫无偏见的态度对下级的错误提出批评，当然也要指明自身可能存在的问题，并共同总结经验教训，共同提高；最后，要和好如初，照样信任，在工作实践中不但彻底消除隔阂，而且，“不打不成交”，这样正确处理会与下级建立更稳固的合作关系。

【知识巩固】

一、单选题

1. 在与下级员工面谈时，上级不恰当的行为表现是（　　）。

A. 不与员工争论　　B. 不打断员工说话

C. 不过早下结论　　D. 尽量多说，让员工多听

2. 在与上级意见相反的沟通中，不建议出现的行为是（　　）。

A. 坚持自己的观点不动摇　　B. 问明理由，仔细周全思考

C. 提出书面报告　　D. 讨论后服从上级决定

3. 以下不属于书面沟通方式的是（　　）。

A. 座谈会　　B. 报告

C. 文件　　D. 备忘录

4. 表达能力不佳是属于（　　）。

A. 心理障碍　　B. 发送者的障碍

C. 接收者的障碍　　D. 信息传播通道的障碍

5. 组织内各部门及各成员之间协调属于（　　）。

A. 内部协调　　B. 外部协调

C. 纵向协调　　D. 对事协调

二、多选题

1. 按沟通的组织结构特征，可分为（　　）。

A. 正式沟通　　B. 非正式沟通

C. 双向沟通　　D. 单项沟通

2. 沟通的作用主要体现在（　　）。

A. 有效实施指挥与激励　　B. 保证整个管理系统的协调运行

C. 协调各种人际关系　　D. 增强群体凝聚力

3. 由沟通过程模型可知，影响沟通效果的因素有（　　）。

A. 信息发送者的信息编译水平　　B. 信息传递媒介的选择

C. 信息接收者接收信息的能力　　D. 环境噪声

4. 以下是沟通障碍在日常管理中表现的是（　　）。

A. 缺乏相互现任　　B. 个性不相容

C. 曲解　　D. 距离感

5. 提高沟通能力需要（　　）。

A. 积极的、开放的心态对待沟通　　B. 提高自己的语言表达能力

C. 培养倾听的艺术　　D. 保持与沟通者距离

三、判断题

1. 沟通不仅需要信息被传递还需要被理解。（　　）

2. 上级批评下级时要注意坚持公平、公正、公开的原则。（　　）

3. 平行沟通又称横向沟通，是指同一组织层次的人和部门之间的沟通。（　　）

4. 书面沟通的优点是信息发送和反馈快捷、及时；其缺点是信息传递经过的中间环节越多，信息被曲解的可能性就越大。（　　）

5. 协调工作要坚持互相尊重、理解，不论是上级、下级还是同级，都要力戒骄傲和冷漠。（　　）

四、简答题

1. 如何看待组织中的“小道消息”？

2. 沟通的障碍有哪些？结合日常生活，谈一谈与同学的沟通中存在的问题及原因。

3. 如果你是公司的一名基层员工如何协调与上级的关系？如果你是公司的部门经理，如何协调与下级的关系？

【案例研讨】

模　　块	模块4　领导职能	姓　　名	
单　　元	单元8　沟通与协调	讨 论 组	

案例内容

李琳的困境

李琳是一个典型的北方姑娘，在她身上可以明显地感觉到北方人的热情和直率。她喜欢坦诚，有什么说什么，总是愿意把自己的想法说出来和大家一起讨论，正是因为这个特点，她在上学期间很受老师和同学的欢迎。今年，李琳从某大学的人力资源管理专业毕业。她认为，经过四年的学习，自己不但掌握了扎实的人力资源管理专业知识，而且具备了较强的人际沟通技能，因此，她对自己的未来期望很高。为了实现自己的梦想，她毅然只身去广州求职。

经过将近一个月的反复投简历和面试，在权衡了多种因素的情况下，李琳最终选定了东莞市的一家研究生产食品添加剂的公司。她之所以选择这家公司是因为该公司规模适中、发展速度很快，最重要的是该公司的人力资源管理工作还处于尝试阶段，如果李琳加入，她将是人力资源部的第一个人，因此，她认为自己施展能力的空间很大。

但是，到公司实习一个星期后，李琳就陷入了困境中。

原来该公司是一个典型的小型家族企业，企业中的关键职位基本上都由老板的亲属担任，其中充满了各种裙带关系。尤其是老板安排了他的大儿子做李琳的临时上级，而这个人主要负责公司的研发工作，根本没有管理理念，更不用说人力资源管理理念了，在他的眼里，只有技术最重要。但是，李琳认为，越是这样就越有自己发挥能力的空间，因此，在到公司的第五天，李琳拿着自己的建议书走向了直接上级的办公室。

“王经理，我到公司已经快一个星期了，我有一些想法想和您谈谈，您有时间吗？”李琳走到王经理办公桌前说。

“来来来，小李，本来早就应该和你谈谈了，只是最近一直扎在实验室里就把这件事忘了。”

“王经理，对于一个企业尤其是处于上升阶段的企业来说，要持续企业的发展必须在管理上狠下功夫。我来公司已经快一个星期了，据我目前对公司的了解，我认为公司主要的问题在于职责界定不清；员工的自主权力太小，致使员工觉得公司对他们缺乏信任；员工薪酬结构和水平的制定随意性较强，缺乏科学合理的基础，因此薪酬的公平性和激励性都较低。”李琳按照自己事先所列的提纲开始逐条向王经理叙述。

王经理微微皱了一下眉头说：“你说的这些问题我们公司也确实存在，但是你必须承认一个事实：我们公司在盈利，这就说明我们公司目前实行的体制有它的合理性。”

“可是，眼前的发展并不等于将来也可以发展，许多家族企业都是败在管理上。”

“好了，那你有具体方案吗？”

“目前还没有，这些还只是我的一点想法而已，但是如果得到了您的支持，我想方案只是时间的问题。”

“那你先回去做方案，把你的材料放这儿，我先看看然后给你答复。”说完王经理的注意力又回到了研究报告上。

李琳此时真切地感受到了不被认可的失落，她似乎已经预测到了自己第一次提建议的结局。

果然，李琳的建议书石沉大海，王经理好像完全不记得建议书的事。李琳陷入了困惑之中，她不知道自己是应该继续和上级沟通还是干脆放弃这份工作，另寻发展空间。

案例分析

分析问题1	本案例沟通失败的原因是什么？

个人分析：

<table>
<tr><td rowspan="2">案例分析</td><td>分析问题 2</td><td>沟通是一个互动的过程，实现建设性沟通需要沟通双方共同努力。你认为沟通双方应在哪几个方面做出改进？</td></tr>
<tr><td colspan="2">个人分析：</td></tr>
<tr><td>小组讨论结论</td><td colspan="2"></td></tr>
<tr><td rowspan="2">教师评价</td><td>星级</td><td>☆☆☆☆☆</td></tr>
<tr><td colspan="2">评语：</td></tr>
</table>

【游戏体验】1

<table>
<tr><td>模块</td><td colspan="4">模块 4　领导职能</td></tr>
<tr><td>单元</td><td colspan="4">单元 8　沟通与协调</td></tr>
<tr><td>游戏名称</td><td colspan="4">看不见与说不清</td></tr>
<tr><td rowspan="7">游戏玩法</td><td>序　号</td><td>内　容</td><td colspan="2">说　明</td></tr>
<tr><td>1</td><td>活动目的</td><td colspan="2">理解企业上下级沟通的重要性，锻炼上下级协调能力。</td></tr>
<tr><td>2</td><td>游戏形式</td><td colspan="2">6 人一组</td></tr>
<tr><td>3</td><td>时间要求</td><td colspan="2">15 ~ 20 min</td></tr>
<tr><td>4</td><td>材料准备</td><td colspan="2">眼罩 3 个，口罩 1 个</td></tr>
<tr><td>5</td><td>操作程序</td><td colspan="2">（1）三名学员扮演工人一起被蒙住双眼，带到一个陌生的地方。
（2）有两名学员扮演经理。
（3）一名学员扮演总裁。</td></tr>
<tr><td>6</td><td>游戏要求</td><td colspan="2">工人可以讲话，但什么也看不见；经理可以看，可以行动，但不能讲话；总裁能看，能讲话，也能指挥行动，但却被许多无关紧要的琐事缠住，无法脱身（他要在规定时间内做许多与目标不相关的事），所有的角色需要共同努力，才能完成游戏的最终目标——把工人转移到安全的地方去。游戏中总经理要有许多琐事缠身。</td></tr>
<tr><td rowspan="3">游戏计划安排</td><td colspan="4"></td></tr>
<tr><td>班　级</td><td></td><td>组长签字</td><td></td></tr>
<tr><td>教师签字</td><td></td><td>日　期</td><td></td></tr>
<tr><td>游戏问题讨论与心得体会</td><td colspan="4">心得：</td></tr>
</table>

【游戏体验】2

<table>
<tr><td>模块</td><td colspan="4">模块 4　领导职能</td></tr>
<tr><td>单元</td><td colspan="4">单元 8　沟通与协调</td></tr>
<tr><td>游戏名称</td><td colspan="4">撕纸游戏</td></tr>
<tr><td rowspan="7">游戏玩法</td><td>序　号</td><td>内　容</td><td colspan="2">说　明</td></tr>
<tr><td>1</td><td>活动目的</td><td colspan="2">通过撕纸效果对比，体会信息发送者在表达过程中存在的问题。</td></tr>
<tr><td>2</td><td>游戏形式</td><td colspan="2">个人参与形式</td></tr>
<tr><td>3</td><td>时间要求</td><td colspan="2">3 ~ 5 min</td></tr>
<tr><td>4</td><td>材料准备</td><td colspan="2">白纸若干张</td></tr>
<tr><td>5</td><td>操作程序</td><td colspan="2">第一步，教师作为信息发送者，发送撕纸指令。
（1）将纸对折，再对折。
（2）把左上角撕掉。
（3）顺时针旋转 90°，将右上角撕掉。
（4）师生各自展开，比较结果异同。
（5）学生发表意见，总结存在差异的原因有哪些。
第二步，教师发出与第一步类似的撕纸指令，但要求学生有不懂之处可以举手询问。最后横向比较老师与学生撕纸的结果，本轮结果与上一轮结果再做纵向比较。
第三步，讨论与总结撕纸游戏相关的沟通理论。</td></tr>
<tr><td>6</td><td>讨论问题</td><td colspan="2">（1）第一轮撕纸为什么出现不同的结果？
（2）第二轮为什么结果比第一轮理想？
（3）从游戏中可以发现提高沟通效果的方法有哪些？</td></tr>
<tr><td rowspan="3">游戏计划安排</td><td colspan="4"></td></tr>
<tr><td>班　级</td><td></td><td>组长签字</td><td></td></tr>
<tr><td>教师签字</td><td></td><td>日　期</td><td></td></tr>
<tr><td>游戏问题讨论与心得体会</td><td colspan="4">心得：</td></tr>
</table>

【技能实训】

<table>
<tr><td>模块</td><td colspan="3">模块 4　领导职能</td></tr>
<tr><td>单元</td><td colspan="3">单元 8　沟通与协调</td></tr>
<tr><td>技能</td><td colspan="3">沟通技能</td></tr>
<tr><td rowspan="6">实训安排</td><td>序　号</td><td>项　目</td><td>说　明</td></tr>
<tr><td>1</td><td>实训目的</td><td>（1）提升学生的有效沟通能力。
（2）学会换位思考，感受被理解和支持。</td></tr>
<tr><td>2</td><td>实训内容</td><td>以联合化学公司的工序设计小组为案例背景，根据场景的描述，完成一次建设性沟通训练。</td></tr>
<tr><td>3</td><td>实训要求</td><td>（1）各小组先阅读案例，将下列角色分配给小组成员：李明、丁正予、陈欣，此外，指定二至三名组员担任观察员的角色。
（2）假定在场景事件结束之后，李明、丁正予和陈欣立刻组织了一次会谈，请各参与者扮演分配的角色，尝试解决问题。观察者对情景模拟的三个角色予以评判，根据建设性沟通的有关原则、沟通的技能和技巧，按九个方面分别给予评分。
（3）每一次角色模拟训练结束以后，观察者和扮演者互换角色，重新进行沟通练习，直至各小组成员都担任观察者和扮演者的角色。
案例的背景可以只作为参考，学生可以有适当的联想，小组成员可以共同设计出沟通的环境和场景，采取相应的沟通策略。建议沟通的目标是建设性的。
（4）小组讨论。练习结束后，小组成员进行讨论总结，提出对有效沟通原则的体会，对每一位小组成员扮演的角色予以评价并讨论，写出扮演角色的体会。</td></tr>
<tr><td>4</td><td>注意事项</td><td>（1）教师在学生分组的时候注意人员的搭配，一个组 5 ～ 6 个成员，李明和丁正予由男生担任，陈欣由女生担任。
（2）小组会谈的时间控制在 30 ～ 40 min，每个成员至少担任一次观察员和扮演者的角色，讨论的时间为 10 ～ 20 min，并写出小组讨论总结。
（3）教师可以参与一至两个小组的训练，并作为观察员的角色进行指导。
（4）请各小组派代表把本小组的训练总结向大家进行通报。
（5）教师最后就建设性沟通的目的、技能以及沟通中需要注意的几个关键问题进行总结。</td></tr>
<tr><td>5</td><td>案例背景</td><td>联合化学公司是一个大型日化产品生产商与经销商，有五个制造工厂。在北京和天津的两个主要工厂，既是公司的制造工厂，又是公司的研究开发中心。
工序设计小组由八位男性工程师与项目经理李明组成。该项目小组已在一起工作了许多年，各成员之间关系十分融洽。由于小组工作量增加，李明又雇用了一位新设计工程师——陈欣。她刚从一所国内著名的大学获得硕士学位。陈欣被分配到负责扩大工厂现有设备能力的项目中。另有三位设计工程师也被分配到项目小组中：丁正予（38 岁，在公司任职 15 年），曲萧（40 岁，在公司任职 10 年）和高宏波（32 岁，在公司任职 8 年）。
作为新员工，陈欣对工作十分热情。她非常喜欢她的工作，因为工作具有挑战性，并向她提供了一个应用在大学所学到知识的机会。在工作上，陈欣对自己要求严格。她和项目小组成员的关系也很友好，但她从不与他们进行非正式交谈。
陈欣是一位勤奋的员工，对待工作很认真。偶尔碰到难题时，他会用几个小时去解决它。因为她的执着和她所受的教育，在项目的不同阶段，陈欣总是能比她的同事提前完成自己的那部分工作。这对她来说有时是一件烦恼的事，因为在她的同事赶上来之前她不得不去向李明要求其他额外工作以使自己变得繁忙。起初，她也曾想帮其他三人完成他们的工作，但每次都遭到断然拒绝。
在陈欣进入设计小组五个月后，丁正予就小组中的问题找到了李明。以下为两人间的对话：
李明：丁正予，我知道你想和我讨论一个问题。
丁正予：是的，李明。我不想浪费你的时间，但小组内其他工程师希望我能就陈欣问题与你谈谈。她自以为无所不知的态度激怒了每一个人，她并不是那种我们愿意与之共事的人。
李明：丁正予，我并不那么认为。陈欣是一名优秀员工，她的设计工作总是完成得很好。她正在做公司希望她做的事情，而且也做得很不错。
丁正予：公司从来没有叫她破坏小组中的士气或叫她告诉我们该怎样做工作。小组内的敌对情绪最终可能会导致整个小组工作质量的降低。
李明：这样吧。我准备在下周和陈欣谈一次，讨论一下她这六个月的表现。我会把你的意见放在心上的，但我不能保证她会就你们所认为的自负态度有所改变。</td></tr>
</table>

<table>
<tr><td>实训安排</td><td>5</td><td>案例背景</td><td>丁正予：改变她的行为并不是问题，关键是她并没有权力指导其他人。她公开指明其他人做什么。你可以想象她正在用她威力无穷的、毫无用处的方程和公式，给你上一堂高级设计课程的感觉。她最好赶快调离，否则我们就走人。
李明仔细考虑了下周与陈欣的会谈。他知道丁正予是设计工程师中的非正式领导，他通常代表其他工程师说话。第二周周四，李明把陈欣叫到办公室，对她半年的工作进行回顾。以下为谈话的一部分：
李明：我想谈谈你工作表现的另一方面。正如我刚才所说的，你的技术工作表现非常优秀；但你和其他同事的关系存在着问题。
陈欣：我不明白，你所说的问题指的是什么？
李明：好吧。说得具体点。某位设计小组成员向我抱怨你的“无所不知”的态度和试图指导其他人如何做的行为已经给他们造成了麻烦。你应当对他们耐心一些，不能公开指明他们的工作表现。这是一个优秀的工程师小组，他们在过去几年中的工作是无可指责的。我不想有任何问题影响小组的工作质量。
陈欣：我的看法是，首先，在他们或在你面前，我从来没有公开指责过他们的工作表现。起初，当我领先于他们时，我曾想去帮助他们。但我被直率地告知应关心自己的工作。我听取了建议，专注于自己本职工作。但你不清楚的是，在小组中五个月后，我发现设计小组向公司索取了过高薪水。其他工程师都在偷懒；他们的工作进度明显落后于他们工作能力所能达到的。他们对收音机所播放的音乐、当地的足球队、准备去酒吧更感兴趣。我很抱歉，这与我所受的教育完全不同。于是，最后他们不再把我看成是一个合格的工程师，而只是一个破坏他们的职业规则的女人。
根据上述场景描述，现在各小组分配分派各组员承担场景中所说的三个角色——李明、丁正予和陈欣；此外，指定二至三名组员担任观察员的角色，负责对情景模拟的三个角色进行评判。根据建设性沟通的有关原则、沟通的技能和技巧，按九个方面分别给予评分。
说明：该背景只作为参考，学员可以有适当的联想，小组成员共同设计出沟通的环境和场景，采取相应的沟通策略，建议沟通的目标是建设性的。</td></tr>
<tr><td rowspan="2">实训过程记录</td><td>小组号
(　　)</td><td colspan="2">李明扮演者：__________
丁正予扮演者：__________
陈欣扮演者：____________
观察员：__________________</td></tr>
<tr><td>观察者的反馈表</td><td colspan="2">观察员负责评价角色扮演者有效行使下列行为的程度。将各扮演者的姓名填入角色1、角色2和角色3的栏目的横线上，并且在姓名旁边对各行为方面的表现水平打上评价分数，由此帮助各成员识别自己在建设性沟通方面的技能和技巧水平。各扮演者根据观察员的评价思考自己如何提高建设性沟通的水平。
注：评价成绩由低到高分别为1、2、3、4、5，即1=低，5=高。
<table><tr><th>行为</th><th>角色1</th><th>角色2</th><th>角色3</th></tr><tr><td>（1）使用问题导向的沟通</td><td></td><td></td><td></td></tr><tr><td>（2）沟通过程表里一致</td><td></td><td></td><td></td></tr><tr><td>（3）使用描述性沟通</td><td></td><td></td><td></td></tr><tr><td>（4）沟通过程注重对方的认同</td><td></td><td></td><td></td></tr><tr><td>（5）沟通语言有很强的针对性</td><td></td><td></td><td></td></tr><tr><td>（6）沟通过程语言表达的连贯性</td><td></td><td></td><td></td></tr><tr><td>（7）用自我显性的陈述</td><td></td><td></td><td></td></tr><tr><td>（8）全神贯注地听</td><td></td><td></td><td></td></tr><tr><td>（9）使用多种相应方式</td><td></td><td></td><td></td></tr></table>观察者对李明、丁正予、陈欣的评论：
1. 对李明扮演者的评论：

2. 对丁正予扮演者的评论：

3. 对陈欣扮演者的评论：</td></tr>
</table>

<table>
<tr><td rowspan="3">实
训
评
价</td><td>班　级</td><td></td><td>姓　名</td><td></td></tr>
<tr><td>教师评价</td><td></td><td>自我评价</td><td></td></tr>
<tr><td colspan="4">我的实训心得：</td></tr>
</table>

【学习评价】

<table>
<tr><td>模　块</td><td colspan="3">模块 4　领导职能</td></tr>
<tr><td>单　元</td><td colspan="2">单元 8　沟通与协调</td><td>学　时</td></tr>
<tr><td>我的收获</td><td>序　号</td><td>内　容</td><td>自评星级</td></tr>
<tr><td rowspan="4">知识获取</td><td>1</td><td></td><td></td></tr>
<tr><td>2</td><td></td><td></td></tr>
<tr><td>3</td><td></td><td></td></tr>
<tr><td>4</td><td></td><td></td></tr>
<tr><td rowspan="3">能力培养</td><td>1</td><td></td><td></td></tr>
<tr><td>2</td><td></td><td></td></tr>
<tr><td>3</td><td></td><td></td></tr>
<tr><td rowspan="2">素质提升</td><td>1</td><td></td><td></td></tr>
<tr><td>2</td><td></td><td></td></tr>
<tr><td>问题反馈</td><td colspan="3"></td></tr>
</table>

<table>
<tr><td rowspan="2">教师评价</td><td>班　级</td><td></td><td>姓　名</td><td></td><td>总　分</td><td></td></tr>
<tr><td colspan="6">评语：</td></tr>
</table>

【东方管理思想】

天下治者，赏罚而已。

——《南齐书·崔祖思传》

单元9　激励与团队

【学习目标】

知识目标

1. 了解激励的含义、过程和作用；
2. 掌握常用的激励理论；
3. 掌握激励的基本原则和方法；
4. 了解团队和团队建设。

能力目标

1. 能够有效地利用激励原理分析管理中的激励案例；
2. 能够结合激励原则和方法设计激励方案；
3. 能够设计一个工作团队并开展工作。

素质目标

1. 培养学生唯物辩证思想，引导学生合理归因；
2. 引导学生树立远大理想，激励学生为实现共同富裕目标努力奋斗；
3. 引导学生正确认识社会公平，树立社会主义公平观。

【情景导入】

找回失去的乔森

乔森在一家公司担任销售代表已经有三年了，他第一年完成了销售指标的110%，第二年完成了定额的120%，为了完成这些工作，他每天工作14小时，积极寻找与拜访客户，而且在周末还要赶报告、写建议。凭着这样的工作节奏，乔森正朝着今年的目标稳步前进——直到两个月前，他第一次当上了爸爸。现在，他每周只工作40～50小时，结果业绩下降。

公司总经理李格很担心，公司正在推出贵宾客户计划，整个公司的发展计划也在如火如荼地展开，李格希望提拔乔森进入管理团队，但当他随意聊起目标和未来计划时，发现乔森对经理的职位并不感兴趣，因为在公司，收入高的职位是销售。尽管工作时间不长，乔森已经收入颇丰。李格有点失落，他想找回那个朝气蓬勃、任劳任怨的乔森，但不确定该怎么做。

如果你是乔森，你会发生这样的变化吗？为什么？如果你是经理李格应该怎么做才能找回失去的乔森？

【理论学习】

管理的本质就是管理者通过影响他人的能力，激发他们为组织工作的积极性，去实现自己为组织制定的目标。在管理的领导职能中，对组织成员或下属来说，响应管理者领导行为的出发点，是他们内在的个体需求差异。因此，要实现组织的活动目标，必须设法让组织成员提供有效的工作贡献。这意味着管理者不仅要根据组织活动的需要和个人素质与能力的差异，将不同的人安排在不同的工作岗位上，为他们规定不同的职责和任务，还要分析他们的行为特点和影响因素，创造并维持一种良好的工作环境，以调动他们的工作积极性，改变和引导他们的行为。成功的管理者必须知道用什么样的方式有效调动下属的工作积极性。

9.1 激 励

9.1.1 激励的含义、过程和作用

1. 激励的含义

所谓激励顾名思义就是激发和鼓励，就是管理者通过各种手段和方式激发个体的行为动机，促使其更努力地工作，以实现既定的目标和任务。可以用如下公式表示这一原理：

$$P = f(A \times M \times O)$$

式中 P——个人绩效（performance）；

A——能力（ability）；

M——动机（motivation）；

O——机遇（opportunity）。

从上面的公式可以看到，动机是个人绩效的函数，有效的激发动机，可以提高个人绩效。

2. 激励的过程

动机是由需要支配的，当人产生某种需要而又未能满足时，心中便产生一种不安和紧张，这种不安和紧张就成为一种内在的驱动力，即动机。动机促使个体采取某些行动来满足需要。需要满足后，紧张消除，然后又有新的需要产生，形成新的循环，如图 9-1 所示。

可以从研究和满足个体需要方面调动人的积极性；也可以从目标设置上研究如何调动人的积极性；同时强化动机，使个体的需要满足与组织目标的实现一致；激励是一个连续不断的过程，旧的需要满足后新的需要又产生了，所以要及时反馈，对不同的需要，其激励的方法和手段不同。

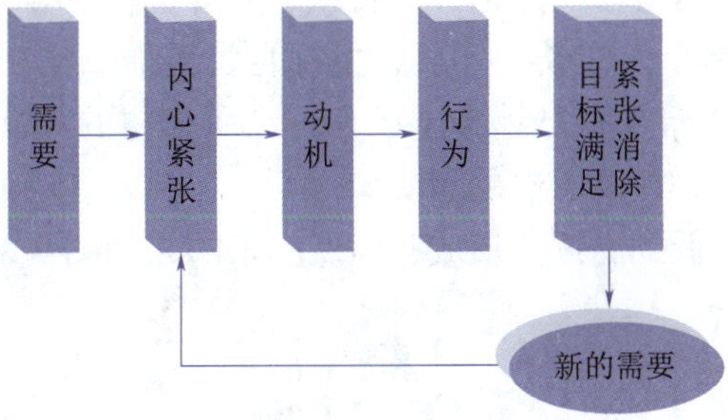

图9-1　激励过程

3. 激励的作用

激励最重要的作用就是通过动机的激发，调动被管理者的工作积极性和创造性，自觉自愿地为实现组织目标而努力，其核心作用是调动人的积极性。

除此之外，一个组织良好的激励政策可以吸引优秀的人才到企业来。许多企业中，特别是那些竞争力强、实力雄厚的企业，通过各种优惠政策、丰厚的福利待遇、快捷的晋升途径来吸引企业需要的人才；还可以开发员工的潜在能力，促进在职员工充分地发挥其才能和智慧；良好的激励还能发挥留住优秀人才的作用。德鲁克认为，每一个组织都需要三个方面的绩效：直接的成果、价值的实现和未来的人力发展；科学的激励制度包含有一种竞争精神，它的运行能够创造出一种良性的竞争环境，进而形成良性的竞争机制。在具有竞争性的环境中，组织成员就会受到环境的压力，这种压力将转变为员工努力工作的动力。

9.1.2　激励理论

1. 需要层次理论

需要层次理论是由美国心理学家亚伯拉罕·马斯洛 1943 年提出来的，是提出最早、影响最大的一种激励理论。

1）马斯洛需要层次

马斯洛的需要层次理论基于两个基本假设：人主要是受满足某种需要的欲望所驱使的需求动物；人类的需要是无止境的，当个人满足一种需求之后，就会产生另一种需求，人类所追求的需要具有普遍性，这些需要有层次之分。

由此，马斯洛将人类纷繁复杂的需要由低到高分为五个层次：

（1）生理需要，指人类生存所必需的、最基本的需要，如食物、水、睡眠、住所等。

（2）安全需要，指人们寻求人身安全、生活稳定而免遭痛苦、威胁或疾病等的需要。这种安全需要体现在社会生活中是多方面的，如生命安全、劳动安全、职业保障、心理安全、身体健康，希望有一个和平、安定、良好的社会等。

（3）社交需要，又称爱与归属的需要。指人们寻求友谊、爱情、归属、信任与接纳的需要，如人际交往、良好的同事关系，异性的爱情，对某群体或家庭的依赖等。

（4）尊重需要，包括自尊和受到别人尊重两方面。自尊指自己的自尊心，工作努力不甘落后，有充分的自信心，获得成就后的自豪感。受人尊重指自己的工作成绩、社会地位能得到他人的认可。也就是自尊心、自信心、威望、荣誉、地位等方面的需要。

（5）自我实现需要，指个人成长与发展，发挥自身潜能、实现理想的需要。即人希望能够充分发挥自己的潜能，希望自己越来越成为自己所期望的人，完成与自己的能力相称的一切事情。自我实现需要是最高层次的需要。

这五个层次的需要是由低到高逐步形成和发展起来的，如图 9-2 所示。

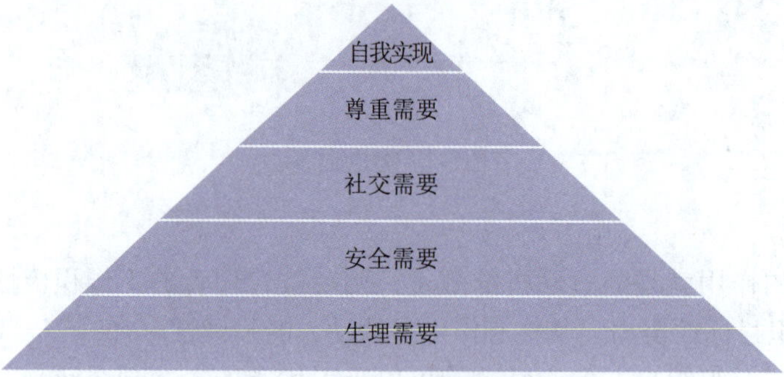

图9-2 马斯洛需要金字塔

2）马斯洛需要层次的相互关系

（1）这五种需要像阶梯一样从低到高，逐层上升。

（2）只有一个层次的需要相对满足了，才会向安全需要高一层次发展。这五种需要不可能完全满足，越到上层，满足的程度越小。

（3）不同层次的需要不可能在同一等级内同时发生作用，在某一特定的时期内总有某一层次的需要在起着主导作用。因为人的行为是受多种需要支配的，所以同一时期内，可能存在几种需要。但是，每一时期内总有一种需要是占支配地位的。任何一种需要并不因为下一个高层次需要的发展而消失，各层次的需要相互依赖、相互重叠，高层次的需要发展后，低层次的需要仍然存在，只是对行为影响的比重减小了。

（4）需要满足了就不再是一种激励力量。马斯洛还认为，生理需要与安全需要为低级需要，而社交需要、尊重需要与自我实现需要为较高级的需要。低级需要主要是从外部使人得到满足，而高级需要是从人的内心使人得到满足。对一般人来说，低级需要的满足是有限的，高级需要的满足是无限的，因而高级需要具有比低级需要更持久的激励力量。

马斯洛的需要层次理论简单明了，易于理解，具有内在逻辑性，得到了普遍认可。但其存在的缺陷是，在实际中，人的需要发展趋势并不一定严格按照马斯洛的五个需要层次逐层递增，可能某一低层次的需要未能得到满足时，另一较高层次的需要反而会占据主导地位。

【互动课堂】

根据文化和旅游部 5 月 3 日公布：2023 年“五一”假期全国国内旅游出游合计 2. 74 亿人次，同比增长 70. 83%，按可比口径恢复至 2019 年同期的 119. 09%，实现国内旅游收入 1480. 56 亿元，同比增长 128. 90%。旅游市场的升温预示我国经济强劲增长势头，然而，随着游客数量的增加，道路拥堵现象也日益严重，给游客出行带来了很大的不便。

在北京，故宫、颐和园、天坛、八达岭长城等景点门口人山人海，游客排队等候的时间长达数小时。在上海，迪士尼乐园的门票一度被炒到了数倍的价格，游客排队等候的时间也长达数小时。在广州，长隆野生动物园的门票也被炒到了数倍的价格，游客排队等候的时间也长达数小时。

除了景点门口的人流拥堵，道路拥堵现象也十分严重。

在北京，五环路、六环路等主要道路上车流量巨大，车辆排队等候的时间长达数小时。

在成都，前往都江堰景区的路上，车辆排队等候的时间也长达数小时。

在深圳，公交车被堵在路上排长龙，半天也到不了站，而乘客在站台等公交车排长队，半天也等不来公交车。

互动问题：为什么明知“五一”出游人多路堵，还要集中出游？试着从马斯洛需要层次理论进行分析。

3）马斯洛需要层次理论在管理中的应用

（1）员工管理方面的应用。了解员工的需要是应用需要层次论对员工进行激励的一个重要前提。在不同组织中、不同时期的员工以及组织中不同的员工的需要充满差异性，而且经常变化。因此，管理者应该经常性地用各种方式进行调研，弄清员工未得到满足的需要是什么，然后有针对性地进行激励。

（2）营销管理方面的应用。从企业经营消费者满意战略的角度来看，每一个需求层次上的消费者对产品的要求都不一样，即不同的产品满足不同的需求层次。将营销方法建立在消费者需求的基础之上考虑，不同的需求也即产生不同的营销手段。

2. 双因素理论

1）双因素理论内容

双因素理论也称“激励 - 保健理论”，由美国心理学家赫茨伯格 1959 年提出。他把企业中有关因素分为两种，即满意因素和不满意因素。满意因素是指可以使人得到满足和激励的因素即激励因素。不满意因素是指容易产生意见和消极行为的因素，即保健因素。他认为这两种因素是影响员工绩效的主要因素。

赫茨伯格认为，第一，不是所有的需要得到满足就能激励起人们的积极性，只有那些被称为激励因素的需要得到满足才能调动人们的积极性；不具备保健因素时将引起强烈的不满，但具备时并不一定会调动强烈的积极性；第三，激励因素是以工作为核心的，主要是在员工进行工作时发生的。

保健因素是指造成员工不满的因素。保健因素不能得到满足，则易使员工产生不满情绪、消极怠工，甚至引起罢工等对抗行为；但在保健因素得到一定程度改善以后，无论再如何进行改善的努力往往也很难使员工感到满意，因此也就难以再由此激发员工的工作积极性，所以就保健因素来说：“不满意”的对立面应该是“没有不满意”。如工资报酬、工作条件、企业政策、行政管理、劳动保护、领导水平、福利待遇、安全措施、人际关系等都是保健因素。这些因素均属于工作环境和工作关系方面的因素，皆为维护员工心理健全和不受挫折的必要条件，故称为维持因素。它不能直接起激励员工的作用，但却有预防性。

激励因素是指能让员工感到满意的因素。激励因素的改善而使员工感到满意的结果，能够极大地激发员工工作的热情，提高劳动生产效率；但激励因素即使管理层不给予其满意，往往也不会因此使员工感到不满意，所以就激励因素来说："满意"的对立面应该是"没有满意"。

他认为真正能激励员工的有下列几项因素：①工作表现机会和工作带来的愉快；②工作上的成就感；③由于良好的工作成绩而得到的奖励；④对未来发展的期望；⑤职务上的责任感等。这种因素是积极的，是影响人的工作动机并长期起主要作用的因素，是员工工作动机的源泉。据此，赫茨伯格认为，为了增加"激励"因素，提高生产率，需要用"工作丰富化"的管理方法取代"流水作业线"的生产程序和管理方法，这样可以减少工人的不满情绪，降低旷工率，提高产品质量。

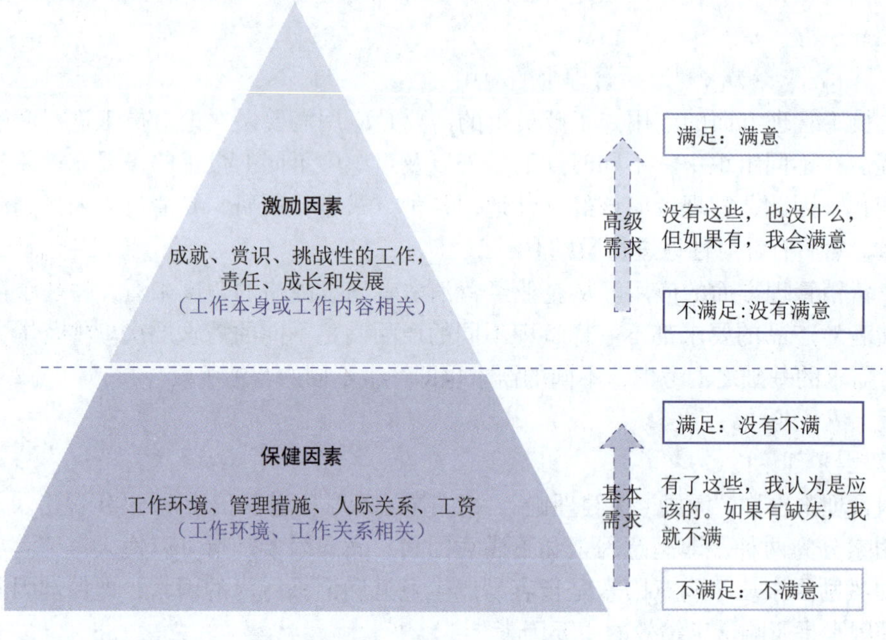

图9-3 双因素理论示意图

2）双因素理论应用

根据赫茨伯格的理论，在调动员工积极性方面，可以分别采用以下两种基本做法：

（1）直接满足。直接满足又称工作任务以内的满足。它是一个人通过工作所获得的满足，这种满足是通过工作本身和工作过程中人与人的关系得到的。它能使员工学习到新的知识和技能，产生兴趣和热情，使员工具有光荣感、责任心和成就感。因而可以使员工受到内在激励，产生极大的工作积极性。对于这种激励方法，管理者应该予以充分重视。这种激励的措施虽然有时所需的时间较长，但是员工的积极性一经激励起来，不仅可以提高生产效率，而且能够持久，所以管理者应该充分注意运用这种方法。

（2）间接满足。间接满足又称工作任务以外的满足。这种满足不是从工作本身获得的，而是在工作以后获得的。例如晋升、授衔、嘉奖或物质报酬和福利等，就都是在工作之后获得的。其中福利方面，诸如工资、奖金、食堂、托儿所、员工学校、俱乐部等，都属于间接满足。间接满足虽然也与员工所承担的工作有一定的联系，但它毕竟不是直接的，因而在调动员工积极性上往往有一定的局限性，常常会使员工感到与工作本身关系不大而满不在乎。研究者认为，这种满足虽然也能够显著地提高工作效率，但不容易持久，有时处理不好还会发生副作用。

在实际工作中，借鉴这种理论来调动员工的积极性，不仅要充分注意保健因素，使员工不至于产生不满情绪；更要注意利用激励因素去激发员工的工作热情，使其努力工作。如果只顾及保健因素，仅仅满足员工暂时没有什么意见，但很难创造出一流工作成绩。

双因素理论还可以用来指导奖金发放。当前，许多组织经常使用奖金作为一种激励因素，但是必须指出，在使用这种激励因素时，必须与组织的效益或部门及个人的工作成绩挂钩。如果奖金不与部门及个人的工作成绩相联系，一味地“平均分配”，久而久之，奖金就会变成保健因素，再多也起不了激励作用。

双因素理论的科学价值，不仅对搞好奖励工作具有一定的指导意义，而且对如何做好人的思想政治工作提供了有益的启示。既然工作上的满足与精神上的鼓励将会更有效地激发人的工作热情，那么在管理中，就应特别注意处理好物质鼓励与精神鼓励的关系，充分发挥精神鼓励的作用。

3. 成就理论

1）成就理论内容

成就理论即成就动机理论，是美国哈佛大学教授戴维·麦克利兰通过对人的需求和动机进行研究，于 20 世纪 50 年代在一系列文章中提出的。麦克利兰把人的高层次需求归纳为对成就、权力和亲和的需求。

（1）成就需求：争取成功希望做得最好的需求。麦克利兰认为，具有强烈的成就需求的人渴望将事情做得更为完美，提高工作效率，获得更大的成功，他们追求的是在争取成功的过程中克服困难、解决难题、努力奋斗的乐趣，以及成功后的个人成就感，他们并不看重成功所带来的物质奖励。个体的成就需求与他们所处的经济、文化、社会、政府的发展程度有关，社会风气也制约着人们的成就需求。

（2）权力需求：影响或控制他人且不受他人控制的需求。权力需求是指影响和控制别人的一种愿望或驱动力。不同人对权力的渴望程度也有所不同。权力需求较高的人对影响和控制别人表现出很大的兴趣，喜欢对别人“发号施令”，注重争取地位和影响力。他们常常表现出喜欢争辩、健谈、直率和头脑冷静；善于提出问题和要求；喜欢教训别人、并乐于演讲。他们喜欢具有竞争性和能体现较高地位的场合或情境，他们也会追求出色的成绩，但他们这样做并不像高成就需求的人那样是为了个人的成就感，而是为了获得地位和权力或与自己已具有的权力和地位相称。权力需求是管理成功的基本要素之一。

（3）亲和需求（need for affiliation）：建立友好亲密的人际关系的需求。亲和需求就是寻求被他人喜爱和接纳的一种愿望。高亲和动机的人更倾向于与他人进行交往，至少是为他人着想，这种交往会给他带来愉快。高亲和需求者渴望亲和，喜欢合作而不是竞争的工作环境，希望彼此之间的沟通与理解，他们对环境中的人际关系更为敏感。有时，亲和需求也表现为对失去某些亲密关系的恐惧和对人际冲突的回避。亲和需求是保持社会交往和人际关系和谐的重要条件。

2）成就理论应用

麦克利兰的成就动机理论在企业管理中很有应用价值。首先，在人员的选拔和安置上，通过测量和评价一个人动机体系的特征对于如何分派工作和安排职位有重要的意义。其次，由于具有不同需求的人需要不同的激励方式，了解员工的需求与动机有利于合理建立激励机制。再次，麦克利兰认为动机是可以训练和激发的，因此可以训练和提高员工的成就动机，以提高生产率。

以上需要层次理论、双因素理论、成就理论都属于内容型激励理论，重点研究激发动机的诱因。

4. 弗鲁姆期望理论

1）期望理论内容

弗鲁姆的期望理论，是心理学家和行为科学家维克托·弗鲁姆于1964年在《工作与激励》中提出来的激励理论。弗鲁姆认为，人总是渴求满足一定的需要并设法达到一定的目标。这个目标在尚未实现时，表现为一种期望，这时目标反过来对个人的动机又是一种激发的力量，而这个激发力量的大小，取决于目标价值（效价）和期望概率（期望值）的乘积。用公式表示为：

$$M = V \times E$$

式中 M——激发力量，是指调动一个人的积极性，激发人内部潜力的强度。

V——目标价值（效价），这是一个心理学概念，是指达到目标对于满足他个人需要的价值。同一目标，由于各个人所处的环境不同，需求不同，其需要的目标价值也就不同。同一个目标对每个人可能有三种效价：正、零、负。效价越高，激励力量就越大。某一客体如金钱、地位、汽车等，如果个体不喜欢、不愿意获取，目标效价就低，对人的行为的拉动力量就小。举个简单的例子，幼儿对糖果的目标效价就要大于对金钱的目标效价。

E——期望值，是人们根据过去经验判断自己达到某种目标的可能性是大还是小，即能够达到目标的概率。目标价值大小直接反映人的需要动机强弱，期望概率反映人实现需要和动机的信心强弱。如果个体相信通过努力肯定会取得优秀成绩，期望值就高。

这个公式说明：假如一个人把某种目标的价值看得很大，估计能实现的概率也很高，那么这个目标激发动机的力量越强烈。

怎样使激发力量达到最好值，弗鲁姆提出了图9-4所示的期望模式。

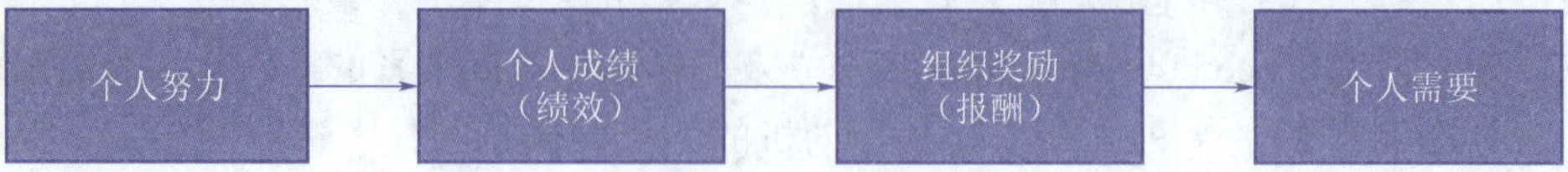

图9-4　弗鲁姆期望模式

这个期望模式中的四个因素，需要兼顾如下几个方面的关系。

（1）努力和绩效的关系。这两者的关系取决于个体对目标的期望值。期望值又取决于目标是否合适个人的认识、态度、信仰等个性倾向，及个人的社会地位，别人对他的期望等社会因素。即由目标本身和个人的主客观条件决定。

（2）绩效与奖励关系。人们总是期望在达到预期成绩后，能够得到适当的合理奖励，如奖金、晋升、提级、表扬等。组织的目标，如果没有相应的有效的物质和精神奖励来强化，时间一长，积极性就会消失。

（3）奖励和个人需要关系。奖励什么要适合各种人的不同需要，要考虑效价。要采取多种形式的奖励，满足各种需要，最大限度地挖掘人的潜力，最有效地提高工作效率。

（4）需要的满足与新的行为动力之间的关系。当一个人的需要得到满足之后，他会产生新的需要和追求新的期望目标。需要得到满足的心理会促使他产生新的行为动力，并对实现新的期望目标产生更高的热情。

2）期望理论应用

（1）管理者应该同时注意提高期望概率和效价。仅仅重视激励是片面的，应该注意提高工作人员的素质，包括提高他们的思想素质和业务能力，通过提高他们对自身的期望概率去提高激励水平，创造较高的绩效目标。

（2）管理者应该提高对绩效与报酬关联性的认识，将绩效与报酬紧密结合起来。绩效与报酬的联系越紧密，拟实现的目标能够满足受激励者需要的程度相对提高，目标对受激励者的吸引力也就相对加大，激励的水平也就相对提高。

（3）管理者应该将物质奖励与精神奖励结合起来。期望理论表明，目标的吸引力与个人的需要有关。价值观的差异会产生需要的差异。因此，管理者应该了解自己的管理对象，在可能的情况下，有针对性地采取多元化的奖励形式，使组织的报酬在一定程度上与工作人员的愿望相吻合。

5. 归因理论

1）归因理论内容

1958年，海德在其著作《人际关系心理学》中，从通俗心理学的角度提出了归因理论，该理论主要解决的是日常生活中人们如何找出事件的原因。海德认为人有两种强烈的动机：一是形成对周围环境一贯性理解的需要；二是控制环境的需要。为了满足这两种需要，普通人必须要对他人的行为进行归因，并且经过归因来预测他人的行为，唯有如此才有可能满足“理解环境和控制环境”的需要。因此，普通人和心理学家一样，都试图解释行为并且从中发现因果关系，只是普通人的归因并没有什么科学方法，他们更多地依靠理解和内省。

海德认为事件的原因无外乎有两种：一是内因，比如情绪、态度、人格、能力等；二是外因，比如外界压力、天气、情境等。一般人在解释别人的行为时，倾向于性格归因；在解释自己的行为时，倾向于情景归因。

归因理论描述人们如何在心理上为成功和失败寻找原因，个体归因的行为方式强烈影响着对他们的激励。图9-5描述了归因理论的基本框架。

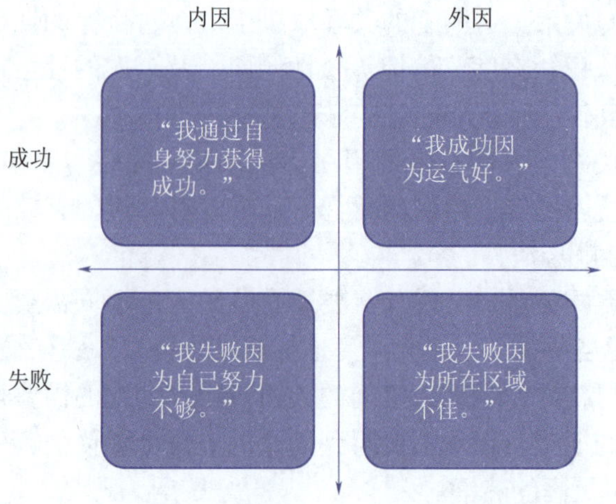

图9-5　归因理论的基本框架

2）归因理论应用

归因理论认为，人总是试图为自己所做的事寻找合理的原因，人们把成功与失败归结于何种因素会决定其工作的积极性，影响其工作态度，进而影响工作绩效。例如，销售人员将成功的销售归因于外因时，则其会依赖运气而不努力工作；而将失败归于外因时，则其会怨天尤人。因此管理者需要在实际工作中学会引导下属合理归因，以使激励措施发挥作用。

6. 公平理论

1）公平理论的内容

公平理论是美国行为科学家斯塔西·亚当斯在 20 世纪 60 年代提出来的一种激励理论。该理论侧重于研究工资报酬分配的合理性、公平性及其对员工生产积极性的影响。

公平理论指出：人的工作积极性不仅与个人实际报酬多少有关，而且与人们对报酬的分配是否感到公平更为密切。人们总会自觉或不自觉地将自己付出的劳动代价及其所得到的报酬与他人进行比较，并对公平与否做出判断。公平感直接影响员工的工作动机和行为。因此，从某种意义来讲，动机的激发过程实际上是人与人进行比较，做出公平与否的判断，并据以指导行为的过程。

亚当斯认为：员工的积极性取决于他所感受的分配上的公正程度（即公平感），而员工的公平感取决于一种社会比较或历史比较。

所谓社会比较，是指员工对他所获得的报酬（包括物质上的金钱、福利和精神上的受重视程度、表彰奖励等）与自己工作的投入（包括自己受教育的程度、经验、用于工作的时间、精力和其他消耗等）的比值与他人的报酬和投入的比值进行比较。

所谓历史比较是指员工对他所获得的报酬与自己工作的投入的比值同自己在历史上某一时期内的这个比值进行比较。

每个人都会自觉或不自觉地进行这种社会比较，同时也要自觉或不自觉地进行历史比较。当员工对自己的报酬作社会比较或历史比较的结果表明收支比率相等时，便会感到受到了公平待遇，因而心理平衡，心情舒畅，工作努力。如果认为收支比率不相等时，便会感到自己受到了不公平的待遇，产生怨恨情绪，影响工作积极性。当认为自己的收支比率过低时，会产生报酬不足的不公平感，比率差距越大，这种感觉越强烈。这时员工就会产生挫折感、义愤感、仇恨心理，甚至产生破坏心理。少数时候，也会因认为自己的收支比率过高，产生不安的感觉或感激心理。

当员工感到不公平时，他可能千方百计进行自我安慰，如通过自我解释，主观上造成一种公平的假象，以减少心理失衡或选择另一种比较基准进行比较，以便获得主观上的公平感；还可能采取行动，改变对方或自己的收支比率，如要求把别人的报酬降下来、增加别人的劳动投入或要求给自己增加报酬、减少劳动投入等；还可能采取发牢骚、讲怪话、消极怠工、制造矛盾或辞职他就等行为。

【互动课堂】

小刘去年进入一家小有名气的外资企业。这家公司实行工资保密制度，一般情况下，员工之间相互都不知道彼此的收入。但小刘对这份工作还是很满意的，一方面公司人际关系和谐，气氛轻松，工作虽累却挺舒心；另一方面薪水也不错，底薪每月 3 000 元，还有不固定的奖金。

小刘一门心思扑到了工作上，经常加班加点，有时还把工作带回家做，而且也确实取得了显著的成效。比如说，上次湖北的一个设备安装项目，在小刘的努力下只用了原定时间的 1/3 就完成了，为公司节约了大量成本。项目负责人为此还专门写了一份报告表扬小刘。同事们都很佩服他，主管也很赏识他。年终考核，人力资源主管对小刘的工作予以了高度评价，并告诉小刘公司将给他加薪 15%。听到这个消息，小刘非常高兴。这不仅是钱的问题，也是公司对他业绩的肯定。

同年进入公司的小李却开心不起来，因为他今年的业绩并不好。午饭时两人聊起来，小李唉声叹气地说："你今年可真不错，不像我这么倒霉，薪水都加不了，干来干去还是 3 900 元，什么时候才有希望啊。"

猛然间小刘意识到，原来小李的底薪比他高 900 元。他对小李并没有意见，可是他想不通，即使不考虑业绩，他们俩同样的职务，小李的学历、能力都不比他强，为什么工资却比他高这么多呢？他不仅感到不公平，而且有一种上当的感觉：我一直以为自己的工资不低了，应该好好干，原来别人的工资都比我高。他马上往人力资源部去了……

互动问题：（1）小刘为什么觉得不公平？（2）小刘到人力资源部后会说什么？（3）这个问题不解决，小刘以后会有什么样的工作表现？（4）如若你是人力资源部经理该如何处理？

2）公平理论的应用

公平理论为组织管理者公平对待每一个员工提供了一种分析处理问题的方法，对于组织管理有较大的应用价值。

（1）管理者要引导员工形成正确的公平感。员工的社会比较或历史比较客观存在，并且这种比较往往是凭个人的主观感觉，因此，管理者要多做正确的引导，使员工形成正确的公平感。在人们的心理活动中，往往会产生过高估计自己的贡献和作用，压低他人的绩效和付出，总认为自己报酬偏低，从而产生不公平心理的现象。随着信息技术的发展，人们的社会交往越来越广，比较范围越来越大，以及收入差距增大的社会现实，都增加了员工产生不公平感的可能性。组织管理者要引导员工正确进行比较，多看到他人的长处，认识自己的短处，客观公正地选择比较基准，多在自己所在的地区、行业内比较，尽可能看到自己报酬的发展和提高，避免盲目攀比而造成不公平感。

（2）员工的公平感将影响整个组织的积极性。事实表明，员工的公平感不仅对员工个体行为有直接影响，而且还将通过个体行为影响整个组织的积极性。在组织管理中，管理者要着力营造一种公平的氛围，如正确引导员工言论，减少因不正常的舆论传播而产生的消极情绪；经常深入群众中，了解员工工作、生活中的实际困难，及时帮助解决；关心照顾弱势群体，必要时可根据实际情况，秘密地单独发奖或给予补助等。

（3）领导者的管理行为必须遵循公正原则。领导行为是否公正将直接影响员工对比较对象的正确选择，如领导处事不公，员工必将选择受领导“照顾者”作比较基准，以致增大比较结果的反差而产生不公平心理。因此，组织管理者要平等地对待每一位员工，公正地处理每一件事情，依法行政，避免因情感因素导致管理行为不公正。同时，也应注意，公平是相对的，是相对于比较对象的一种平衡，而不是平均。在分配问题上，必须坚持“效率优先，兼顾公平”的原则，允许一部分人通过诚实劳动和合法经营先富起来，带动后富者不断改变现状，逐步实现共同富裕，否则就会产生“大锅饭”现象，使组织运行机制失去活力。

（4）报酬的分配要有利于建立科学的激励机制。对员工报酬的分配要体现“多劳多得，质优多得，责重多得”的原则，坚持精神激励与物质激励相结合的办法。在物质报酬的分配上，应正确运用竞争机制的激励作用，通过合理拉开分配差距体现公平，在精神上，要采用关心、鼓励、表扬等方式，使员工体会自己受到了重视，品尝到成功的欣慰与自我实现的快乐，自觉地将个人目标与组织目标整合一致，形成无私奉献的职业责任感。

以上三种理论一般被称为过程激励理论，重点研究从动机到采取行动的心理过程。

【思政园地】

党的二十大报告指出：“中国式现代化是全体人民共同富裕的现代化。共同富裕是中国特色社会主义的本质要求，也是一个长期的历史过程。我们坚持把实现人民对美好生活的向往作为现代化建设的出发点和落脚点，着力维护和促进社会公平正义，着力促进全体人民共同富裕，坚决防止两极分化。”

7. 强化理论

1）强化理论的内容

强化理论是心理学家和行为科学家斯金纳提出的一种理论。斯金纳是新行为主义心理学的创始人之一，他认为人或动物为了达到某种目的，会采取一定的行为作用于环境。当这种行为的后果对他有利时，这种行为就会在以后重复出现；不利时，这种行为就减弱或消失。人们可以用这种正强化或负强化的办法来影响行为的后果，从而修正其行为，这就是强化理论，又称行为修正理论。

2）强化理论在管理中的应用

（1）应以正强化方式为主。在企业中设置鼓舞人心的目标，是一种正强化方法，但要注意将企业的整体目标和员工个人目标、最终目标和阶段目标等相结合，并对在完成个人目标或阶段目标中做出明显绩效或贡献者，给予及时的物质和精神奖励（强化物），以求充分发挥强化作用。

（2）采用负强化（尤其是惩罚）手段要慎重。负强化应用得当会促进生产，应用不当则会带来一些消极影响，可能使人由于不愉快的感受而出现悲观、恐惧等心理反应，甚至发生对抗性消极行为。因此，在运用负强化时，应尊重事实，讲究方式方法，处罚依据准确公正，这样可尽量消除其副作用。将负强化与正强化结合应用一般能取得更好的效果。

（3）注意强化的时效性。采用强化的时间对于强化的效果有较大的影响。一般而论，强化应及时，及时强化可提高安全行为的强化反应程度，但须注意及时强化并不意味着随时都要进行强化。不定期的非预料的间断性强化，往往可取得更好的效果。

（4）因人制宜，采用不同的强化方式。由于人的个性特征及其需要层次不尽相同，不同的强化机制和强化物所产生的效应会因人而异。因此，在运用强化手段时，应采用有效的强化方式，并随对象和环境的变化而相应调整。

（5）利用信息反馈增强强化的效果。信息反馈是强化人的行为的一种重要手段，定期反馈既可使员工得到鼓励，增强信心，又有利于及时发现问题，分析原因，修正所为。

8. 挫折理论

1）挫折理论内容

“挫折理论”主要是研究关于个人的目标行为受到阻碍后，如何解决问题并调动积极性的激励理论。挫折具有双重性质，在积极方面，给人以教训，锻炼人的意志；在消极方面，使人失望、痛苦、沮丧，甚至是意志消沉而不思进取。挫折可以导致不同的行为反应，既可以是理性行为，如改变策略、降低要求、找借口以自我安慰等；也可能是非理性行为，如采取威胁、敌视、暴力等行为加以发泄，甚至会通过自我防御而导致种种身心疾病，所以，挫折是一种个人主观的感受，同一遭遇，有人可能构成强烈的挫折情境，而另外的人则并不一定构成挫折。因此，管理者在决策时应尽量使员工不受挫折，且出现挫折时应真诚相助，善意诱导，充分理解，使其“吃一堑，长一智”。

2）挫折理论在管理中的应用

由于员工对挫折会产生两种反应，一种是建设性的反应，另一种是消极性的反应。企业管理者应对挫折的方法中，首先就是要发展建设性的反应，减少破坏性的消极反应。从企业管理的角度来看，与一个组织所采取的管理方式有关。管理方式得当就可以减少挫折的产生，即使挫折产生了也比较容易解决；管理方式不当就会容易产生挫折，而且挫折也比较难以解决。所以管理者要善于从挫折的征兆中找到真实原因，采取种种诱导措施，以增加建设性的行为，消除破坏性的行为。这些具体措施包括：

（1）改变工作环境，这里所指的工作环境并不单指物质环境，也包括精神与社会环境。比如，人际关系环境。

（2）开展心理保健和咨询，消除或减弱挫折心理压力。管理者应该根据企业实际情况，采取特定的方式或者安排特定场所使员工有适当表达和处理情绪的场所，避免员工对挫折行为的压抑，造成更严重的结果。及时帮助员工用积极的行为适应挫折，如合理调整无法实现的行动目标、改变受挫折职工对挫折情境的认识，降低挫折感。

（3）通过培训提高员工工作能力和技术水平，增加个人目标实现的可能性，减少挫折产生的主观因素。

强化理论和挫折理论属于行为改造理论，重点研究的是激励目的。

9.1.3 激励原则与方法

1. 激励原则

1）目标原则

在激励机制中，设置目标是一个关键环节。目标设置必须同时体现组织目标和员工需要的要求。

2）物质和精神激励相结合的原则

物质激励是基础，精神激励是根本。在两者结合的基础上，逐步过渡到以精神激励为主，如股权激励。

3）引导性原则

外激励措施只有转化为被激励者的自觉意愿，才能取得激励效果。因此，引导性原则是激励过程的内在要求。

4）合理性原则

激励的合理性原则包括两层含义：其一，激励的措施要适度。要根据所实现目标本身的价值大小确定适当的激励量；其二，奖惩要公平。

5）明确性原则

激励的明确性原则包括三层含义：其一，明确。激励的目的是需要做什么和必须怎么做；其二，公开。特别是分配奖金等大量员工关注的问题时，更为重要。其三，直观。实施物质奖励和精神奖励时都需要直观地表达它们的指标，总结和授予奖励和惩罚的方式。直观性与激励影响的心理效应成正比。

6）时效性原则

要把握激励的时机，“雪中送炭”和“雨后送伞”的效果是不一样的。激励越及时，越有利于将人们的激情推向高潮，使其创造力连续有效地发挥出来。

7）正、负激励相结合的原则

所谓正激励就是对员工的符合组织目标的期望行为进行奖励。所谓负激励就是对员工违背组织目的的非期望行为进行惩罚。正负激励都是必要而有效的，不仅作用于当事人，而且会间接地影响周围其他人。

8）按需激励原则

激励的起点是满足员工的需要，但员工的需要因人而异、因时而异，并且只有满足最迫切需要（主导需要）的措施，其效价才高，其激励强度才大。因此，领导者必须深入地进行调查研究，不断了解员工需要层次和需要结构的变化趋势，有针对性地采取激励措施，才能收到实效。

2. 激励方法

激励机制不是先于管理而存在的，而是在管理活动过程中不断形成的。管理者恰当而有效地运用激励手段和方法，一方面会直接影响员工积极性的发挥；另一方面也是在构建合理的激励机制。激励方法主要有以下几种：

1）物质利益激励法

物质利益激励法就是以物质利益（如工资、奖金、福利以及各种实物等）为诱因对员工进行激励的方法。最常见的物质利益激励有物质奖励激励和物质惩罚激励两种方法。

（1）物质奖励激励。物质奖励激励是指组织以奖励作为诱因，驱使员工采取最有效、最合理的行为。物质奖励激励通常是从正面对员工进行引导，是一种正激励。企业首先根据组织工作的需要，规范员工的行为，如果符合一定的行为规范，员工可以获得一定的奖励。员工对奖励追求的欲望，促使他的行为必须符合行为规范，同时给企业带来有益的活动成果。

例如，薪酬激励就是一种最基本的物质激励措施。获得薪酬是许多员工参与企业活动的基本目的。薪酬制度的建立和完善是管理激励的基本工作内容之一。除与基本工作相应的基本工资外，员工的薪酬通常采用绩效工资。企业突出绩效工资意味着员工是根据他的绩效贡献而得到奖励的，因此这种工资一般又称奖励工资。它实际上是激励的期望理论和强化理论的逻辑结果，因为增加工资是和工作行为挂钩的。

（2）物质惩罚激励。物质惩罚激励是指组织利用惩罚手段，促使员工采取符合组织需要的行动的一种激励。在物质惩罚激励中，组织要制定一系列的员工行为规范，并规定逾越了行为规范的不同的惩罚标准。物质惩罚手段包括扣发工资、奖金、罚款、赔偿等。人们避免惩罚的需求和愿望促使其行为符合特定的规范。

2）社会心理激励

社会心理激励，是指管理者运用各种社会心理学方法，刺激被管理者的社会心理需要，以激发其动机的方式与手段。这种激励方式是以人的社会心理因素作为激励的诱因的。主要包括以下一些具体形式：

（1）目标激励。目标激励即以目标为诱因，通过设置适当的目标，激发动机，调动积极性的方式。可用以激励的目标主要有三类，工作目标、个人成长目标和个人生活目标。管理者可通过对这三类目标的恰当选择与合理设置有效地调动员工的积极性。

实践表明，当目标明确并具有挑战性时，能更有效地激励个体或团队行动。目标管理理论将目标的具体性、参与决策、明确时间规定、绩效反馈作为目标激励的四个组成部分。当员工们亲自参加的目标确定时，士气会更高，也会产生更大的责任感来完成目标。对员工的行动做出准确的反馈，可以帮助他们调整工作方法，鼓舞他们为实现目标作坚持不懈的努力。

（2）教育激励。这是指通过教育的方式与手段，激发动机、调动下级积极性的形式。具体包括政治教育和思想工作。

（3）表扬与批评。表扬与批评是管理者经常运用的激励手段。要讲究表扬与批评的艺术，因为它将直接关系到表扬与批评的效果。

（4）感情激励。感情激励即以感情作为激励的诱因，调动人的积极性。感情激励主要包括以下几方面内容：在上下级之间建立融洽和谐的关系；促进下级之间关系的协调与融合：营造健康、愉悦的团体氛围，满足组织成员的归属感。

（5）尊重激励。随着人类文明的发展，人们越来越重视尊重的需要。管理者应利用各种机会信任、鼓励、支持下级，努力满足其尊重的需要，以激励其工作的积极性。

（6）参与激励。参与激励即以让下级参与管理为诱因，调动下级的积极性和创造性。下级参与管理，有利于集中群众意见，以防决策的失误，有利于满足下级受尊重的心理需要，从而受到激励；有利于下级对决策的认同，从而激励他们积极自觉地去推进决策的实施。

比如目前常用的“员工持股计划”既是一种物质激励也是一种参与激励。实施员工持股计划（employee stock ownership plans，ESOPs）是给予员工部分企业的股权，允许他们分享改进的利润绩效。相对而言，员工持股计划在小企业的管理中比较流行，但也有像宝洁公司这样的大企业在采用这种激励计划。员工持股计划实际上是公司以放弃股权的代价来提高生产率水平，绝大多数企业主管发现这种激励形式的效果很不错。员工持股计划使得员工们更加努力工作，因为他们是所有者，要分担企业的盈亏。但要使这种激励计划有效进行，管理人员必须向员工提供全面的公司财务资料，赋予他们参加主要决策的权利，以及给予他们包括选举董事会成员在内的投票权。

（7）榜样激励。“榜样的力量是无穷的”，管理者应注意用先进典型来激发下级的积极性。榜样激励主要包括以下两方面：先进典型的榜样激励、管理者自身的模范作用。

（8）竞赛激励。人们普遍存在着争强好胜的心理，这是由于人谋求实现自我价值、重视自我实现需要所决定的。管理者结合工作任务，组织各种形式的竞赛，鼓励各种形式的竞争，就会极大地激发员工的热情、工作兴趣和克服困难的勇气与力量。

3）工作激励

按照赫茨伯格的双因素理论，对人最有效的激励因素来自工作本身，即满意于自己的工作是最大的激励。因此，管理者必须善于调整和调动各种工作因素，搞好工作设计，千方百计地使下级满意自己的工作，以实现最有效的激励。在实践中，一般有以下几种途径：

（1）工作适应性。即工作的性质和特点与从事工作的员工的条件与特长相吻合，能充分发挥其优势，引起其工作兴趣，从而使员工高度满意于工作。

（2）工作的意义与工作的挑战性。员工怎样看待自己所从事的工作，直接关系到其对工作的兴趣与热情，进而决定其工作积极性的高低。

（3）工作的完整性。人们愿意在工作实践中承担完整的工作。从一项工作的开始到结束都是由自己完成的。工作的成果就是自己努力与贡献的结晶，从而可获得一种强烈的成就感。

（4）工作的自主性。人们出于自尊和自我实现的需要心理，期望独立自主地完成工作，而自觉不自觉地排斥外来干预，不愿意在别人的指使或强制下被迫工作。这就要求管理者能尊重下级的这种心理、通过目标管理等方式，明确目标与任务，提出规范与标准，然后，大胆授权，放手使用，让下级进行独立运作，自我控制。

比如，目前一些高技术企业采用灵活的工作日程管理。灵活的工作日程主要指取消对员工固定的五日上班 8 小时工作制的限制。修改的内容包括四日工作制、灵活的时间以及轮流工作。执行四日工作日，员工就是工作 4 天，每天 10 小时，而不是五日工作制中的每天从上午 8 点到下午 5 点的 8 个小时。这一激励目的，是满足员工想得到更多闲暇时间的需要。灵活的时间就是让员工自己选择工作日程。轮流工作是让两个或两个以上的人共同覆盖某一项每工作周 40 小时的工作。这一激励计划意味着公司同意使用兼职员工，这很大程度上是为了满足带孩子的母亲的需要，同时又消除了员工因长期从事某种工作而导致的枯燥和单调。

（5）工作扩大化。影响工作积极性的最突出原因是员工厌烦自己所从事的工作，而造成这种现象的基本原因之一就是工作的单调乏味或简单重复。工作扩大化旨在消除单调乏味的状况，增加员工工作的种类，令其同时承担几项工作或周期更长的工作。具体形式有：兼职作业、工作延伸、工作轮换。

（6）工作丰富化。工作丰富化指让员工参与一些具有较高技术或管理含量的工作，即提高其工作的层次，从而使职工获得一种成就感，使其渴望得到尊重的需要得到满足。具体形式包括：将部分管理工作交给员工，使员工也成为管理者；吸收员工参与决策和计划，提升其工作层次；对员工进行业务培训，全面提高其技能；让员工承担一些较高技术的工作，提高其工作的技术含量等。

工作扩大化是指从横向上增加工作的种类，而工作丰富化则是指从纵向上提高工作的层次，两者的作用都在于克服工作的单调乏味，拓展工作的内涵或外延，增加员工的工作兴趣。

（7）及时获得工作成果反馈。管理者在工作过程中，应注意及时测量并评定、公布员工的工作成果，尽可能早地使员工得到工作的反馈。员工们及时看到他们的工作成果，这就会有效地激发其工作积极性，促使其努力扩大战果。

9.2 团　队

9.2.1　团队概述

团队是现代社会条件下的高绩效组织形式，是现代条件下合作的高级形式。团队管理带来管理职能与方式的深刻变革。

企业大都建立传统的垂直式、功能化的组织模式。它是一种包含多层次的金字塔结构，实行一种高权威、高结构、逐级负责的纵向管理，称为“命令型”群体。在经济全球化、信息化，市场竞争激烈化、快速化的条件下，这种传统的组织模式已明显不适应。打破僵化的分工与等级制，凸显合作、自主与协调，成为时代的趋势，扁平式的团队管理组织应运而生。

1. 团队的含义与特征

1）团队的含义

本书将团队定义为：团队是由员工和管理层组成的一个共同体，该共同体合理利用每一个成员的知识和技能协同工作，解决问题，达到共同的目标。团队是一种有明确目标与个人角色定位，强调自主管理、自我控制、沟通良好、和谐合作的一种扁平式组织形式。

2）团队的特征

“团队”与“命令型”组织相比，其本质差别与显著特征有：

（1）团队在组织形态上，团队属扁平式组织。实行团队模式的企业，管理层次较少，取消许多中间管理层次，以保证员工可以直接面对顾客与公司的总目标。

（2）在目标定位上，团队有明确的目标，每个成员有明确的角色定位与分工。团队成员的角色主要有三种：以工作为导向的角色，其主要任务是促进团队目标的实现；以关系为导向的角色，其主要任务是促进团队各种关系的协调与发展；以自我为导向的角色，其主要任务是注重自我价值的实现。

（3）在控制上，强调自主管理，自我控制。在团队中，领导者逐步由监督者变为协调者，团队成员充分发挥主动性、创造性，为满足顾客的需要与实现企业的总目标而自觉奋斗。

（4）在功能上，形成一种跨部门、交叉功能的融合体系。团队由来自不同部门的成员组成，淡化原有界限，实现功能交叉与融合，多种技能互补，进行高度融合的协同作战。

（5）在相互关系上，构建和谐、合作的团体。团队成员有共同的价值观与理念，建立良好的沟通渠道，相互之间高度信任，团结合作，整体协调，形成强大的凝聚力与战斗力。

2. 团队构成要素

团队有几个重要的构成要素，总结为 5P。

1）目标（purpose）

团队应该有一个既定的目标，为团队成员导航，知道要向何处去，没有目标这个团队就没有存在的价值。团队的目标必须与组织的目标一致，此外还可以把大目标分成小目标具体分到各个团队成员身上，大家合力实现这个共同的目标。同时，目标还应该有效地向大众传播，让团队内外的成员都知道这些目标，有时甚至可以把目标贴在团队成员的办公桌上、会议室里，以此激励所有人为这个目标去工作。

2）人（people）

人是构成团队最核心的力量，两个（包含两个）以上的人就可以构成团队。目标是通过人员具体实现的，所以人员的选择是团队中非常重要的一个部分。在一个团队中可能需要有人出主意，有人定计划，有人实施，有人协调不同的人一起去工作，还有人去监督团队工作的进展，评价团队最终的贡献。不同的人通过分工来共同完成团队的目标，在人员选择方面要考虑人员的能力如何，技能是否互补，人员的经验如何。

3）定位（place）

团队的定位包含两层意思：团队的定位，团队在企业中处于什么位置，由谁选择和决定团队的成员，团队最终应对谁负责，团队采取什么方式激励下属，个体的定位，作为成员在团队中扮演什么角色，是订计划还是具体实施或评估。

4）权限（power）

团队当中领导人的权力大小与团队的发展阶段相关，一般来说，团队越成熟领导者所拥有的权力相应越小，在团队发展的初期阶段领导权是相对比较集中。

5）计划（plan）

计划的两层面含义：第一，目标最终的实现，需要一系列具体的行动方案，可以把计划理解成目标的具体工作程序；第二，提前按计划进行可以保证团队的顺利进度。只有在计划的操作下团队才会一步一步地贴近目标，从而最终实现目标。

3. 团队类型

1）工作团队

这是最基本、最普遍的团队形式。工作团队主要承担企业生产经营等基本工作任务，如设计、制造和储运、销售产品，或提供服务给其内外客户，并按这些工作任务组成团队。工作团队由组织明确定义其职能，并由全职稳定的成员所组成。在制造业中，一个工作团队应该包含一组接受过多重技术训练的操作员，他们可以从事某种特殊商品生产所需要的所有工作。

2）项目团队

项目团队主要承担某个工作项目或解决特殊问题等专题性任务。如特别任务小组、流程改善小组、特定问题解决小组等就属于项目团队。项目团队的成员大多是从一两个工作团队中吸收而来，往往是暂时性的。该团队成员一般具有专门知识与技能，可以发挥专业与技能整合优势。

3）管理团队

管理团队主要负责对下属一些部门或人员进行指导与协调。管理团队依靠与传统的“命令型”组织的集权式的纵向管理不同的方式，管理下级或改善团队的绩效，促进团队的协调与整合，管理者从监督者变成协调者。管理团队，既包括组织最高层这样的专司管理职能的团队，又包括质量管理小组、稽核小组这样的由兼职人员组成的团队，还包括由组织的资深经理人以及来自不同的跨部门与部门工作团队的领导者组成的管理团队。

4）虚拟团队

现代信息通信技术的飞速发展，突破了合作的时空限制，因此一种新型团队——虚拟团队，在这样的大背景下应运而生。虚拟团队是人员分散于远距离的不同地点但通过远距离通信技术一起工作的团队。虚拟团队的人员分散在相隔很远的地点，可以是在不同城市，甚至可以跨国、跨洲。人员可以跨不同的组织。工作时间可以交错。联系依靠现代通信技术，他们共同完成共同的目标和任务。虚拟团队一般为无边界组织。

【互动课堂】

西游取经团队

《西游记》是中国古典四大名著之一，由明代小说家吴承恩编撰而成。唐朝和尚玄奘在沙僧、悟空、八戒、白龙马的协助下，历尽千辛万苦终于取得三藏真经而回。途中经历和各种妖魔鬼怪、恶劣环境的斗争，自然也有观世音、土地老等人物出手相助。

讨论问题：（1）西游记中师徒四人是不是一个团队？（2）唐僧为什么能够成为团队领导者？（3）根据西游故事，试分析如何打造高效团队？

9.2.2 团队建设

1. 团队建设阶段

团队的建设一般分为四个阶段，每个阶段团队的成熟度不同，其表现出来的特征不同，建设目标和对策就要做出相应的调整。

1）探索期：从混乱中理顺头绪的阶段

（1）团队特征。团队成员由不同动机、需求与特性的人组成，此阶段缺乏共同的目标，彼此之间的关系也尚未建立起来，人与人的了解与信赖不足，尚在磨合之中，整个团队还没建立规范，或者对于规矩尚未形成共同看法，这时矛盾很多，内耗很多，一致性很少，花很多力气，产生不了效果。

（2）团队目标。立即掌握团队，快速让成员进入状态，降低不稳定的风险，确保事情的进行。

（3）策略安排。此阶段的领导风格要采取控制型，不能放任，目标由领导者设立（但要合理），清晰直接地告知想法与目的，不能让成员自己想象或猜测，否则容易走样。关系方面要强调互相支持，互相帮忙，此时期人与人之间关系尚未稳定，因此不能太过坦诚，此时期也要快速建立必要的规范，不需要完美，但需要能尽快让团队进入轨道，这时规定不能太多太烦琐，否则不易理解，又会导致绊手绊脚。

2）雏形期：开始产生共识与积极参与的阶段

（1）团队特征。经过一段时间的努力，团队成员逐渐了解领导者的想法与组织的目标，互相之间已经由熟悉而产生默契，对于组织的规矩也逐渐了解，违规的事项逐渐减少。这时日常事务都能正常运作，领导者不必特别费心，也能维持一定的生产力。但是组织对领导者的依赖很重，主要的决策与问题，需要领导者的指示才能进行，领导者一般非常辛苦，如果其他事务繁忙，极有可能耽误决策的进度。

（2）团队目标。挑选核心成员，培养核心成员的能力，建立更广泛的授权与更清晰的权责划分。

（3）策略安排。此时期的领导重点是在可掌握的情况下，对于较为短期的目标与日常事务，能授权部属直接进行，只要定期检查，与维持必要的监督。在成员能接受的范围内，提出善意的建议，如果有新进人员进入，必须尽快使其融入团队之中，部分规范成员可以参与决策。但在逐渐授权的过程，要同时维持控制，不能一下子放太多，否则回收权力时会导致士气受挫，配合培训是此时期很重要的事情。

3）成长期：团队成员可以公开表达不同意见的阶段

（1）团队特征。借由领导者的努力，建立开放的氛围，允许成员提出不同的意见与看法，甚至鼓励建设性的冲突，目标由领导者制定转变为团队成员的共同愿景，团队关系从保持距离、客客气气变成互相信赖、坦诚相见，规范由外在限制，变成内在承诺，此时期团队成员成为一体，愿意为团队奉献，智慧与创意源源不断。

（2）团队目标。建立愿景，形成自主化团队，调和差异，运用创造力。

（3）策略安排。这时领导者必须创造参与的环境，并以身作则，允许差异与不同的声音，初期会有一阵子的混乱，许多领导者害怕混乱，又重新加以控制，会导致不良的后果，可以借助第五项修炼中的建立共同愿景与团队学习的功夫，可以有效地渡过难关，此时期是否转型成功，是组织长远发展的关键。

4）成熟期：品尝甜美果实的阶段

（1）团队特征。借由过去的努力，组织形成强而有力的团队，所有人都有强烈的一体感，组织爆发前所未有的潜能，创造出非凡的成果，并且能以合理的成本，高度满足客户的需求，高效率实现组织目标。

（2）团队目标。保持成长的动力，避免老化。

（3）策略安排。运用系统思考，综观全局，并保持危机意识，持续学习，持续成长。

2. 团队建设注意事项

1）合理设置团队目标

科学地设定团队的目标，是团队建设的首要任务。团队的目标，既是团队设立的出发点与归宿，又是凝聚团队成员、合作协调、团结奋战的纽带。设定团队的目标要先进合理，既要可行，又要具有挑战性，以激励团队成员合作奋战，并尽可能使成员的个人目标与团队的目标紧密融合。

2）培育团队文化

共同的价值观与文化是团队建设的灵魂。首先，要确立正确的价值观，并通过各种文化建设的途径，使全体成员共同认可，进而塑造健康向上的团队精神，全面建设具有本团队特色的组织文化。

3）促进成员技能互补

要根据目标的要求，科学设计不同部门之间成员的组合，注重成员技能的培养，促进不同技能间的互补，以形成团队的整合优势。

4）控制合理的团队规模

如果团队的规模过大，人数过多，就无法进行团队所需要的建设性沟通与互动，成员对管理与决策的参与程度低，对于共同面临的一些问题也不易达成共识。因此，要适当控制团队的规模，以保证有效的沟通与合作。

5）做好团队沟通与激励

逐步摒弃传统的行政命令与监督控制手段，主要倚重沟通、激励等现代管理手段，以平等的、相互高度信任的态度，充分协商，无边界沟通，并进行有效激励，营造和谐、向上的氛围，实现一种近乎“无为而治”的管理境界。

6）充分利用现代信息系统

现代信息科技将员工们彼此连接在一起，计算机和互联网系统可以让团队成员在团队内与团队间彼此沟通，也可以与客户、供应商和企业伙伴取得联络。因此，要按照团队建设的要求重新设计与完善信息系统，实现团队内外信息的有效沟通，促进团队的合作与协调。

7）科学设计报酬体系

必须突破传统的奖酬理念与体系，采取一种以知识技能为中心团队，即把员工的技能与知识作为决定奖酬多少的主要依据，而不是依其所处的职位而定。同时，要把团队绩效与整个团队的奖酬挂钩，利益与风险共担，荣辱与共，使团队真正成为利益共同体。

【知识巩固】

一、单选题

1. 以目标为诱因，通过设置先进合理的目标，激发动机，调动积极性的激励方式是（　　）。

A. 目标激励　　B. 参与激励

C. 竞赛激励　　D. 工作激励

2. 以下不属于社会心理激励措施的是（　　）。

A. 目标激励　　B. 教育激励

C. 榜样激励　　D. 薪酬激励

3. 下列不属于物质激励的是（　　）。

A. 工资　　B. 奖金

C. 各种形式的津贴　　D. 关心照顾

4. 激励作用的大小，与效价、期望值成（　　）比。

A. 正　　B. 反　　C. 等　　D. 无关

5. 马斯洛提出人的需要通常可以分为（　　）个层次。

A. 二　　B. 三　　C. 五　　D. 八

6. 双因素论是美国心理学家（　　）提出来的。

A. 梅奥　　B. 马斯洛　　C. 赫兹伯格　　D. 德鲁克

7. 以下可以称为团队的是（　　）。

A. 唐僧师徒　　B. 悟空与八戒

C. 林黛玉与贾宝玉　　D. 张生与崔莺莺

8. 港珠澳大桥建设团队是属于（　　）。

A. 工作团队　　B. 项目团队

C. 管理团队　　D. 虚拟团队

9. 孔子在《论语·季氏》第十六篇中指出："闻有国有家者，不患寡而患不均，不患贫而患不安。"其"不患寡而患不均"体现（　　）激励理论。

A. 双因素理论　　B. 公平理论

C. 归因理论　　D. 成就理论

10. 一些高技术企业采用灵活的工作日程管理是一种（　　）。

A. 工作激励　　B. 物质激励

C. 社会心理激励　　D. 精神激励

二、多选题

1. 团队建设的阶段包括（　　）。

A. 探索阶段　　B. 雏形阶段

C. 成长阶段　　D. 成熟阶段

2. 根据双因素理论，以下属于激励因素的是（　　）。

A. 工资报酬　　B. 工作环境

C. 工作上的成就感　　D. 职务上的责任感

3. 麦克利兰把人的高层次需求归纳为（　　）。

A. 成就　　B. 权力　　C. 亲和　　D. 生理

4. 归因理论认为，人总是试图为自己所做的事寻找合理的原因，人们把成功与失败归结于何种因素会决定其工作的积极性。以下归因有利于端正工作态度的是（　　）。

A. 把失败归因为外因　　B. 把失败归因为内因

C. 把成功归因为外因　　D. 成功归因为内因

5. 员工的积极性取决于他所感受的分配上的公正程度（即公平感），而员工的公平感取决于（　　）。

A. 社会比较　　B. 历史比较

C. 生理需求的满足　　D. 心理需求的满足

6. 激励的主要原则有（　　）。

A. 正、负激励相结合的原则　　B. 物质和精神激励相结合的原则

C. 时效性原则　　D. 按需激励原则

7. 表扬与批评作为激励手段，应用时注意（　　）。

A. 坚持以表扬为主，批评为辅

B. 必须以事实为依据

C. 要讲究表扬与批评的方式、时机、地点，注重实际效果

D. 批评要对事不对人

三、判断题

1. 物质利益激励是指以物质利益为诱因，通过刺激被管理者物质利益需要，以激发或强化其努力实现组织目标的动机的方式与手段。主要包括奖酬激励、关心照顾和处罚。（　　）

2. 激励的核心作用是调动人的积极性。（　　）

3. 需要层次论中，最重要的需要是社交需要。（　　）

4. 几个朋友在一起喝茶，他们也可以称为一个团队。（　　）

5. 马斯洛需要层次表明，人的行为只受某一层次的需要驱动。（　　）

6. 期望理论认为：假如一个人把某种目标的价值看得很大，估计能实现的概率也很高，那么这个目标激发动机的力量越强烈。（　　）

7. 激励就是奖励。（　　）

8. 有些公司采用工资保密制，是基于公平理论的考虑。（　　）

四、简答题

1. 马斯洛需求层析的主要观点是什么？谈谈如何在管理实践中应用该理论。
2. 请列举你学习和生活中受到激励的事件，并说明这种激励的原理是什么？
3. 简述不同流派的激励理论，并谈一谈你对他们的评价？
4. 试述管理中不同激励方法的优劣？
5. 谈一谈如何组织虚拟团队并制定虚拟团队的激励措施？

【案例研讨】

<table>
<tr><td>模　块</td><td>模块 4 领导职能</td><td>姓　名</td><td></td></tr>
<tr><td>单　元</td><td>单元 9 激励与团队</td><td>讨 论 组</td><td></td></tr>
<tr><td>案例内容</td><td colspan="3">

华为的股权激励

在华为深圳总部一间密室的玻璃橱柜里，放了 10 本蓝色的册子。这些册子里记录着约 80 000 名员工的姓名、身份证号码以及其个人信息，册中的员工持有公司约 99% 的股份。这种惠及几乎所有员工的股权制度也许正是华为取得成功的奥秘之所在。华为的内部员工持股计划是逐步形成的，大致可以分为三个阶段。

第一个阶段 1990—2000 年。本质是分红权。形式是内部股票售卖。这个阶段为理念偏差、方法错误、结果正确的阶段。

理念偏差，指华为当年是基于资金的需要和对核心技术人员的垄断而实施的股权释放，融资的目的大于激励的目的。

方法错误指华为当年释放的股权种类模糊。实股与虚拟股边界模糊、分红权与所有权界定不清晰。华为股权凭证当时是 1 元 1 股的价格售卖给员工，没有按照当时的公司实际价值售卖。比如 1993 年华为每股净资产价格为 5.83 元，但一股股票价格为 1 元，而且这种情况一致延续到 2000 年。这种股从员工角度上是真正的实股，只是没有注册，但是华为对离职员工手中股权回购的价格也是 1 元，没有体现股权的增值型权益，也为以后员工官司埋下了隐患。

结果正确指在实施股权的 10 年间华为业绩由 1 亿增加到 220 亿，员工数量由 20 人突破 15 000 人，渡过了研发期资金的缺口期。

第二个阶段是 2001—2013 年。引进虚拟受限股。采用分红权 + 增值权的模式。这个阶段为方法论阶段，重视体系、尊重科学、全面客观。这里面有 IBM 当年的影响。

1998 年华为高层赴美商务考察时，一种全新的股权概念进入华为的视野——虚拟股。虚拟受限股操作是华为每年向工会定向增发股票，工会按照当年每股净资产价格购买华为股权。工会根据增发的华为公司股票的比例，向员工派发相应数量的虚拟股票。按照当年每股净资产价格售卖给员工。

华为从 1997 年开始着手处理第一阶段股权隐患的问题。先是完成了公司治理结构的调整，所有股东的股权集中托管给华为总工会。员工只享有分红的权利，由工会选举员工代表参与公司股东大会。其次要慢慢地消化之前卖掉的实股转化成虚拟股的问题。再有就是华为把员工挤兑要求公司回购股票的周期做了明确的约定，提前刺破了挤兑风险。这之后华为终于要踏上激励体系标准化制定的征程。

2001 年，是华为改革深入的分水岭。2001 年之前，华为实施全员持股，重点是筹集资金。当时员工购买股票，给谁多给谁少，就没有明确的标准，甚至可以说，员工以每股 1 块钱的价格，你想买多少，公司都愿意卖给你。所以，是一种“普惠制”，人人有份。2001 年之后，华为实施虚拟股，是根据业绩与职级进行配股，标志着华为的股权激励，从“普惠制”转向“重点激励奋斗者”。也就是如果你是公司倡导的奋斗者，公司就会授予你更多的购买额度，你是普通员工，购买额度就会少很多。这是重点倾斜而且是旗帜鲜明地为奋斗者的优秀人员背书。

到 2008 年，华为针对老员工懈怠、贡献度下降，失去了奋斗者精神或再无战力的情况。华为微调了虚拟股的政策，推出了饱和配股制。

根据岗位级别，确定持股上限。比如，12 级职工，你的持股上限就是 2 万股，13 级员工的持股上限是 4 万股。每个级别达到上限后，就不再参与新的配股。华为的新增配股，主要分给了一些新员工、年富力强的员工，对华为贡献大的员工。这很明显地，向新员工、向“奋斗者”做利益倾斜。这个阶段的华为，每一个员工股数的多少都根据其对应岗位的贡献度有关，华为人力资源部门依托海氏评估确定每个人岗位的贡献度，根据绩效考核指标完成情况确定匹配的股份数量。

第三个阶段 2013 年至今。增加 TUP 计划，全面覆盖激励对象。

2013 年 TUP 时间单位计划应运而生。什么是 TUP，以 5 年为周期，预先授予员工分红权与增值权的权益，权益需要在未来 5 年内逐步解锁兑现，解锁条件与每年业绩挂钩，兑现后自动销毁重新开始。该计划推出主要有两个因素：①从饱和配股制开始华为就逐步在搭建完整的动态股权激励体系。TUP 在虚拟股的基础上更进一步，两者相互促进相互推动，有助于奋斗者计划以及华为激励体系的完善。②华为外籍员工越来越多，他们无法参与到公司虚拟股计划中，华为需要一套能让外籍员工参与进来的激励计划。TUP 不需要花钱认购，但与每个岗位的绩效指标完成度有关，且兑现后自动清零。

股权激励将员工的人力资本与企业发展紧密联系起来，形成了良性的循环，不仅使得华为安然渡过了 IT 行业的“寒冬”，而且为公司的后续发展奠定了坚实的基础。与此同时，华为的股权激励政策也让员工因持股而能分享企业发展的红利，一些员工的股权收益甚至远远超过工资收入。当员工在企业中的经济收入不仅取决于自己的劳动贡献，而且取决于自己的股权参与时，企业的人力资源管理必然会遇到新的挑战。

</td></tr>
</table>

<table>
<tr><td rowspan="4">案例分析</td><td>分析问题 1</td><td>华为的股权激励符合哪些激励理论？</td></tr>
<tr><td colspan="2">个人分析：</td></tr>
<tr><td>分析问题 2</td><td>你以为股权激励在员工行为管理上可能会引发哪些新的问题？如何应对这些问题？</td></tr>
<tr><td colspan="2">个人分析：</td></tr>
<tr><td>小组讨论结论</td><td colspan="2"></td></tr>
<tr><td rowspan="2">教师评价</td><td>星级</td><td>☆☆☆☆☆</td></tr>
<tr><td colspan="2">评语：</td></tr>
</table>

【游戏体验】1

<table>
<tr><td>模块</td><td colspan="4">模块 4　领导职能</td></tr>
<tr><td>单元</td><td colspan="4">单元 9　激励与团队</td></tr>
<tr><td>游戏名称</td><td colspan="4">争夺奖金</td></tr>
<tr><td rowspan="7">游戏玩法</td><td>序　号</td><td>内　容</td><td colspan="2">说　明</td></tr>
<tr><td>1</td><td>活动目的</td><td colspan="2">让学生体会激励的作用，学会如何引进激励机制提高参与性。</td></tr>
<tr><td>2</td><td>游戏形式</td><td colspan="2">小组参与</td></tr>
<tr><td>3</td><td>时间要求</td><td colspan="2">15 min</td></tr>
<tr><td>4</td><td>材料准备</td><td colspan="2">根据小组数量准备若干幅找不同的图片。</td></tr>
<tr><td>5</td><td>操作程序</td><td colspan="2">（1）将学生分为 3 ~ 5 组。
（2）每组发放 1 ~ 2 幅找不同的图片。
（3）用 3 min 时间，让组员找到所有的不同点。
（4）每找到一处加 1 分，最后的小组被罚 10 元，分数最高的小组可以获得 10 元奖励。</td></tr>
<tr><td>6</td><td>讨论问题</td><td colspan="2">（1）你们组的“战绩”如何？为什么出现这样的结果？
（2）本次游戏活动涉及哪些激励方法？这些激励方法对学生参与游戏的积极性是否有作用？
（3）你有没有更好地提高游戏参与积极性和“战绩”水平的措施？</td></tr>
<tr><td rowspan="3">游戏计划安排</td><td colspan="4"></td></tr>
<tr><td>班　　级</td><td></td><td>组长签字</td><td></td></tr>
<tr><td>教师签字</td><td></td><td>日　　期</td><td></td></tr>
<tr><td>游戏问题讨论与心得体会</td><td colspan="4">心得：</td></tr>
</table>

【游戏体验】2

<table>
<tr><td>模块</td><td colspan="3">模块 4　领导职能</td></tr>
<tr><td>单元</td><td colspan="3">单元 9　激励与团队</td></tr>
<tr><td>游戏名称</td><td colspan="3">建塔游戏</td></tr>
<tr><td rowspan="7">游戏玩法</td><td>序　号</td><td>内　容</td><td>说　明</td></tr>
<tr><td>1</td><td>活动目的</td><td>让团队成员在执行团队任务中发挥创意，并且让每组组员都能扮演各自的角色，为完成团队任务作出贡献。体验团队建设的要领。</td></tr>
<tr><td>2</td><td>游戏形式</td><td>小组参与形式</td></tr>
<tr><td>3</td><td>时间要求</td><td>10 ~ 15 min</td></tr>
<tr><td>4</td><td>材料准备</td><td>报纸或者 A4 纸若干（各组相同即可），胶带一卷，剪刀一把，订书机一个。</td></tr>
<tr><td>5</td><td>操作要求</td><td>教师发给每个小组材料，并说明每组在 25 min 之内用这些材料建一座你认为最漂亮的塔。这座塔的塔高至少 50 cm，外形要求美观，结构合理，创意统一。
做完之后，每组把塔摆在大家面前，培训师安排进行评比。胜出小组会得到一些小礼品。</td></tr>
<tr><td>6</td><td>讨论问题</td><td>（1）在你的小组工作过程中，是否每个人都有参与？
（2）当别人参与程度不够的时候，你有什么感觉？
（3）你的塔的创意是怎样得来的？
（4）你对小组的合作有什么看法？
（5）你如何评价你们的团队？
（6）怎样才能成为高效率团队？</td></tr>
<tr><td rowspan="3">游戏计划安排</td><td colspan="3"></td></tr>
<tr><td>班　级</td><td></td><td>组长签字　</td></tr>
<tr><td>教师签字</td><td></td><td>日　期　</td></tr>
<tr><td>游戏问题讨论与心得体会</td><td colspan="3">心得：</td></tr>
</table>

【技能实训】

<table>
<tr><td>模块</td><td colspan="4">模块 4　领导职能</td></tr>
<tr><td>单元</td><td colspan="4">单元 9　激励与团队</td></tr>
<tr><td>技能</td><td colspan="4">激励技能</td></tr>
<tr><td rowspan="4">实训安排</td><td>序　号</td><td>项　目</td><td colspan="2">说　明</td></tr>
<tr><td>1</td><td>实训目的</td><td colspan="2">强化学生学习积极性；培养制定激励制度的能力；体会激励在管理中的具体应用。</td></tr>
<tr><td>2</td><td>实训内容</td><td colspan="2">制定你所在班级提高和改善班风的整体性激励制度。</td></tr>
<tr><td>3</td><td>实训要求</td><td colspan="2">（1）事先进行学生需求调查和班风问题调查。
（2）选择合理有效的激励手段。
（3）编制的激励制度具有可执行性。</td></tr>
<tr><td rowspan="4">实训过程记录</td><td colspan="2">需求分析</td><td colspan="2"></td></tr>
<tr><td colspan="2">班风问题</td><td colspan="2"></td></tr>
<tr><td colspan="2">激励手段</td><td colspan="2"></td></tr>
<tr><td colspan="2">制度文案</td><td colspan="2"></td></tr>
<tr><td rowspan="3">实训评价</td><td>班　　级</td><td></td><td>姓　　名</td><td></td></tr>
<tr><td>教师评价</td><td></td><td>自我评价</td><td></td></tr>
<tr><td colspan="4">我的实训心得：</td></tr>
</table>

【学习评价】

<table>
<tr><td>模　　块</td><td colspan="4">模块 4　领导职能</td></tr>
<tr><td>单　　元</td><td colspan="2">单元 9　激励与团队</td><td>学　　时</td><td></td></tr>
<tr><td>我的收获</td><td>序　号</td><td colspan="2">内　容</td><td>自评星级</td></tr>
<tr><td rowspan="4">知识获取</td><td>1</td><td colspan="2"></td><td></td></tr>
<tr><td>2</td><td colspan="2"></td><td></td></tr>
<tr><td>3</td><td colspan="2"></td><td></td></tr>
<tr><td>4</td><td colspan="2"></td><td></td></tr>
<tr><td rowspan="3">能力培养</td><td>1</td><td colspan="2"></td><td></td></tr>
<tr><td>2</td><td colspan="2"></td><td></td></tr>
<tr><td>3</td><td colspan="2"></td><td></td></tr>
<tr><td rowspan="2">素质提升</td><td>1</td><td colspan="2"></td><td></td></tr>
<tr><td>2</td><td colspan="2"></td><td></td></tr>
<tr><td>问题反馈</td><td colspan="4"></td></tr>
<tr><td rowspan="2">教师评价</td><td colspan="4">班　　级 | | 姓　　名 | | 总　　分 |</td></tr>
<tr><td colspan="4">评语：</td></tr>
</table>

模块5　控制职能

【模块知识结构】

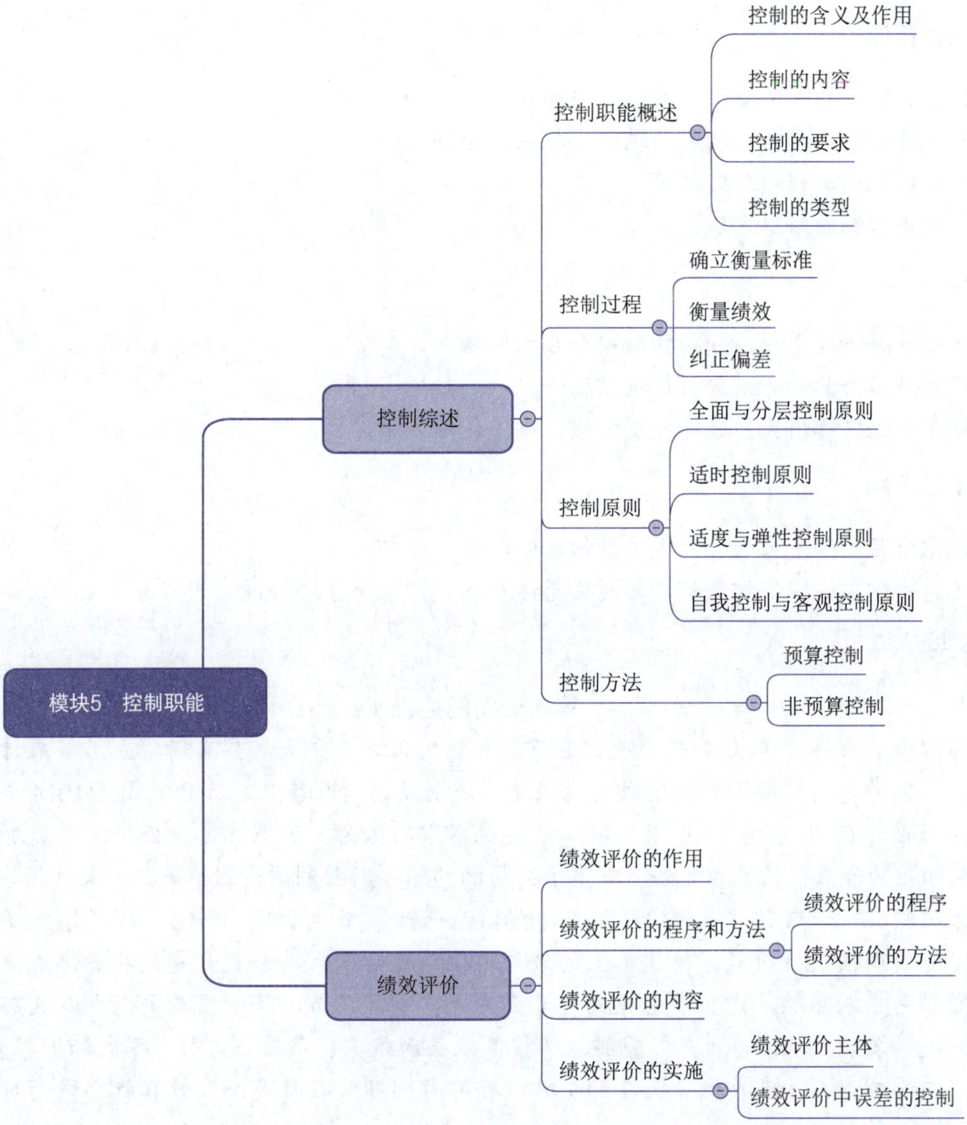

【东方管理思想】

法者，天下之至道也。

——《管子·任法》

单元10 控制综述

【学习目标】

知识目标

1. 了解控制的含义及控制的基本内容与要求；
2. 了解控制的类型、控制的过程、控制的原则；
3. 掌握控制过程的关键环节；
4. 掌握控制的基本方法。

能力目标

1. 能根据情境资料，分析控制中存在的问题；
2. 能根据企业资料，分析控制过程；
3. 会根据实际情况，选择控制方法，制定控制方案。

素质目标

1. 学习与贯彻中央关于环境污染治理的二十大精神；
2. 引导学生树立新时代下的环境生态保护意识，遵纪守法，诚实守信。

【情景导入】

苹果公司的控制

1977年，技术专家史蒂夫·沃兹尼亚克和销售天才史蒂夫·乔布斯创立了苹果计算机公司。很快公司就取得了非凡的成功。但是，成功没能持续很久，部分原因是IBM个人计算机的问世。在20世纪80年代早期，一些观察家们认为，苹果计算机公司需要更加严格的控制和更为专业化的管理方法。百事乐公司的约翰·斯科利被请到苹果公司来做指导。

为控制公司，斯科利采用了降低成本的方法来改善盈利状况，并与此同时增加了研究和开发费用以便使公司能保持技术上的领先地位。可后来，斯科利却受到指责，说他研究和开发费用投入不够，广告费用投入过多。为减少重复环节，降低损益平衡点以及部门间的摩擦，苹果计算机公司进行了重组。为提高效益和效率，苹果公司引入了新的汇报程序。此外，在控制库存方面也做了大量的工作，而库存问题又往往是个人计算机公司面对的主要问题。这些措施，连同苹果计算机公司将 Macintosh 引入 IBM 占主导的商务公司这样一个成功的战略以及桌面印刷的普及，使苹果公司 1986 年财政年度的收入增加了 150%。

苹果计算机公司的控制是如何取得成功的？有效控制的原则与方法有哪些？

【理论学习】

10.1　控制职能概述

10.1.1　控制的含义及作用

1. 控制的含义

“控制”一词最初来源于希腊语“掌航术”，意指领航者通过发号施令将偏离航线的船只拉回到正确的轨道上来。由此说明，维持朝向目的地的航向，或者说维持达成目标的正确行动路线，就是控制的核心含义。

控制就是检查工作是否按既定的计划、标准和方法进行，发现偏差分析原因，进行纠正，以确保组织目标的实现。由此可见，控制职能几乎包括了管理人员为确保实际工作与组织计划相一致所采取的一切活动。

控制和计划的关系相对密切，是一个问题的两面。计划越是明确、全面和完整，控制的效果也就越好。控制的目的在于通过采取纠正的措施，使实际工作符合原来的计划目标。

2. 控制的作用

控制具有重要的作用：

（1）控制是完成计划任务，实现组织目标的保证。控制对计划任务完成和组织目标实现的作用可归纳为两个方面：一是及时纠正计划执行过程中出现的各种偏差，督促有关人员严格按照计划的要求办事；二是检查计划对实际情况所作预见的准确性，发现计划中不符合实际的内容，及时进行调整、修正，保证计划的适用性，同时确保修正后计划得到严格执行。

（2）控制是及时改正缺点，提高组织效率的重要手段。这一作用同样表现为两个方面：一是对当前管理过程而言，控制有利于组织少走弯路，降低失误对组织效率的负面影响；二是对今后管理实践而言，帮助管理者积累经验，提高未来管理工作的效率。

（3）控制是组织创新的推动力。在控制中，控制者和被控制者都可以及时发现一些新问题，促使管理者推陈出新，在推动管理工作动态适应环境的过程中创新。

10.1.2　控制的内容

1. 对人员的控制

组织的目标是要由人来实现的，员工应该按照管理者制订的计划去做，为了做到这一点，必须对人员进行控制。对人员控制的一种最常用的方法就是直接巡视，发现问题马上进行纠正。另一种方法是对员工进行系统化的评估，通过评估，对绩效好的予以奖励，使其维持良好的表现；对绩效差的管理者就采取相应的措施，纠正出现的偏差。

2. 对财务的控制

为保证企业获取利润。维持企业正常的运作，必须进行财务控制。这主要包括审核各期的财务报表，以保证一定的现金存量，保证债务的负担不致过重，保证各项资产都得到有效利用等。预算是最常用的财务控制标准，也是一种有效的控制工具。

3. 对作业的控制

所谓作业，就是指从劳动力、原材料等物质资源到最终产品和服务的转换过程，组织中的作业质量很大程度上决定了组织提供的产品和服务的质量，而作业控制就是通过对作业过程的控制，来评价并提高作业的效率，从而提高组织提供的产品或服务的质量，组织中常用的作业控制有：生产控制、质量控制、原材料购买控制、库存控制等。

4. 对信息的控制

随着人类步入信息社会，信息在组织运行中的地位越来越高，不精确的、不完整的、不及时的信息会大大降低组织的效率。因此，在现代组织中对信息的控制显得尤为重要。对信息的控制就是建立一个管理信息系统，使它能及时地为管理者提供充分、可靠的信息。

5. 对组织效率的控制

组织效率是组织上层管理者控制的对象，组织目标的达成与否都从这里反映出来。无论是组织的内部人员，还是组织外部的人员和组织，如证券分析人员、潜在的投资者、贷款银行、供应商以及政府部门都十分关注组织的绩效。需有效地实施对组织绩效的控制，并按照目标所设定标准来衡量组织的绩效。

10.1.3 控制的要求

1. 控制要有重点

作为管理者应该密切关注出现偏差的具体事项，这些偏差对组织的目标影响不同，要善于找出关键事项。因此，并不是所有的偏差都需要控制，抓住工作过程中的关键和重点进行局部和重点控制即可。

2. 控制要及时准确

在控制过程中要及时地发现问题并及时准确地采取措施解决问题。具体有两方面要求：一是要及时准确地采取控制措施和公布控制结果，避免时过境迁，使控制失去应有的效果；二是要估计可能发生的变化，使采取的措施与已变化了的情况相适应，纠正措施的安排要有一定的预见性，采取的措施能在较长时期内有效。

3. 控制要灵活

控制过程中要尽可能制定多种应付变化的方案，并采取多种控制手段来达到控制目标。控制对象和控制过程受众多未来因素影响，未来因素总是带来很大的不确定性。

4. 控制要经济可行

控制是一项需要投入大量人力、财力和物力等资源的活动。如果控制的投入与产出不成正比，可以选择放弃控制。要想在控制中做到经济合理，首先要实行有选择的控制，选择正确的控制点，太多会不经济，太少会失去控制。其次，降低控制的耗费，通过改进控制方法和手段，以最少的资源投入，取得理想的控制效果。

10.1.4　控制的类型

1. 按照控制时间划分

1）事前控制

事前控制亦称前馈控制或预先控制，是在工作正式开始前对工作中可能产生的偏差进行预测和估计并采取防范措施，将可能的偏差消除于产生之前的控制方式。其目的是保证某项活动有明确的绩效目标，保证各种资源要素的合理投放。计划是典型的事前控制，如市场调查、可行性分析、入学考试和体检等都属于事前控制。事前控制是在工作开始之前进行的，可以防患于未然，避免了偏差发生造成的实际损失；事前控制是在工作开始之前针对某项计划行动所依赖的条件进行控制，不针对具体人员，因而不易造成直接的冲突，易于被员工接受并付诸实施。

2）事中控制

事中控制又称同期控制、同步控制或现场控制，是与实际工作同步进行的控制。事中控制是基层主管人员的主要控制工作方法，因此也是控制工作的基础。事中控制是在某项活动或工作过程中进行的控制，管理者在现场对正在进行的活动给予指导和监督，其目的是及时纠正工作中发生的偏差。如生产进度控制等都属于事中控制。事中控制具有监督和指导两方面作用，有助于提高工作人员的工作能力和自我控制能力。

3）事后控制

事后控制是对已经发生的事件或已经完成的生产与服务的结果进行检验以确定质量的过程。质量技术监督局定期或不定期对市场上在售产品的检验属于事后控制。农产品生产过程的全程可追溯实际上也属于事后控制的范畴。

【互动课堂】

扁鹊兄弟治病之道

有一次魏文侯问扁鹊："你们兄弟三人，谁的医术最高明？"扁鹊说："我大哥最高，二哥次之，我最差。"魏文侯说："那为什么你最出名呢！"扁鹊说："是这样的：我大哥治病是看病人的神色，病还没有表现出来他就把病给治了，所以他的名声不出家门。我二哥治病是在病人稍有不适的时候，所以他的名声不出巷子。而我扁鹊看病用的是疏通血脉的针、有毒副作用的汤汁、埋入肌肤之内的草药。所以我的名声反倒传遍了各个诸侯国。"

那么，扁鹊三兄弟治病各属于哪一种控制方式？有何借鉴意义？

2. 按照控制性质划分

1）预防性控制

这种控制的目的是避免产生错误和尽量减少今后的纠正活动，防止资金、时间和其他资源的浪费。如规章制度、工作程序和上岗培训等起着预防控制的作用。

2）纠正性控制

在实际管理工作中使用得更普遍。采用纠正性控制往往是由于管理者没有预见到问题，其目的是，当出现偏差时采取措施使行为或活动返回到事先确定的或所希望的水平。

问题："救火"与"防火"的区别是什么，各属于何种纠偏？

【思政园地】

党的二十大报告要求："坚持精准治污、科学治污、依法治污，持续深入打好蓝天、碧水、净土保卫战。加强污染物协同控制，基本消除重污染天气。统筹水资源、水环境、水生态治理，推动重要江河湖库生态保护治理，基本消除城市黑臭水体。加强土壤污染源头防控，开展新污染物治理。提升环境基础设施建设水平，推进城乡人居环境整治。全面实行排污许可制，健全现代环境治理体系。严密防控环境风险。深入推进中央生态环境保护督察。"

3. 按照控制方式划分

1）集中控制

在组织中建立一个控制中心，由它来对所有的信息进行统一的加工、处理，并由这一控制中心发出指令，操纵所有管理活动。

2）分散控制

当信息量极大时，适宜采用分散控制方式。它的缺点是难以保证各分散系统的目标和总体目标的一致性，从而危及整体的优化，严重的甚至会导致失控。

3）分层控制

分层控制是把集中控制和分散控制结合起来的控制方式。

4. 按照控制对象划分

1）人员控制

组织人员是组织活动的主体，是组织计划的执行者和组织目标的实现者，所以管理控制首要的是对组织活动的相关人员进行有效的控制。人员的有效控制要求管理人员首先要了解员工行为的驱动力，即有内在的动力，如知识技能、需要和动机、情感态度等，也有外在的动力，如家庭、社会环境、组织文化等。对人员控制最常用的方法是直接巡视和实施评估。管理者深入工作岗位直接观察员工的工作并纠正工作中出现的问题。管理者对员工的工作进行系统化的评估是一种非常规范的方法，通过评估来了解每一位员工的工作绩效。在实践中，管理者用各种各样的具体方法来影响和控制员工的行为，增大员工按计划去工作的可能性，如甄选聘用人员、实施目标管理、技能培训、制定相应制政策、实施绩效评估、运用强化手段、宣扬组织文化等。

2）财务控制

财务控制是为了实现企业预期财务目标，对企业财务活动的各个环节、各个方面，以及影响和制约公司财务绩效的各因素实施约束并对脱离预算或适度的偏差进行调节的一种管理活动。企业为了追求利润，保持企业的正常运作，必须进行财务控制，财务控制是通过审核各期的财务报表，把现金流量和债务负担控制在一个合理的水平，进而保障各项资产得到有效利用。财务控制是企业财务管理的重要内容，也是当今企业需要解决的重要问题。许多企业因为财务控制薄弱导致经济效益低下，甚至导致企业破产。在财务管理活动中常用一些财务比率指标来考察组织在利用资产、负债和库存等方面的效率，如流动比率、速动比率、资产负债率、存货周转率、总资产周转率、销售利润率和投资收益率等。财务控制渗透了管理控制的其他方面，如人员控制、生产控制等都涉及了一些财务指标，因此我们可以把它看作管理控制的核心内容。

3）作业控制

将劳动力、原材料、资本等资源转化成最终产品和服务提供给顾客，这是一个由此及彼、由内到外的有序集合体，这个有序的集合体就是组织的作业链。作业控制的目的是通过实施作业管理来优化企业的作业链，即尽量地去提高每个作业所创造的价值和降低该作业所消耗的资源。它通常包括：订货控制，即以尽可能低的价格提供生产所需的质量和数量的原材料；存货控制，即保持合理的库存水平，以较低的存货成本保证组织生产经营的顺利进行；质量控制，通过建立质量标准，进行质量检查，对产品或服务出现的问题进行纠正；还有对生产设备、设施的控制；此外，对员工的控制，既是作业控制的一项重要内容，也是人员控制的一个方面，只是控制的对象根据工作性质变得更加具体化了。

4）信息控制

信息遍布于组织活动的每个环节，是组织的一项重要资源，也是现代化管理的依据和基础，及时、准确、全面的信息是管理者做出正确决策的前提。因此，组织应该建立一个信息管理系统，对信息进行管理和控制，使其能在正确的时间，以正确的数量，为正确的人提供正确的数据信息。以计算机为工具的管理信息系统（MIS）在目前组织的信息管理活动中应用广泛。

5）组织绩效控制

一般而言，可以从五个方面来衡量组织绩效：组织的生产率、组织财务状况、客户对组织的满意度、组织核心业务流程、组织学习成长和创新能力。对于组织绩效的控制是一种综合控制，它在很大程度上是通过对组织的财务活动进行控制实现的，如总预算、损益控制及投资回收率等。

10.2　控制过程

控制是根据计划的目标与要求，对实际工作进行衡量和纠正的过程。对于组织的生产、财务、人员各环节的控制，本质是一样的，都要经过确立标准、衡量绩效和纠正偏差这三个基本过程。

10.2.1　确立衡量标准

标准是人们检查和衡量工作及其结果的规范。控制标准是指计量实际或预期工作成果的尺度，是从整个计划方案中选出对工作绩效进行评价的关键指标，是控制工作的依据和基础。确定控制标准是控制过程的第一步，要控制就要有标准，离开可比较的标准，就无法实施控制。没有一套完整的标准，衡量绩效和纠正偏差就失去了客观依据。

1. 控制标准的分类与要求

在实际的管理过程中，控制标准多种多样，大致有以下几种。

（1）定量控制标准与定性控制标准。定量控制标准就是可以用数字量化的标准，如营销部门全年应完成的销售量。定性控制标准就是难以定量化的标准，如企业的发展方向。

（2）实物标准与价值（财务）标准。实物标准是一种非货币化的标准，如企业全年的产量。价值（财务）标准是用货币度量的标准。具体又分为费用标准、资金标准和收入标准。

（3）绝对量标准与相对量标准。绝对量标准是反映事物发展总量方面的标准，如企业销售收入；相对量标准则是两个相关事物绝对量标准的比值，如销售收入成本率。

在管理控制中，管理者根据管理控制的需要，制定与采用必要的控制标准。在制定与采用管理控制标准时，要达到以下要求。

（1）简明适用。即保证标准明确、不含糊，对标准的量值、单位、可允许的偏差范围等要明确说明，对标准的表述要通俗易懂，便于理解和接受。含糊的、解释起来主观随意性大的控制标准是不利于控制的。

（2）综合协调。管理控制工作覆盖着组织活动的各个方面，制定出来的各项控制标准不可相互冲突，应该彼此协调一致。

（3）可行且易操作。即标准的确定要客观，不能过高，也不能过低，要使绝大多数人通过努力都可以达到。因为建立标准的目的是用它来衡量实际工作，并希望工作达到标准的要求。所以，控制标准的建立必须考虑到工作人员的实际情况。如果标准过高，员工将无法实现而放弃努力；如果标准过低，员工的潜力得不到充分发挥，从而降低工作效果。

（4）相对稳定。即标准要有一定程度的稳定性，要能用于一段较长的时间，即使有弹性，也是在一定原则范围内变化。否则，标准经常变化，会使标准缺乏权威性，并加大控制工作的难度。但这种稳定不是绝对的，控制标准也要根据组织活动的发展进行必要的调整。在一般情况下，随着组织的发展和组织效率的提高，控制标准应不断提高。

（5）前瞻性。建立的标准既要符合现时的需求，又要考虑到将来的发展对控制指标的要求。

2. 制定控制标准的步骤

控制要根据计划来确定衡量工作绩效的标准，标准是一种评价成效的尺度，类型多样。制定控制的标准，要方便各种工作的衡量，具有可考核性和权威性；要根据控制的对象，分析其影响因素，寻找关键的控制点，有利于组织目标的实现；选择恰当的方法，并且保证标准的一致性和可实现性，要预测到未来的发展与变化，具有一定的弹性。

1）确定控制对象及其影响因素

标准的具体内容涉及需要控制的对象，那么，企业经营与管理中哪些事物需要加以控制呢？经营活动的成果是需要控制的重点对象。控制工作的最终动机就是要促进企业有效地取得预期的活动结果。因此，要分析企业需要什么样的结果。这种分析可以从盈利能力、市场占有率等角度进行。

要保证企业取得预期的成果，必须在成果最终形成以前进行控制，纠正与预期成果的要求不相符合的活动。因此，需要分析影响企业经营成果的各种因素，并把它们列为需要控制的对象。影响企业在一定时期经营成果的主要因素有以下三种。

（1）环境因素。企业在特定时期内的经营活动是根据决策者对经营环境的认识和预测来计划和安排的。如果预期的市场环境没有出现，或者企业外部发生了某种无法预料和抗拒的变化，那么原来计划的活动就可能无法继续进行，从而难以为组织带来预期的结果。

因此，制订计划时所依据的对经营环境的认识应作为控制对象，并列出各项环境控制的具体标准和标志。

（2）资源投入。企业经营成果是通过对一定资源的加工转化得到的。没有或缺乏这种资源，企业经营就会成为无源之水、无本之木。投入的资源，不久会在数量和质量上影响经营活动的按期、按量、按要求进行，从而影响最终的物质产品，而且其取得费用会影响生产成本，从而影响经营的盈利能力。因此，必须对资源投入进行控制，使之在数量、质量以及价格等方面符合预期经营成果的要求。

（3）组织的活动。输入到生产经营中的各种资源不可能自然形成产品。企业经营成果是通过全体员工在不同时间和空间上，用一定技术和设备对不同资源进行不同的加工劳动才最终得到的。企业员工的工作质量和数量是决定经营成果的重要因素，因此必须使企业员工的活动符合计划和预期结果的要求。要建立员工的工作规范，以及各部门和各员工在各个时期的阶段成果的标准，以便对他们的活动进行控制。

2）选择关键点控制

关键点往往是组织活动中对计划工作明确有利的或强制约束的因素，例如盈利能力是企业经营成败的重要标志之一，可以通过确定销售额、资金占用量、资金周转速度和利润指标等来衡量和控制。关键点不是固定不变的，而是动态的。例如，当产品供不应求的时候，控制的关键点应该是生产环节，重点是劳动生产率的提高；当产品供过于求的时候，竞争加剧，市场地位成为衡量其成功的重要因素，营销手段、成本、价格、质量、服务等方面的控制就表现出重要的作用。因此，在选择关键点的时候要根据组织的具体情况、环境的要求和计划的目标综合考虑。

3）制定控制的标准

标准是人们检查和衡量工作及其结果（包括阶段结果与最终结果）的规范。没有一套完整的标准，衡量绩效或纠正偏差就失去了客观依据。控制标准可分为定量标准和定性标准两大类。

定量标准主要分为实物标准、时间标准和价值标准，如产量、工时定额、工期和成本、利润、销售收入等。

定性标准，主要是有关服务质量、组织形象等方面的，一般难以定量化。但为了使定性标准便于掌握，有时也应尽可能地采用一些可度量的方法。如美国著名的麦克唐纳公司，规定服务员必须在顾客离开后 5 min 内把餐桌打扫干净；事先准备好的汉堡包必须在 5 min 内热好供应顾客；95%以上的顾客进餐馆后 3 min 内，服务员必须迎上前去接待顾客。

10.2.2 衡量绩效

标准的制定根本上是为了保证组织目标的实现。标准直接用于衡量实际业绩，即把实际工作成效与标准进行比较，找出实际业绩与控制标准之间的差异，并据此对实际工作做出评估。

1. 对照与衡量

标准是衡量绩效的工具。如果错误地选择了标准，将会导致严重的不良后果。

控制标准具有通用性和特殊性的特点。有些控制标准是在任何管理环境中都通用的，如营业额或出勤率。但是内容广泛的控制系统中管理者之间具有多样性，所以控制的标准也各有不同。例如，一个制造业工厂的经理可以用每日的产量、单位产品所消耗的工时等进行衡量；一个政府管理部门的负责人可用每天起草的文件数、每天发布的命令数的平均时间等来衡量；销售经理可用市场占有率、每笔合同的销售额等进行衡量。

如果有了恰如其分的标准以及准确测定下属工作绩效的手段，那么对实际或预期的工作进行评价就比较容易。但是，有些工作和活动的结果是难以用数量标准来衡量的。例如，对大批量生产的产品制定工时标准和质量标准是简单的，但对顾客定制的单件产品评价其执行情况就比较困难；对管理人员的工作评价要比对普通员工的工作评价困难得多，而他们本身和他们的工作又恰恰非常重要。管理人员既是计划的制订者，又是计划的执行者和监督者，他们的工作绩效不仅决定着他们个人的前途，而且关系到整个组织的未来，因此不能由于标准难以量化而放松或放弃对其的衡量。有时可以把他们的工作分解成能够用目标去衡量的活动，或者采取一些定性的标准。

2. 衡量的方法

为了对实际工作的绩效做出较为客观的衡量，在确定了标准以后，首先需要收集必要的信息，这是衡量绩效的关键。一般来讲，可以通过个人观察、统计报告、口头汇报和书面报告四种方法取得必要的信息，以此衡量实际工作绩效。

（1）个人观察。这种方法提供了关于实际工作的最直接和最深入的第一手资料。观察可以包括非常广泛的内容，因为任何实际工作的过程总是可以观察到的。个人观察的显著优势是可以获得面部表情、声音语调以及怠慢情绪等，它是常被其他来源忽略的信息。

（2）统计报告。随着信息技术的发展，计算机的广泛应用使统计报告的制作日益方便。这种报告不仅有计算机输出的文字，还包括许多图形、图表，并且能按管理者的要求列出各种数据。需要注意的是，这种统计数据可以清楚有效地显示各种数据之间的关系，但它们对实际工作提供的信息是有限的。因为它只能提供一些关键的数据，而忽略了其他许多重要因素。

（3）口头汇报。通过口头汇报的形式获得信息十分方便，如会议、一对一的谈话或电话交谈等。这种信息可能是经过过滤的，但是它快捷、有反馈，同时可以通过语言词汇和身体语言来扩大信息，还可以录制下来，像书面文字一样能够永久保存。

（4）书面报告。书面报告比较精确和全面，与口头报告相比要显得正式一些，且易于分类存档和查找。

利用这四种方法所获得的信息分别有其长处和缺点。管理者在控制活动中将它们结合起来，可以大大丰富信息的来源并提高信息的准确程度。只要能够综合使用，就能获得较好的效果。

10.2.3 纠正偏差

根据衡量和分析的结果采取适当的措施，是控制过程的最后一个步骤。衡量和分析的结果通常有两种情况：结果比较令人满意或发现偏差。当衡量绩效的结果比较令人满意时，可维持原状；如果发现偏差，就要分析偏差产生的原因，并采取不同的措施。

1. 分析偏差产生的原因

偏差可能是由不同的原因造成的。对造成偏差的原因进行正确的分析，是采取措施的依据。造成偏差的原因是多种多样的，如环境变化、人员不称职、技术设备条件跟不上、制度不完善和策略失误等，这些都有可能造成绩效不足。有时偏差也可能是计划或标准本身有误造成的。即使是同一偏差，也可能是由不同的原因造成的。例如，企业利润的下降，可能是由于生产成本的增加，或者是由于产品质量的下降，还可能是竞争对手采取了有效的策略，甚至是由于市场上出现了替代性产品等。

2. 纠正偏差

根据偏差产生的不同原因，采取不同的纠正措施。如果偏差是由于绩效不足而产生的，管理者就应该采取纠正措施。这种措施的具体方式可以是：管理策略的调整、组织结构的完善、及时进行补救、加强人员培训以及进行人事调整等。

在采取措施时，管理者要决定是应该采取立即纠正行动，还是彻底纠正行动。立即纠正行动是立即将出现问题的工作矫正到正确的轨道上。采取彻底纠正行动，首先要弄清工作中的偏差是如何产生的，为什么会产生，然后再从产生偏差的地方开始进行纠正行动。在日常管理工作中，许多管理者常以没有时间为借口而不采取彻底纠正行动，或者因为采取彻底纠正行动会遇到思想观念、组织结构调整及人事安排等方面的阻力，而满足于救火式的应急控制。事实证明，作为一个有效的管理者，对偏差进行认真的分析，永久性地纠正这些偏差是非常有益的。

3. 修订标准

不合理的标准也可以造成工作的偏差。指标有时会定得太高或太低，原有的标准随着时间的推移可能不适应新的情况，这时就需要调整标准。

10.3 控制原则

10.3.1 全面与分层控制原则

要实施有效控制，必须在组织内部建立全面的控制体系，不能存在“真空”地带。以城市管理为例，城乡接合部、“三不管”地带往往是治安混乱和治安案件高发的地区，因为城乡接合部和三不管地区是城市管理的“真空”地带，缺乏有效的控制，滋生很多的社会问题。全面控制原则体现在凡是有目标的地方就必须有控制，否则目标难以实现，即任何目标都不会自动实现。

但是完成全面控制体系不可能是一个部门或少数人的任务，正如目标应该分层落实一样，控制也跟随着目标而分层落实，最终落实到每一个基层部门和每一个人。组织内有效的控制体系必须是全面控制与分层控制相结合的立体控制体系。

10.3.2 适时控制原则

适时控制原则有两层含义，一是及时控制，一般来说，控制的实施越早越好，控制延迟会带来巨大的损失，前面“纠正偏差”中介绍的“预警系统”充分说明了及时控制的重要性；二是在恰当的时机进行控制。

控制延迟会造成巨大的损失，但是如果控制过早也会有同样的问题。国际米兰俱乐部就是很好的失败典型，从 1989 年最后 1 个意大利足球甲级联赛（意甲）冠军到 2004 年重新获得意甲桂冠，15 年间国际米兰俱乐部解聘过无数主教练，一批世界级的著名教练在国际米兰的主教练帅位上往往只能坐上半个赛季，甚至只有几场球。而与国际米兰相对应的是曼联队，主教练弗格森从 1986 年开始执教曼联，至今取得了无数辉煌，俱乐部成绩非常稳定。

10.3.3 适度与弹性控制原则

适度控制是指控制的范围、程度和频度要恰到好处，也就是防止控制过多或控制不足。必须实施适度控制的原因有三：一是过度控制会干扰工作进度，使被控制对象缺乏工作自主权和决策权，影响工作积极性；二是控制不足会使纪律涣散，影响组织秩序，甚至动摇组织存在的基础；三是控制也必须考虑成本，适度控制将控制成本保持在比较理想的水平。

国际米兰俱乐部老板莫拉蒂被认为过多地干预主教练工作，甚至要求某些球员必须上场，结果使主教练的战术安排无法贯彻，主教练的权威性受到伤害，队员不服从主教练管理，球队成绩不理想，这是控制过度的例子。

适度控制的实现与弹性控制有着密切的关联，即控制标准要有一定的弹性，不能过于死板。在现今的信息时代，外部市场环境和技术环境的变化越来越快，刚性计划与刚性预算难以应对环境的快速变化，越来越多的企业开始实施以滚动计划法为代表的弹性计划与弹性预算。因此，管理控制也应实施弹性控制从而实现适度控制。

10.3.4 自我控制与客观控制原则

现代管理讲求“以人为本”，尊重人的需要，特别是越来越重视满足马斯洛所说的“人的自我实现”，在工作中表现为工作的自主权、决策权等。在以人为本的基础上，现代管理强调团队建设，以激发团队成员的自主性、合作性和思考性为目标。这些新的管理理念都要求企业鼓励员工实现自我激励与自我控制。试想一下，谁又愿意在工作的时候，旁边总有一个拿着“鞭子”随时准备监督自己的人呢？自我控制的基础是自我激励，需要企业调整相应的管理体制和激励机制。

自我控制与客观控制紧密联系，即控制的标准要建立在客观、公正、公平的基础上，尽量避免主观人为判断造成的偏差。要做到客观控制，除了信息收集与反馈做到客观、及时外，更重要的是在制定控制标准的时候应该让被控制人参与形成大家都认可的控制标准，保持标准的公平性。

【互动课堂】

董事长的雷霆之怒

财务副总经理乔治·豪斯和总会计师海仑·罗宾斯一走进卡帕公司董事长阿德里亚安·巴恩斯的办公室，这位公司的最高层主管就对他们大发雷霆。

他吼叫道：“为什么没人向我报告，为什么我不知道这里的工作进展情况？为什么把我蒙在鼓里？在公司的问题没有变成危机之前，看来我是绝不会听到有谁向我提出我们的问题的。从今天开始，我要求你们两位设计出一种能够使我信息灵通的系统，并且它要让我知道第二天你们将干什么。我要对这家公司负责，但我对必须知道的事情却一无所知。”

乔治·豪斯离开了巴恩斯先生的办公室，他转向他的总会计师，嘀咕起来：“他想要知道的，或者他可能需要知道的一切都有报告，就在他办公桌后面的文件架上。”

问题：卡帕公司的问题出在哪里？如何解决？

10.4 控制方法

组织在管理活动中，可以利用各种技术、使用多种方法来进行控制活动，如预算控制、目标管理、全面质量管理、比率分析、审计控制等。

10.4.1 预算控制

1. 预算的概念

预算又称预算编制，是一种计划，是用数字编制来反映组织在未来某一个时期的综合计划，也可以简单地理解为预算是计划的数量体现，即用数字来表明预期的结果。它预估了组织在未来时期的经营收入或现金流量，也限定了各项活动的资金、人、材料、设施、能源等方面的支出额度。

从这个概念中可以看出：

（1）预算是一种计划。为了实现计划目标，它首先要确定各种管理工作的收入（产出）与支出（投入）各是多少；还要明确为什么必须收入（产出）这么多数量，以及为什么需要支出（投入）这么多数量；然后计划什么时候实现收入（产出）以及什么时候支出（投入），必须使得收入与产出取得平衡。

（2）预算是一种预测。它是对未来一段时期内的收支情况的预计，可以采用统计方法、经验方法或工程分析法。预算的数字是估计的，在大多数力求准确的情况下可以忽略小数，这一点不同于财务账目，财务记录要求做到准确无误。

（3）预算主要是一种控制手段。编制预算实际上就是控制过程的第一步，即拟订标准。由于预算是以数量化的方式来表明管理工作的标准，从而预算本身具有可考核性。编制预算有助于根据标准来评定工作成效，当计划营业收入（产出）数与计划成本投入数发生巨额差异时，向决策者和责任经理们发出信号，促使他们找出偏差（控制过程第二步），并采取纠正措施，消除偏差（控制过程第三步）。

在未来时期，几乎所有的活动，组织都可以利用预算进行控制。预算是为组织内部的每一个分部、部门编制的，无论这些单位的规模多小，只要是执行独立的项目和功能，就应该编制预算。

2. 预算的种类

1）收支预算

收支预算是从财务角度计划和预测未来活动的成果，以及为取得这些成果要付出的费用。它实际上是以货币来表示组织的收入和经营费用支出的计划。收支预算包括收入预算和支出预算。

收入预算主要是销售预算。企业主要是依靠产品销售或提供服务所获得的收入来支付经营管理费用并获取利润的，因此销售预测是计划工作的基石，销售预算是预算控制的基础。

支出预算是企业关于生产活动的预算。支出预算与销售预算相对应，是对保证销售过程顺利进行的生产活动的预算，主要是对直接人工、直接材料和附加费用的预算。支出预算是企业预算中最重要的预算。

2）资本支出预算

资本支出预算概括了专门用于厂房、机器、设备、库存等类目的支出。由于厂房、机器设备等方面的投资回收期一般较长，这可能涉及几个经营阶段，因此这是一种长期预算。对这部分资金的投入一定要慎重地进行预算，并且应尽量与长期计划工作结合在一起。

3）现金预算

现金预算是对未来生产与销售活动中现金的流入与流出进行预测。这实际上是对现金收支的一种预测，可用它来衡量实际的现金使用情况。它还可以显示可用的超额现金量，因而可以用来编制剩余资金的盈利性投资计划。从某种意义上来说，这种预算是组织中最重要的一种控制。

4）资产负债预算

资产负债预算是对企业会计年度末期的财务状况进行预算，是各部门各项目分预算的汇总。它可用来预测将来某一特定时期的资产、负债和资本等账户的情况。由于其他各种预算都是资产负债表项目变化的资料依据，所以此表也就验证了所有其他预算的准确性。

5）总预算

总预算是以组织整体为范围，涉及组织收入或者支出项目总额的预算。通过编制预算汇总表，可以用于公司的全面业绩控制。它把各部门的预算集中起来，反映了公司的各项计划，从中可以看到销售额、成本、利润、资本的运用、投资利润率及其相互关系。总预算可以向最高管理层反映出各个部门为了实现公司总的奋斗目标而运行的具体情况。

3. 预算控制

预算控制是指通过编制预算并根据预算规定的收入和支出标准为基础，来检查、监督和控制组织各个部门的生产经营活动，在活动过程中比较预算和实际的差距及原因，以保证各种活动或各个部门在充分达成既定目标实现利润的过程中对经营资源的利用，从而费用支出受到严格有效的约束。预算控制体系见表 10-1。

表10-1 预算控制体系表

组织层次	控制内容
公司层次	方针、定位、销售、采购、财务、利润 研究与发展、在行业中的位置
职能层次	销售：产品、广告、赊销、销售人员、产品组合 采购：质量、成本、存货 财务：现金、资本支出、资本结构、应收账款、应付账款 研发：新产品、降低成本、单个项目、纯理论、应用型 人事：激励、工资、薪水、选拔、培训
分公司层次	产出、产品质量、原材料、人工成本
运作层次	废品、人工成本、原材料标准、间接变动成本

以上控制项目大部分都是可以数字化的。通过编制预算有助于改进计划工作，更有效地确定目标和拟定标准。但是，预算的最大价值还在它有助于改进协调和控制工作。当为组织的各个职能部门都编制了预算时，就为协调组织的活动奠定了基础。同时，由于对预期结果的偏离将更容易被查明和评定，预算也为控制工作中的纠正措施奠定了基础。所以预算可以导致更好的计划和协调，并为控制提供基础。此外，要使预算对主管人员具有指导和约束作用，预算就必须反映组织的机构状况。要充分按照各部门业务工作的需要来制定，协调并完善计划，才有可能编制一个足以作为控制手段的分部门预算。将各种计划缩略为一些确切的数字，有助于主管人员清楚地看到哪些资金将由谁来使用，将由哪些单位使用，并涉及哪些费用开支计划、收入计划和以实物表示的投入量和产出量计划。主管人员明确了这些情况，就可以放手地授权下属，以便使之在预算的限度内去实施计划。

4. 预算的内容

不同的组织、同一组织的不同时期，由于其经营活动的不同，预算表中的项目会有所差异。一般来说预算内容主要包括经营预算、投资预算和财务预算三个方面：

1）经营预算

经营预算是指企业日常发生的各项成本活动的预算。它主要包括销售预算、生产预算、直接材料采购预算、直接人工预算、制造费用预算、单位生产成本预算、推销及管理费用预算等。其中最基本和最关键的是销售预算。由于销售预测是计划的基础，加之企业主要是靠销售产品和劳务所提供的收入维持经营费用的支出和获利的，因而销售预算也就成为预算控制的基础。生产预算是根据销售预算中的预计销售量，按产品品种、数量分别编制的。生产预算编好后，还应根据分季度的预计销售量，经过对生产能力的平衡排出分季度的生产进度日程表，或称为生产计划大纲，在生产预算和生产进度日程表的基础上，可以编制直接材料采购预算、直接人工预算和制造费用预算。这三项预算构成对企业生产成本的统计。而推销及管理费用预算，包括制造业务范围以外预计发生的各种费用明细项目，如销售费用、广告费、运输费等。对于实行标准成本控制的企业，还需要编制单位生产成本预算。

2）投资预算

投资预算是对企业的固定资产的购置、扩建、改造、更新等，在可行性研究的基础上编制的预算。它具体反映在何时进行投资、投资多少、资金从何处取得、何时可获得收益、每年的现金流量为多少、需要多少时间回收全部投资等。由于投资的资金来源往往是企业的限定因素之一，而对厂房和设备等固定资产的投资又往往需要很长时间才能回收，因此，投资预算应当力求和企业的战略以及长期计划紧密联系在一起。

3）财务预算

财务预算是指企业在计划期内反映有预计现金收支、经营成果和财务状况的预算。它主要包括“现金预算”“预计收益表”“预计资产负债表”。

（1）现金预算主要反映计划期间预计的现金收支的详细情况。在完成了初步的现金预算后，就可以知道企业在计划期间需要多少资金，财务主管人就可以预先安排和筹措，以满足资金的需求。为了有计划地安排和筹措资金，预算的编制期应越短越好。西方国家有不少企业以周为单位，逐周编预算，甚至还有按天编制的。中国最常见的是按季和按月进行编制。

（2）预计收益表（又称预计利润表）。是用来综合反映企业在计划期生产经营的财务情况，并作为预计企业经营活动最终成果的重要依据，是企业财务预算中最主要的预算表之一。

（3）预计资产负债表主要用来反映企业在计划期末那一天预计的财务状况。它的编制需以计划期间开始日的资产负债表为基础，然后根据计划期各项预算的有关资料进行必要的调整。

综上所述，企业的预算实际上是包括经营预算、投资预算和财务预算三大类，由各种不同的预算所组成的预算体系。

5. 预算方法

1）弹性预算

为使预算适应将来可能出现变化的环境，可实行弹性预算。主要有两种方法：①变动预算。这是依成本习性不同而将其分解的一种预算方法。即一部分费用与产量大小无关，是固定要发生的，称为固定成本；另一部分费用则随产量的变化而变化，称为变动成本。由于预算期条件时常变化，生产量可能要相应变动，这就需要相应调整变动成本（固定成本并不受影响）。根据不同的预期产量，编制变动成本不同的预算。这种控制方法主要用于制造、销售等与产量直接有关的成本系统。②滚动预算。这是指先确定一定时期的预算，然后每隔一定时间，就要定期修改以使其符合新的情况，从而形成时间向后推移一段的新预算。变动预算与滚动预算都保持了较大的灵活性，能较好地适应各种变化。

2）程序性预算

程序性预算的基本模式为：制定计划—编制程序—制定预算。它突破了传统的以各项开支为目标制定预算的方法，完全是以计划为基础的，按照计划目标的实际需要分配资源，使资源最有效地保证目标的实现。

3）零基预算

它打破了传统的以过去的实际支出为基础作适当增减的预算方法，从零起点开始其预算过程，即每次都是重新由零开始编制预算。这样，避免了不合理资源分配的延续，使预算更符合实际，更能适应情况的变化。零基预算主要运用于支援、参谋等保证领域。如行销、研究开发、人事、财务等部门。它们的支出一般无硬性根据，主要是根据目标要求来灵活制定。零基预算的主要做法是：①把每一项支援性活动描述为一个决策的组件，每个组件都包含目标、行动及所需资源；②对每一个组件或活动用成本 - 效益分析的方法进行评价和安排顺序；③在上一步的基础上，对拥有的资源按照每种职能对于实现组织目标所作的贡献大小进行分配。

6. 预算的作用

（1）使企业在不同时期的活动效果和不同部门的经营绩效具有可比性。

（2）预算的编制为企业的各项活动确立了财务标准。

（3）通过为不同职能部门和职能活动编制预算，也为协调企业活动提供了依据。

（4）数量形式的预算标准大大方便了控制过程中的绩效衡量工作。

7. 预算的局限性及其对策

预算是一种普遍使用的、行之有效的计划和控制方法，有着重要的作用。但它也存在着一些局限性，主要表现在以下几个方面。

（1）缺乏灵活性。这是预算最大的缺陷。因为实际情况常常会不同于预算，情况的发展变化可以使一个刚编制出来的预算很快过时。

（2）导致控制过细倾向。某些预算控制计划过于烦琐，详细地列出细枝末节，以致束缚了管理者在管理本部门时所必需的自由，出现了预算工作过细过死的倾向。

（3）可能导致效能低下。预算通常是在上年度成果的基础上按比例增减来编制，所以许多管理者也常常以过去所花的费用作为今天预算的依据，预算的申请数往往要大于它的实际需要数。

（4）导致本位主义倾向。

（5）部门的预算目标有时会取代组织目标。有些管理者只把注意力集中在尽量使自己部门的经营费用不超过预算，而忘记了自己的首要职责是实现组织的目标。

克服预算这些局限性的对策，通常是采用可变的或灵活的预算方案。首先，可变的预算通常是随着业务量（生产量或销售量）的变化而做出不同的安排，其编制依据是在费用基础数据上进行分析，以此来确定各个费用项目应怎样随着业务量的变化而变化。这种预算主要适合于费用预算。其次，编制可选择的和补充的预算。这种预算是按预测的各种不同情况，编制上、中、下三种不同经营水平的预算，使管理者可根据本部门的经营情况，灵活选择使用其中的一种。再次，还可以通过追加预算的方法来增加预算的弹性，即在中期或长期计划的基础上，通过预测该月业务量来编制每月的补充计划。

8. 有效预算控制的要求

预算是所有管理者的管理手段。有效的预算控制必须注意以下三个方面。

1）高层管理部门的支持和参与

高层管理部门要给下属编制预算的工作提供时间、空间、信息及资料等方面的方便条件。高层管理部门可以要求各部门编制和维护他们各自的预算，并积极地参与预算审查。高层部门直接参与，置身于预算编制工作，这是保证预算成功的必要条件。

2）确定各种标准

提出和制定各种可用的标准，并且能够按照这种标准把各项计划和工作转为对人工、经营费用、资本支出、厂房场地和其他资源的需要量，这是预算编制的关键。

3）及时掌握信息

要使预算控制发挥作用，管理者需要获得按照预算所完成的实际业绩和预测业绩的信息。这种信息必须及时向管理者表明工作的进展情况，应当尽可能地避免因信息迟缓导致发生偏离预算的情况发生。

10.4.2 非预算控制

1. 审计控制

审计控制是一种常用的控制方法。

审计是对反映资金运动过程及其结果的会计凭证、会计账簿、会计报表以及其他有关的资料和资产进行审核鉴定，以判断其真实性和可靠性，从而为控制和决策提供依据。

1）审计的分类

审计控制的主要内容包括财务审计与管理审计。财务审计是以财务活动为中心内容，以检查并核实账目、凭证、财物、债务以及结算关系等客观事物为手段，以判断财务报表中所列出的会计事项是否正确无误，报表本身是否可以信赖为目的的控制方法。通过这种审计还可以判明财务活动是否符合财经政策和法令。管理审计是检查一个单位或部门管理工作的好坏，评价人力、物力和财力的组织及利用的有效性，其目的在于通过改进管理工作来提高经济效益。管理审计是管理的智囊系统，利用它可以对整个公司的内部控制系统和计划的制订、执行、控制及程序等进行评估，并提出建设性的建议。

此外，审计还有外部审计与内部审计之分。外部审计是指由组织外部的人员对组织的活动进行审计；内部审计是组织自身专门设有审计部门，以便随时审计本组织的各项活动。

2）审计的原则

审计工作必须遵循以下原则。

（1）法制原则。审计工作必须依照国家法律、法规和政策的规定进行。这是所有审计工作原则中最主要的、最基本的原则，贯穿于审计工作的全部过程。

（2）独立原则。审计工作只服从国家法律，不受其他行政机关、社会团体和个人的干涉。

（3）客观原则。审计工作必须做到实事求是、客观真实。

（4）公正原则。审计工作必须站在客观的角度，公正地做出判断。审计工作必须保守秘密，以维护国家的安全和利益。

2. 损益控制

损益控制是根据企业或部门损益表的分析，对其管理活动及其成效进行控制的方法。损益控制主要是通过损益平衡分析，即通过对业务量（产量、销售量、销售额）、成本、利润三者相互制约关系的综合分析，来预测利润、控制成本。它利用成本特性，即成本总额与产量之间的依存关系，来指明企业获利经营的业务量界限，从而起到控制的作用。

损益平衡分析在管理中有着重要作用。第一，可以指导管理者进行决策。管理者通过损益平衡分析，确定企业的临界产量，针对实际情况决定扩大产品的生产还是收缩生产的规模。第二，可以预测实现目标利润的销售量。根据损益平衡分析，可以确定在不同的产量水平时企业的盈亏情况，要实现预定的利润目标企业需要达到的产量和销售量。第三，进行成本控制。管理者通过分析某些因素的变化对盈亏平衡点的影响，进行成本控制。第四，判断企业经营的安全率。经营安全率是指企业的经营规模（通常指销售量）超过盈亏平衡点的程度，以此可以粗略判断企业的经营状况。经营安全率越高越安全。一般来讲，经营安全率在 10% 以下就比较危险了。

损益平衡分析的方法也具有一定的局限性。它是一种事后控制，无法改善前期工作，只能为后期工作提供借鉴。许多发生偏差的原因，如外部环境的变化、投资项目的失误等，不能在损益表上反映出来。因此，在运用损益控制时还需要辅以其他方法。

3. 经营分析

经营分析，就是以财务报表为依据来判断企业经营的好坏，并分析企业经营的长处和短处。

财务报表是用于反映企业经营的期末财务状况和计划期内的经营成果的数字表。利用财务报表可以进行三种分析：一是利润率分析，即分析企业收益状况的好坏；二是流动性分析，即分析企业负债与支付能力是否相适应、资金的周转状况和收支状况是否良好等；三是生产率分析，即分析企业在计划期间内生产出多少新的价值，如何进行分配将其变为人工成本、应付利息和净利润。

财务报表分析主要有实际数字法和比率法两种。实际数字法是用财务报表分析中的实际数字来分析。比率法是求出实际数字的各种比率后再进行分析，它能更好地体现出相对性，所以比较常用。

4. 网络分析

网络分析就是应用网络图来反映出一项计划中的任务、活动过程、工序、工期及费用的先后顺序或相互关系，通过计算确定出关键路径作为控制的重点，寻求最佳的控制方案。采用网络分析法可以有效地对项目中使用的人力、物力、财力等进行平衡，能够合理而经济地控制项目的进度和成本，能够在实施过程中出现偏差时找出原因和关键性的因素，并从总体上进行调整，以保证项目如期完成。

网络分析是一种前馈控制，它可以及时弥补由于前面项目延期而造成的时间不足，而不致影响整个工期；网络分析法体现了关键点控制的原理，通过把握关键路径，可以使控制工作更加简化、经济、高效。

随着社会的发展和科学技术的进步，控制的技术和方法在传统的基础上也得到了很大的丰富和发展。限于篇幅，这里不再一一介绍。需要注意的是，不管采用哪种控制技术和方法，都必须有一个管理系统作为保障，并且在实际管理活动中随机应变、灵活应用。

【知识巩固】

一、单选题

1. 将工作执行的结果与计划相比较，然后采取纠偏措施，这种控制是（　　）。

A . 现场控制　　B . 反馈控制

C. 前馈控制　　D. 重点控制

2. 不考虑过去的预算项目和收支水平，以零为基点编制的预算属于（　　）。

A. 零基预算　　B. 统计预算

C. 审计预算　　D. 弹性预算

3. 对正在进行的活动所给予的指导与监督属于（　　）。

A. 现场控制　　B. 反馈控制

C. 前馈控制　　D. 重点控制

4. 企业通过分析财务报表发现问题，以此来实施控制，这是（　　）控制。

A. 现场　　B. 反馈

C. 前馈　　D. 重点

5. 控制要根据实际情况来进行，这是控制要求里的（　　）要求。

A. 实时　　B. 适度

C. 弹性　　D. 客观

二、多选题

1. 控制对计划任务完成和组织目标实现的作用包括（　　）。

A. 纠正偏差，按要求办事　　B. 预见的准确性

C. 及时调整、修正　　D. 修正后，严格执行

2. 控制的类型可以分为（　　）。

A. 事前控制　　B. 事中控制

C. 事后控制　　D. 事后反馈

3. 按照控制方式划分可分为（　　）。

A. 集中控制　　B. 分散控制

C. 分层控制　　D. 分类控制

4. 影响企业在一定时期经营成果的主要因素有（　　）。

A. 市场环境　　B. 资源投入

C. 组织活动　　D. 费用成本

5. 审计控制是一种常用的控制方法。审计控制主要内容包括（　　）。

A. 账目审计　　B. 财务审计

C. 管理审计　　D. 凭证审计

三、判断题

1. 搞好预测与计划属于前馈控制。 ( )
2. 企业资产负债率指标属于绝对量指标。 ( )
3. 以上年经济活动情况为基础编制预算属零基预算。 ( )
4. 控制是从纠正偏差开始的。 ( )
5. 利用非正式组织之间不成文的价值观念和行为准则来实现控制，是群体控制。 ( )

四、简答题

1. 什么是控制？控制的作用是什么？
2. 控制的基本要求是什么？
3. 控制的基本过程包括哪些步骤？根据对绩效的衡量和分析结果，通常采取哪些措施？
4. 控制可以分为哪些类型？
5. 有效的预算控制的要求是什么？
6. 为什么说纠正偏差是控制的关键？

【案例研讨】

<table>
<tr><td>模　块</td><td colspan="2">模块 5　控制职能</td><td>姓　名</td><td></td></tr>
<tr><td>单　元</td><td colspan="2">单元 10　控制综述</td><td>讨 论 组</td><td></td></tr>
<tr><td>案例内容</td><td colspan="4">
从巴林银行的倒闭看控制管理
巴林银行是英国历史最悠久的商业银行，其在英国金融界投资额的排名在各大银行中占第三位。但这家英国老牌投资银行却在 1995 年 2 月 26 日宣告破产。
一家历史悠久、业绩良好的银行，为何在顷刻间遭到灭顶之灾？罪魁祸首是巴林银行派驻新加坡的期货交易员尼克・里森。1992 年，巴林银行新加坡分行开始着手创办新加坡期货交易部，尼克・里森因工作出色被选派到这个部门，负责交易事务的后勤管理和监视工作。几个月之后他被调往交易厅工作，担任交易部经理兼清算部经理。
职位的适当分工是内部管理控制的重要环节。巴林银行给予里森过多的权限和责任范围，这是其在内部控制上的一个巨大漏洞，也是产生问题的最根本原因。作为一名交易员，里森本来应做的是代巴林的客户买卖衍生性商品，并替巴林银行从事套利这两种工作，基本上没有太大的风险。通过清算部门每天的结算工作，银行对其交易员和风险部位的情况也可予以有效了解并掌握。但不幸的是，里森却身兼交易与清算二职。
纠正偏差是控制过程的一个重要环节，巴林银行却在这一环节上犯了严重的错误。巴林银行原来有一个代码为 99905 的“错误账户”，专门处理交易过程中因疏忽而造成的差错（如将买入误作卖出），并将其上报伦敦总部。
1992 年夏天，伦敦总部清算工作的负责人要求尼克・里森另行开设一个“错误账户”，代码为 88888 的“错误账户”由此设立。几周之后，伦敦总部决定所有新加坡分行的差错记录仍经 99905 账户向伦敦报告。88888“错误账户”因此搁置不用，成为一个真正的“错误”账户留存在计算机中，为里森提供了以后造假的机会。
1992 年 7 月 17 日，尼克・里森手下的一名交易员犯了一个交易错误，他将客户要求的买进 20 手日经指数期货委托误操作为卖出 20 手。里森在当晚清算时发现了这笔差错。要纠正这笔差错就必须以当日收市价买回 40 手合约，这样会损失 2 万英镑，并应向伦敦总部报告。在种种顾虑下，尼克・里森决定利用错误账户 88888 承接 40 手卖出合约，以使账面平衡。在随后的半年多时间里，里森又利用 88888 账户吸收了 30 多次差错。到 1994 年 7 月时，88888 账户的亏损额达到了 5 000 万英镑。
伦敦总部曾派人去新加坡分行调查里森的账目。为了应付查账，尼克・里森伪造了在花旗银行有 5 000 万英镑存款的账目。令人难以置信的是，竟没有人去核实花旗银行是否真有这样一笔存款。为掩盖亏损，他不得不继续做假账。伦敦总部的资产负债表显示，尼克・里森为银行赚了数千万美元的利润。事实上，每天都有一张资产负债表，每天都有明显的记录，即使在月底，里森为掩盖问题所制造的假账也极易被发现。然而，在巴林银行破产的两个月前，即 1994 年 12 月，在纽约举行的巴林金融成果会议上，250 名来自世界各地的巴林银行的职员还将里森当成了英雄。
为了赚回足够的钱来弥补损失，1995 年 1 月开始，尼克・里森把巴林银行的生死全押在了日经指数的走势上。尼克・里森以每天一千万英镑的速度从伦敦总部获得资金，到 2 月中旬，由伦敦总部转至新加坡分行的资金前后共达 5 亿英镑（巴林银行全部股份资金为 4.7 亿英镑）。源源不断的资金，使尼克・里森持有的日经指数期货最终多达 6 万余份。
这是巴林银行在管理控制上犯下的关键性错误，它忽视了关键控制点的作用。一个银行所关心的不应只是利息，还要保证资金的回收。作为一个主管人员必须时刻关注资金的偿付回收问题。1995 年 1 月 11 日，新加坡期货交易所的审计与税务部致函巴林银行，提出其对维持 88888 号账户所需资金问题的一些疑虑，但并未引起伦敦总部的重视。
随着日经指数的一路下跌，到 1995 年 2 月 23 日，尼克・里森为巴林银行所带来的损失已经达到了 8.6 亿英镑，巴林银行由此破产。
</td></tr>
<tr><td rowspan="2">案例分析</td><td>分析问题 1</td><td colspan="3">你认为巴林银行在内部控制过程的哪些环节上出现了严重问题？</td></tr>
<tr><td colspan="4">个人分析：</td></tr>
</table>

案例分析	分析问题 2	巴林银行在内部控制上犯下的关键性错误是什么?
	个人分析:	
小组讨论结论		
教师评价	星级	☆☆☆☆☆
	评语:	

【游戏体验】

<table>
<tr><td>模块</td><td colspan="3">模块 5　控制职能</td></tr>
<tr><td>单元</td><td colspan="3">单元 10　控制综述</td></tr>
<tr><td>游戏名称</td><td colspan="3">飞机制造工厂模拟游戏</td></tr>
<tr><td rowspan="7">游戏玩法</td><td>序　号</td><td>内　容</td><td>说　明</td></tr>
<tr><td>1</td><td>活动目的</td><td>让学生理解控制职能的基本原理。</td></tr>
<tr><td>2</td><td>游戏形式</td><td>6 ~ 8 人一组</td></tr>
<tr><td>3</td><td>时间要求</td><td>50 ~ 60 min</td></tr>
<tr><td>4</td><td>材料准备</td><td>A4 纸若干</td></tr>
<tr><td>5</td><td>游戏规则</td><td>在课堂上成立 2 ~ 4 个“飞机工厂”，每组由 4 名学生组成，其任务是“制造飞机”（用纸折叠），出售获取利润。基本游戏规则如下：
（1）每厂从事两年的飞机生产（实际进行中以 2 min 代表一年），第一年的年初工厂需向市场公布两年的生产计划，即两年各计划生产的飞机数量，工厂根据计划从市场获得与计划数量一致的订单，第二年年初可修改当年订单。
（2）设备折旧、人工、管理费等固定支出为每年 100 万元，每架飞机的原材料成本为 2 万元。
（3）出售需经严格检查，未达到要求的产品不得出售，且损失全部原材料成本，每架合格的飞机售价为 20 万元，未达到订单规定数量的部分每架支付 25 万元罚款，超过订单规定数量的飞机无法出售。
（4）两年生产结束后，总利润最高的工厂获胜。</td></tr>
<tr><td>6</td><td>游戏步骤</td><td>（1）说明规则，解释各计算指标的含义。（10 min）
（2）规范飞机的折叠要求，强调不达要求不得出售。（5 min）
（3）各组练习按规范折叠，估算生产力，提交两年的生产计划，采购第一年的原材料，提示学生采购数量可多于生产计划。（5 min）
（4）以 2 min 代表一年，开始进行第一年生产，生产结束后进行清点，并将各组的有关数据计入下表中，计算各组第一年的利润。（5 min）
（5）各组讨论生产过程中是否有需要改进之处，确定第二年的计划，并采购第二年的原材料。（15 min）
（6）进行第二年生产。清点，计算第二年利润及总利润。评选获胜组（15 min）。</td></tr>
</table>

项目	一厂		二厂		三厂	
	1	2	1	2	1	2
第一年计划生产量（架）						
第二年计划生产量（架）						
采购原材料						
生产数量						
销售收入（万元）						
固定成本（万元）						
变动成本（万元）						
罚款（万元）						
利润（万元）						

<table>
<tr><td rowspan="3">游戏计划安排</td><td colspan="4"></td></tr>
<tr><td>班　　级</td><td></td><td>组长签字</td><td></td></tr>
<tr><td>教师签字</td><td></td><td>日　　期</td><td></td></tr>
<tr><td>游戏讨论与心得体会</td><td colspan="4">心得：</td></tr>
</table>

【技能实训】

<table>
<tr><td>模块</td><td colspan="4">模块 5　控制职能</td></tr>
<tr><td>单元</td><td colspan="4">单元 10　控制综述</td></tr>
<tr><td>技能</td><td colspan="4">质量控制技能</td></tr>
<tr><td rowspan="5">实训安排</td><td>序　号</td><td>项　目</td><td colspan="2">说　明</td></tr>
<tr><td>1</td><td>实训项目</td><td colspan="2">研究和分析企业的质量保证体系。</td></tr>
<tr><td>2</td><td>实训目的</td><td colspan="2">通过对一个生产经营企业或超市的产品质量保证体系的调查，使学生初步认识企业的管理控制系统；通过对企业管理控制系统的进一步了解，培养学生具备初步的管理控制技术和方法的运用能力。</td></tr>
<tr><td>3</td><td>实训内容</td><td colspan="2">选择一家企业进行调研，与管理控制人员沟通，了解企业的产品质量保证体系；了解企业的管理控制系统的控制办法和措施。</td></tr>
<tr><td>4</td><td>实训要求</td><td colspan="2">写出采访记录和被调查企业产品质量保证体系的实训报告。</td></tr>
<tr><td rowspan="2">实训过程记录</td><td>调研计划</td><td colspan="3"></td></tr>
<tr><td colspan="4">调研报告：</td></tr>
<tr><td rowspan="3">实训评价</td><td>班　　级</td><td></td><td>姓　　名</td><td></td></tr>
<tr><td>教师评价</td><td></td><td>自我评价</td><td></td></tr>
<tr><td colspan="4">我的实训收获：</td></tr>
</table>

【学习评价】

模　　块	模块 5　控制职能					
单　　元	单元 10　控制综述			学　　时		
我的收获	序　号	内　容				自评星级
知识获取	1					
	2					
	3					
	4					
能力培养	1					
	2					
	3					
素质提升	1					
	2					
问题反馈						
教师评价	班　　级		姓　　名		总　　分	
	评语：					

【东方管理思想】

三载考绩，三考黜陟幽明。

——《书·舜典》

单元11 绩效评价

【学习目标】

知识目标

1. 理解绩效评价的作用;
2. 理解绩效评价的程序和方法;
3. 理解绩效评价主体以及误差的控制。

能力目标

1. 培养绩效评价的能力;
2. 根据组织实际情况，选用不容的评价方法;
3. 根据组织实际情况，找出绩效考核存在的问题。

素质目标

1. 培养学生形成正确的人才观和政绩观;
2. 培养学生责任意识、担当精神。

【情景导入】

“欧米茄公司”出现连接中断

欧米茄公司是一家小型制造企业，公司销售额的多少主要取决于各自独立经营的连锁经销商所雇用的销售代表的业绩。现在，公司面临着严峻的挑战，这是因为，它无法控制那些为独立经销商工作的员工。然而，正是这些员工的绩效决定着公司的销售业绩。更为棘手的是，至今欧米茄公司对这些销售代表的角色还没有一个清晰的认识，并且也没有制定规范的销售程序。这些销售代表的技能和知识水平差别巨大，其中的绝大部分人只不过是在按要求做事，根本没有付出积极的努力，他们也没有增加销售额的动力。最后，这些经销商在管理战略以及是否依靠欧米茄公司方面的差别也很大。

近来，认识到了自己需要改善销售代表的绩效后，欧米茄公司决定向一个培训销售代表的项目支付一部分费用。同时，经销商也同意共同开始实施一套绩效控制体系。作为创建绩效控制体系的第一步，经销商对销售代表这一职位进行了职位分析，编写了职位描述，并将其分发给了所有销售代表。此外，经销商还接受了一份连锁经营的使命陈述，提出这一使命陈述的主要原因是需要向客户提供高质量的服务。这一使命陈述张贴在所有经销商的办公室里，并且每一个经销商都要告诉自己的员工，他们每一个人的销售额对于使命的实现能够做出怎样的贡献。第二步，管理者为每位员工都设定了绩效目标（也就是销售定额）。接下来，所有销售代表都要参加密集的培训会议。在这种培训课程中，销售代表会收到基于他们的绩效所提供的反馈，然后再次提醒他们需要完成的销售定额。

等接受完培训重返工作岗位之后，销售代表的上级管理人员还会根据他们完成销售定额的情况向他们提供反馈。然而，销售代表却没有办法真正监控自己在实现销售目标的道路上取得了怎样的进步，因为他们的上级所提供的绩效反馈无非就是重复一遍他们每个月完成销售目标的情况。由于没有绩效考核表格，因此，上下级之间所进行的讨论也没有被记录下来。由于这种缺乏反馈的情况一直在持续，所以，虽然在开始的几个月里销售代表的销售定额都完成了，但是经销商同时收到了顾客关于他们所获得的服务质量太差了的抱怨。紧接着，销售额也开始下滑。不仅如此，许多订单还常常出错，顾客不得不将商品退回欧米茄公司。

虽然与过去没有绩效控制的状况相比，新的绩效控制过程有了很大的改善（至少在最初时是这样），但是，经销商的绩效控制体系还远没有达到能够在绩效管理过程中的每个部分之间实现平滑转换的地步。

思考：是哪些问题导致欧米茄公司的绩效控制效果不佳？采取哪些措施补救？

【理论学习】

11.1 绩效评价的作用

绩效评价是指对员工现任职务职责的履行程度，以及担任更高一级职务的潜力，进行有组织的并且是尽可能客观的考核和评价的过程。绩效评价是企业绩效管理体系的重要组成部分，企业通过绩效评价可以给员工提供工作反馈，帮助员工改进工作状况，同时绩效评价结果可以为衡量企业人力资源使用效率提供理论和实践依据。只有建立科学合理的绩效评价体系，才能使企业占据更大的人才竞争优势。绩效评价的作用体现在以下几个方面。

1. 绩效评价为最佳决策提供了重要的参考依据

绩效评价的首要目标是为组织目标的实现提供支持，特别是在制定重要的决策时，绩效评价可以使管理者及其下属在制订初始计划过程中及时纠偏，减少工作失误，为最佳决策提供重要的参考依据。

2. 绩效评价为组织发展提供了重要的支持

绩效评价另一个重要目标是提高员工的业绩，引导员工努力的方向，使其能够跟上组织的变化和发展。绩效评价提供的相关信息资料可以作为激励或处分员工、提升或降级、职务调动以及进一步培训的依据，这是绩效评价的最主要目的。

3. 绩效评估为员工潜能的评价以及相关人事调整提供了依据

绩效评价的结果为确定员工的实际工作报酬提供决策依据。实际工作报酬必须与员工的实际能力和贡献相结合，这是组织分配制度的一系列基本原则。为了鼓励员工出成绩，组织必须设计和执行一个公正合理的绩效评价系统，对那些最富有成效的员工和小组给予明确的加薪奖励。

绩效评估中对能力的考评是指通过考察员工在一定时期内的工作业绩，评估他们的现实能力和发展潜力，看其是否符合现任职务所具备的素质和能力要求，是否具有担任更重要工作的潜能。组织必须根据员工在工作中的实际表现，对组织的人事安排进行必要的调整。应该把能力不足的员工安排到其力所能及的岗位上，而对潜能较强的员工应提供更多的晋升机会，对另一些能力较为平衡的员工则可保持其现有职位。当然，反映员工过去业绩的评价要与描述将来潜力的评价区分开来，为此，组织需要创设更为科学的绩效评估体系，为组织制定包括降职、提升或维持现状等人事调整计划提供科学的依据。

【思政园地】

党的二十大报告要求："加强干部斗争精神和斗争本领养成，着力增强防风险、迎挑战、抗打压能力，带头担当作为，做到平常时候看得出来、关键时刻站得出来、危难关头豁得出来。完善干部考核评价体系，引导干部树立和践行正确政绩观，推动干部能上能下、能进能出，形成能者上、优者奖、庸者下、劣者汰的良好局面。"

11.2 绩效评价的程序和方法

11.2.1 绩效评价的程序

绩效评价成功与否在很大程度上取决于考核系统的设计、考核方法及考核实施过程的科学性。一般而言，完整的绩效评价过程包含绩效评价设计、动员宣传、绩效评价人员培训、收集相关信息、审核信息、信息处理并得出结果、反馈及修正、结果运用和绩效评价沟通等步骤。

1. 绩效评价设计

对企业所有员工进行绩效评价时，企业领导人和主管部门应该着手制订考核的实施计划，明确考核的目的、要求和内容，并发布相应的具体文件说明及执行办法等。这一步骤是绩效评价实施的关键和基础所在。

2. 动员宣传

企业要成立相应的机构和工作小组，指定工作人员，明确职责划分。在考核之前，应对全体工作人员进行实际操作前的动员和宣传，向所有企业员工说明考核的目的、方法、内容、要求及考核结果如何运用，从而使员工能够认识到绩效评价的合理性，让员工端正态度，消除抵制情绪和抗拒心理，使绩效评价工作顺利开展，达到预期目的。

3. 绩效评价人员培训

在确定了考核计划之后，要选取考核工作人员并对他们进行培训，从而提高考核技能，减少人为误差。培训内容包括两个方面：一是培养工作人员正确的工作态度；二是提高工作人员的考核能力。

4. 收集相关信息

按照拟定的考核方案，收集绩效评价所必需的绩效信息作为判断被评估者是否达到关键绩效指标要求的证据，包括员工出勤信息、日常工作记录等，信息的收集应做到尽量全面、准确。

5. 审核信息

考核工作人员对收集的信息要有个“去伪存真”的过程，对初始信息进行审查与核实，剔除虚假信息，保证考核结果的准确性。

6. 信息处理并得出结果

按照计划，考核人员应对相关信息进行处理，根据运算结果区分绩效水平的优劣与等级，得出相应的绩效评价结果，作为企业相关决策的依据。

7. 反馈及修正

绩效评价结果通常应告知被考核者，使其了解企业对自己工作的看法与评价，从而发挥优势、克服劣势；此外，还需要针对考核中发现的问题采取一定的纠偏措施，以提高考核的科学性。

8. 结果运用

按照最终确定的绩效评价结果，企业相关部门可以据此制订绩效改进计划、组织培训方案设计、分配薪酬奖金、调整相关职务、进行员工职业生涯规划和企业人力资源规划，最终实现绩效评价的目的。

9. 绩效评价沟通

绩效评价沟通是绩效管理的核心，贯穿绩效评价的全过程，是指考核者与被考核者就绩效评价反映出的问题以及考核机制本身存在的问题展开实质性的沟通，并着力于寻求应对之策，服务于后一阶段中企业与员工绩效改善和提高的一种管理方法。绩效评价沟通在整个人力资源管理中占据相当重要的地位，是绩效管理的核心，是绩效管理过程中耗时最长、最关键、最能产生效果的环节，包括绩效目标沟通、绩效辅导沟通、绩效反馈沟通和绩效改进沟通。

11.2.2 绩效评价的方法

企业常用的绩效评价方法有以下几种：

1. 图尺度考核法

这是最简单和最普遍的绩效评价技术之一，一般采用图尺度表填写打分的形式进行。在实际操作中会考虑两种主要因素：考核项目和评定分等。在确定了考核项目和等级之后，即可由考核者按照评定要求给被考核者打分。这种方法的优点是考核内容全面，简单实用，开发成本小；缺点是结果受主观影响严重，图表并不能指导员工的行为，员工不知道如何才能得到高分。

2. 配对比较法

配对比较法是一种更为细致的通过排序来考核绩效水平的方法，它的特点是每一个考核要素都要进行人员间的两两比较和排序，使得在每一个考核要素下，每一个人都和其他所有人进行比较，所有被考核者在每一个要素下都获得了充分的排序。该考核方法的缺点是当考核对象人数较多时会很麻烦，难以做出绝对评价。但用这种方法做出的评价准确度比较高。

3. 关键事件法

关键事件法是一种通过员工的关键行为和行为结果来对其绩效水平进行考核的方法，一般由主管人员将下属员工在工作中表现出来的非常优秀的行为事件或者非常糟糕的行为事件记录下来，然后在考核时点上（每季度或者每半年）与该员工进行一次面谈，根据记录共同对其绩效水平做出考核。这种考核方法的优点是能够提供一些切实的材料，避免了近因效应的影响，能为绩效改善提供依据。但是这种考核评价方法是由考核工作人员用企业制定的标准来衡量员工，而员工没有参与的机会，因此不适合进行人事决策。

4. 目标管理法

目标管理法是现代企业更多采用的方法，管理者通常很强调利润、销售额和成本这些能带来成果的结果指标。在目标管理法下，每个员工都有若干具体的指标，这些指标是其工作成功开展的关键目标，它们的完成情况可以作为评价员工的依据。目标管理法的优点是能够发现具体问题和差距，便于进一步制订工作计划，同时很少出现考核误差。这种方法还有以下缺点：设计目标体系需要花费一定的资金和时间，尤其是在指标分解较为困难时。

5. 360 度考核法

360 度考核法又称交叉考核，即将原本由上到下、由上级评定下属绩效的旧方法，转变为全方位 360 度交叉的形式。在考核时，通过同事评价、上级评价、下级评价、客户评价以及个人评价来评定绩效水平。交叉考核不仅是绩效评定的依据，更能从中发现问题，找出原因所在，并着手拟定改善工作计划。这种考核方法的优点是全方位、多角度，考核出现的误差小，分类考核，针对性强，匿名进行，使考核人能够客观地进行评价。但是在考核的过程中，问卷的设计较为困难。

6. 平衡计分卡

平衡计分卡是一种全新的企业综合测评体系，是围绕企业的战略目标，从财务、顾客、内部过程、学习与创新这四个方面对企业进行全面的测评。在使用时要从每一个方面建立相应的目标以及衡量该目标是否实现的指标。平衡计分卡被誉为“75 年来最伟大的管理工具”，已被广泛应用。

11.3 绩效评价的内容

绩效评价必须坚持德才兼备原则，按照各类人员胜任现职所需的条件进行。因员工工作性质不同，绩效评价的内容有所不同。

对管理人员、工程技术人员和主要行政领导人员的评估，一般包括德、能、勤、绩及个性的评估。德指一个人的思想素质、道德素质和心理素质；能是指员工的各种能力，包括体能、学识、智能和技能等，这是评估的重点与难点；勤是指一个人的勤奋、敬业精神；绩是指一个人的工作绩效；个性指员工的性格、兴趣、嗜好等。绩效考评内容见表 11-1。

表11-1　绩效考评内容

评估项目	涵 盖 目 标
勤	出勤率； 工作效率； 工作态度； 按照职位和工作制度要求的出勤情况； 完成工作的速度和质量能否按时高质量地完成行政任务； 对待工作的认识，表现出的态度、责任心和努力程度
能	政策理论水平； 业务水平、开创能力； 表达能力、分析能力； 组织实施能力； 掌握业务知识的程度和处理业务问题的能力； 掌握有关专业的理论知识、管理知识的程度，处理业务问题的熟练程度和实际水平等； 运用马克思主义基本理论分析和解决实际问题的能力，认识和理解党的路线、方针、政策的自觉性、坚定性和正确性； 工作中表现出的改革、开拓精神和进取心； 工作中的口头表达、文字表达水平，能够撰写抓住重点、有说服力的文章； 对事物的分析、判断等综合能力，提出指导性的建议； 工作中的计划、管理、组织、控制等能力，组织落实、知人善任、关系协调，办好事情等
德	思想政治表现； 职业道德； 社会公德； 组织纪律； 思想政治上的心理与行为表现； 对党的基本路线、方针、政策的态度，全心全意为人民服务的思想； 对职业的态度和行为表现； 敬业精神、廉政勤政；遵守社会公德规范，在公众中的形象，对同事、家人、邻居的态度和行为； 对待上级、组织的态度和行为； 执行组织决议和领导指示，遵守政府及单位的各项纪律规定等
绩	工作数量； 工作质量； 工作贡献； 完成工作的项目件数的多少； 完成任务和具体工作结果的好坏优劣； 取得的成果、业绩对政府和社会产生的经济效益和社会效益

【互动课堂】

完美的动物不存在

森林里的动物们准备进行选美大赛，很多动物都报名参赛，熙熙攘攘，非常热闹。由狗熊、麻雀、老鹰、蚂蚁、猫头鹰组成的评委会，开始安排赛前的准备工作。这时，森林之王老虎召集动物评委们，讨论如何组织这次选美比赛。

老虎说："要选美了，咱们首先要制定出选美的标准——美丽是什么。狗熊，先谈谈你的看法。"

狗熊说："这个问题我已经想了很久了，选美是一件重要的事情，必须慎重。我们评选的标准首先应该是身体健壮。身体健壮才是美，就像我们熊类家族，个个都是动物界的大力士，我们有一种力量美。"

麻雀说："我不同意狗熊的看法。美丽的动物一定要有漂亮的外表，比如我们鸟类家族中的孔雀，它的羽毛多美丽，气质多优雅！"

老鹰说："你们说的都不对，最美丽的动物应该是有一双锐利的眼睛，那才叫迷人，我们鹰的眼睛是最锐利的。"

蚂蚁说："我不同意你们的看法，内在的美，才是最美。我们昆虫世界里的蜜蜂，天天不辞辛劳地工作，那才叫美丽呢。"

猫头鹰说："你们的理解都有偏差，最美丽的动物应该是对森林最有贡献的动物。比如说啄木鸟，天天忙着捉虫子，没有它们的努力，森林里就会到处是虫子，我们生活的环境就会很糟糕。"

动物们你一言我一语，各执己见，争执不休。

老虎看大家争半天也没有个统一的意见，就说道："我看大家对美的认识各有看法。咱们能不能综合一下，把选美的标准定为有熊一样的力量、孔雀般漂亮的外表、鹰一样锐利的眼睛、像蜜蜂那样勤勤恳恳，还要有啄木鸟的奉献精神。按照这样的标准来评选，一定能选出最美的动物。"

老虎说完后，动物们面面相觑，不知道说什么好，因为大家都觉得森林里还不存在完全符合这些标准的动物。

思考：

（1）管理者如何认识全面的考核标准？

（2）管理者应该如何看待不同的员工？

11.4 绩效评价的实施

【互动课堂】

棕熊和黑熊赛蜜

黑熊和棕熊喜食蜂蜜，都以养蜂为生。它们各有一个蜂箱，养着同样多的蜜蜂。有一天，它们决定比赛看谁的蜜蜂产的蜜多。

黑熊想，蜜的产量取决于蜜蜂每天对花的"访问量"。于是它买来了一套昂贵的测量蜜蜂访问量的绩效管理系统。在它看来，蜜蜂所接触的花的数量就是其工作量。每过完一个季度，黑熊就公布每只蜜蜂的工作量，同时，黑熊还设立了奖项，奖励访问量最高的蜜蜂。但它从不告诉蜜蜂们它是在与棕熊比赛。

棕熊与黑熊想得不一样。它认为蜜蜂能产多少蜜，关键在于它们每天采回多少花蜜，花蜜越多，酿的蜂蜜也越多。于是它直截了当地告诉众蜜蜂，它在和黑熊比赛看谁产的蜜多。它花了不多的钱买了一套绩效管理系统，测量每只蜜蜂每天采回花蜜的数量和整个蜂箱每天酿出蜂蜜的数量，并把测量结果张榜公布。它也设立了一套奖励制度，重奖当月采花蜜最多的蜜蜂。如果一个月的蜂蜜总产量高于上个月，那么所有蜜蜂都会得到不同程度的奖励。

一年过去了，两只熊查看比赛结果，黑熊的蜂蜜不及棕熊的一半。

黑熊的评估体系很精确，但它评估的绩效与最终的绩效并不直接相关。黑熊的蜜蜂为尽可能提高访问量，都不采太多的花蜜。因为采的花蜜越多，飞起来就越慢，每天的访问量就越少。另外，蜜蜂之间竞争的压力太大，一只蜜蜂即使获得了很有价值的信息，比如某个地方有一片巨大的槐树林，它也不愿将此信息与其他蜜蜂分享。

棕熊的蜜蜂则不一样，因为它不限于奖励一只蜜蜂，为了采集到更多的花蜜，蜜蜂相互合作。嗅觉灵敏、飞得快的蜜蜂负责打探哪儿的花最多、最好，然后回来告诉力气大的蜜蜂一齐到那儿去采集花蜜，剩下的蜜蜂则负责存储采集回的花蜜，将其酿成蜂蜜。虽然采集花蜜多的蜜蜂能得到最多的奖励，但其他蜜蜂也能捞到部分好处，因此蜜蜂之间远没有到人人自危、相互拆台的地步。

思考：

（1）管理者如何确定绩效考核标准和方式？

（2）管理者如何保证绩效考核的有效实施？

11.4.1 绩效评价主体

绩效评价主体有员工的直接上级、员工的同事、员工的下属、员工自己、相关客户等，考评主体的优缺点比较见表 11-2。

表11-2 考评主体的优缺点比较表

考评主体	优　点	缺　点
上级	对评价内容熟悉；易获得考评客体的工作业绩；有利于发现员工的优缺点，使员工培训、能力开发、职业生涯设计等更加符合实际	易造成以偏概全：受个人心理影响，易产生偏松偏紧的倾向
同事	接触频繁，评价更加客观全面；有利于提高工作热情和协作精神：易发现深层次问题，提出改进方向	工作量大，耗时多；易受私心、感情和人际关系因素影响
自己	自身有更加清楚的认识，评价客观；有利于增加参与意识，提高工作热情；有利于问题达成共识，降低抵触情绪	易于高估自己；易夸大成绩，隐瞒失误；寻找借口，积极开脱
下级	使员工有认同感，增强工作积极性；发现上级工作不足，改进工作；对上级进行监督，使其行使权力时有所制衡	受自身素质限制，拘泥于细节；担心上级打击报复；只讲好话，不讲缺点：可能导致上级放松管理
相关客户	所受干扰少，评价客观：有利于强化服务意识；有利于发现自身优劣及潜在需求	操作难度大；耗时久，成本高；考评资料不易取得

11.4.2 绩效评价中误差的控制

绩效评价误差的来源：绩效评价标准不明、晕轮效应、趋中倾向、偏松或偏紧倾向、考评者的偏见、第一印象、外界压力、对照对应。绩效评价中对误差控制的方法有以下几种。

1. 通过评估面谈加强对评估的管理

1）评估面谈的意义

主管让下属了解评估结果；主管与下属一起分析评估结果；主管向下属提出工作建议；下属向主管提出工作的困难；共同提出改进的方案。

2）面谈的技巧

对事不对人；反馈要具体；鼓励充分参与讨论，探讨解决问题的方法；把握时机，适时反馈。

2. 对评估等级进行强制分布以规避集中倾向

对每一个团队和部门规定合格、不合格和优秀等级的比例，迫使管理者对员工绩效分出差异。例如，将评估对象按绩效情况分为几类，每一类强制规定一个百分比，此方法规定了绩效等级，有效避免了评估中的宽大化、中心化、严格化倾向。

3. 用“潜在合同”补充评估中某些不确定的因素

“潜在合同”就是以一种薪酬默契的方式留住那些潜力大、有发展的新员工。“潜在合同”的双方必须承诺的内容包括：

公司方：公司稳定发展；当员工的工龄达到一定阶段，给予高幅度的薪酬增长；

员工方：工作令人满意；必须有稳定、良好的工作表现；对公司的文化和价值观认同。

4. 确定恰当考评标准

考评标准尽可能准确、明白，尽量使用量化等客观标准，以减少考评者主观的干扰。

5. 对评估者进行相关的培训

培训评估者的内容主要包括：认真讲解评估内容及评估标准；列举常见的评估误差；提高评估者的观察力和判断力；加强对评估者有关评估重要性的教育，使他们重视评估工作。

【知识巩固】

一、单选题

1. 考核工作人员对收集的被考核人员信息要有个（　　）的过程。
   A. 去伪存真　　B. 统计审核
   C. 集众询问　　D. 走访调查
2. 绩效管理的核心是（　　）。
   A. 绩效评价过程　　B. 绩效评价结果
   C. 绩效评价沟通　　D. 绩效评价方法
3. 在日常生活中比较简单直接且常见的考核技术是（　　）。
   A. 关键事件法　　B. 目标管理法
   C. 配对比较法　　D. 图尺度考核法
4. 绩效评价的首要目标是（　　）。
   A. 为目标的实现提供支持　　B. 为方案的设计提供理论支持
   C. 为考核方法提供选取依据　　D. 为决策提供参考依据

二、多选题

1. 绩效评价实施的关键所在是（　　）。

A. 明确考核的目的　　B. 明确考核要求和内容

C. 明确具体文件说明　　D. 明确执行办法

2. 绩效评价成功与否在很大程度上取决于（　　）。

A. 考核系统的设计　　B. 考核方法

C. 考核实施　　D. 考核评估

3. 图尺度考核法在实际使用中需要注意（　　）因素。

A. 客观情况　　B. 主观评价

C. 考核项目　　D. 评定分数

4. 绩效评价本身不是目的，而是一种手段，从内涵上来说是（　　）。

A. 员工在责任职位上的业绩　　B. 员工的工作态度和效率

C. 员工的素质和能力　　D. 员工的言谈举止和行为规范

5. 绩效评价主体有（　　）。

A. 自己　　B. 同事

C. 上级、下属　　D. 相关客户

三、判断题

1. 绩效评价成功与否在很大程度上取决于考核系统的设计、考核方法及考核实施过程的科学性。（　　）

2. 员工绩效评价是指对员工现任职务职责的履行程度，以及担任更高一级职务的潜力，进行有组织的并且是尽可能客观的考核和评价的过程。（　　）

3. 关键事件法是一种通过员工的客观情况、行为与行为结果来对其绩效水平进行考核的方法。（　　）

4. 简便易行，但几乎全是定性化描述，无量化数据，难以作为人事决策的依据。说的是绩效评价中的评语法。（　　）

四、简答题

1. 绩效评价的作用是什么？

2. 控制绩效评价中的误差有哪些好的方法？

3. 绩效评价的基本方有哪些？

4. 绩效评价的程序是什么？

5. 与传统的绩效评价方法相比，在考评方法上有什么不同？

【案例研讨】

<table>
<tr><td colspan="2">模　块</td><td>模块 5　控制职能</td><td>姓　名</td><td></td></tr>
<tr><td colspan="2">单　元</td><td>单元 11　绩效控制</td><td>讨 论 组</td><td></td></tr>
<tr><td>案例内容</td><td colspan="4">华立集团的绩效管理
华立集团的新绩效管理制度已经施行一年有余。非但没能达到预期的效果，反招致集团上下怨声载道。年中会议上，各部门经理更是争论得不可开交。
“又要考核了，我没法进行下去。我们员工普遍抵制考核，认为这是集团借考核的名义少发、克扣员工的奖金。”营销部经理李连抱怨道。
“怎么会是为了克扣奖金呢？实施绩效管理、实行绩效考核，是为了使员工的付出与报酬成正比。对于考核不好或不合格的员工，奖金当然少啊。再说了，这些考核指标也是经过你们确认的，现在怎么又有意见呢？”负责人力资源管理工作的集团副总吴妙感到不解。“是啊，在设定这些指标时，我都征求了各部门的意见，与各部门的经理都进行了确认。”人力资源部张经理补充道。
“我们对考核指标没有意见，可是大家认为绩效目标定得太高，无法完成。当初部门的经理都进行了确认。”营销部经理李连说道，“从实际来看，目标的确是定高了。现在却以目标的实际情况进行考核，这好像不公平吧。如果目标定的合适，现在考核得 C 的本来可以得 A，至少可以得 B，结果是本来可以拿 1 000 元的奖金，现在却只能得到 800 元，甚至更少，大家能没意见吗？”“目标太高？各部门的目标是根据集团的年度目标层层分解的，难道你认为集团的年度目标设定的不科学？但据我了解，有些部门就完成得较好，比如说人力资源部和行政部。目标没完成，我希望多从自身找原因。”吴妙不满地说道。</td></tr>
<tr><td rowspan="4">案例分析</td><td>分析问题 1</td><td colspan="3">根据华立集团的绩效管理实施现状，分析该公司存在的核心问题，如果为该组织重新设计绩效目标应该注意哪些问题？</td></tr>
<tr><td colspan="4">个人分析：</td></tr>
<tr><td>分析问题 2</td><td colspan="3">绩效管理有哪些环节？以及组织进行绩效管理体系设计的步骤是什么？</td></tr>
<tr><td colspan="4">个人分析：</td></tr>
<tr><td>小组讨论结论</td><td colspan="4"></td></tr>
<tr><td rowspan="2">教师评价</td><td>星级</td><td colspan="3">☆☆☆☆☆</td></tr>
<tr><td colspan="4">评语：</td></tr>
</table>

【游戏体验】

<table>
<tr><td>模块</td><td colspan="8">模块 5 控制职能</td></tr>
<tr><td>单元</td><td colspan="8">单元 11 绩效控制</td></tr>
<tr><td>游戏名称</td><td colspan="8">合作连接</td></tr>
<tr><td rowspan="12">游戏玩法</td><td>序 号</td><td>内 容</td><td colspan="6">说 明</td></tr>
<tr><td>1</td><td>活动目的</td><td colspan="6">让学生体会绩效控制原理；学会合理激励提高组织绩效；体会协作与绩效的关系。</td></tr>
<tr><td>2</td><td>游戏形式</td><td colspan="6">分组（平均分为四组）</td></tr>
<tr><td>3</td><td>时间要求</td><td colspan="6">40 ～ 45 min</td></tr>
<tr><td>4</td><td>材料准备</td><td colspan="6">黄、绿、蓝、红四种颜色的塑料桶各一个，黄、绿、蓝、红颜色的小球各 20 个</td></tr>
<tr><td>5</td><td>游戏及规则</td><td colspan="6">班级学生平均分为四队（代表一家公司的四个团队），分别是黄、绿、蓝、红队，分别站在黄、绿、蓝、红四条线外，四条线围成方形，各条线的前面为黄、绿、蓝、红四种颜色的塑料桶，桶中放与桶颜色相同的小球 20 个，黄、绿、蓝、红四种颜色的塑料桶分别代表 10 分、5 分、15 分、30 分，每队以获得更高分数为目标。
游戏规则：
（1）不管任何颜色的球扔进相应的桶里，就得相应的分数；
（2）队员必须站在线后面，球至少落地一次进桶算有效；
（3）每队派四名队员捡球，将未进的球交给队员继续扔，比赛时间为 60 s；
（4）比赛分多轮进行，每轮前三名获得奖励。</td></tr>
<tr><td rowspan="6">6</td><td rowspan="6">统计表格</td><td></td><td>1 轮</td><td>2 轮</td><td>3 轮</td><td>4 轮</td><td>…</td></tr>
<tr><td>黄队</td><td></td><td></td><td></td><td></td><td></td></tr>
<tr><td>绿队</td><td></td><td></td><td></td><td></td><td></td></tr>
<tr><td>蓝队</td><td></td><td></td><td></td><td></td><td></td></tr>
<tr><td>红队</td><td></td><td></td><td></td><td></td><td></td></tr>
<tr><td>总成绩</td><td></td><td></td><td></td><td></td><td></td></tr>
</table>

<table>
<tr><td></td><td>1 轮</td><td>2 轮</td><td>3 轮</td><td>4 轮</td><td>…</td><td>理想目标</td></tr>
<tr><td>黄队</td><td></td><td></td><td></td><td></td><td></td><td>600</td></tr>
<tr><td>绿队</td><td></td><td></td><td></td><td></td><td></td><td>600</td></tr>
<tr><td>蓝队</td><td></td><td></td><td></td><td></td><td></td><td>600</td></tr>
<tr><td>红队</td><td></td><td></td><td></td><td></td><td></td><td>600</td></tr>
<tr><td>总成绩</td><td></td><td></td><td></td><td></td><td></td><td>2 400</td></tr>
</table>

<table>
<tr><td rowspan="3">讨论问题</td><td colspan="4">1. 如何提高单一团队的绩效？
2. 如何提高全公司的绩效？
3. 目标管理在绩效控制中起什么作用？</td></tr>
<tr><td>班 级</td><td></td><td>组长签字</td><td></td></tr>
<tr><td>教师签字</td><td></td><td>日 期</td><td></td></tr>
<tr><td>游戏讨论与心得体会</td><td colspan="4">心得：</td></tr>
</table>

【技能实训】

<table>
<tr><td>模块</td><td colspan="4">模块 5　控制职能</td></tr>
<tr><td>单元</td><td colspan="4">单元 11　绩效控制</td></tr>
<tr><td>技能</td><td colspan="4">绩效管理技能</td></tr>
<tr><td rowspan="5">实训安排</td><td>序　号</td><td>项　目</td><td colspan="2">说　明</td></tr>
<tr><td>1</td><td>实训项目</td><td colspan="2">企业绩效控制</td></tr>
<tr><td>2</td><td>实训目的</td><td colspan="2">（1）培养收集与处理信息的能力。
（2）培养总结与评估能力。
（3）培养沟通语言表达能力。</td></tr>
<tr><td>3</td><td>实训内容</td><td colspan="2">（1）选择一个企业，利用网络、文献资料，收集该企业有关绩效评价与评估方面的信息资料。
（2）分组对收集的资料进行分析形成总结报告。
（3）各组根据总结报告，制作汇报 PPT，进行展示汇报。</td></tr>
<tr><td>4</td><td>实训要求</td><td colspan="2">（1）发挥团队合力，及时完成。
（2）总结报告分为：企业简介、企业绩效评价的措施、对该企业绩效评价的评价三个部分。</td></tr>
<tr><td rowspan="4">实训过程记录</td><td colspan="2">调研计划</td><td colspan="2"></td></tr>
<tr><td colspan="2">组织分工</td><td colspan="2"></td></tr>
<tr><td colspan="2">存在问题</td><td colspan="2"></td></tr>
<tr><td colspan="4">调研结果概述：</td></tr>
<tr><td rowspan="3">实训评价</td><td>班　级</td><td></td><td>姓　名</td><td></td></tr>
<tr><td>教师评价</td><td></td><td>自我评价</td><td></td></tr>
<tr><td colspan="4">我的实训成果：</td></tr>
</table>

【学习评价】

<table>
<tr><td>模　块</td><td colspan="6">模块 5 控制职能</td></tr>
<tr><td>单　元</td><td colspan="4">单元 11 绩效控制</td><td>学　时</td><td></td></tr>
<tr><td>我的收获</td><td>序　号</td><td colspan="4">内　容</td><td>自评星级</td></tr>
<tr><td rowspan="4">知识获取</td><td>1</td><td colspan="4"></td><td></td></tr>
<tr><td>2</td><td colspan="4"></td><td></td></tr>
<tr><td>3</td><td colspan="4"></td><td></td></tr>
<tr><td>4</td><td colspan="4"></td><td></td></tr>
<tr><td rowspan="3">能力培养</td><td>1</td><td colspan="4"></td><td></td></tr>
<tr><td>2</td><td colspan="4"></td><td></td></tr>
<tr><td>3</td><td colspan="4"></td><td></td></tr>
<tr><td rowspan="2">素质提升</td><td>1</td><td colspan="4"></td><td></td></tr>
<tr><td>2</td><td colspan="4"></td><td></td></tr>
<tr><td>问题反馈</td><td colspan="6"></td></tr>
<tr><td rowspan="2">教师评价</td><td>班　级</td><td></td><td>姓　名</td><td></td><td>总　分</td><td></td></tr>
<tr><td colspan="6">评语：</td></tr>
</table>

模块6　创新职能

【模块知识结构】

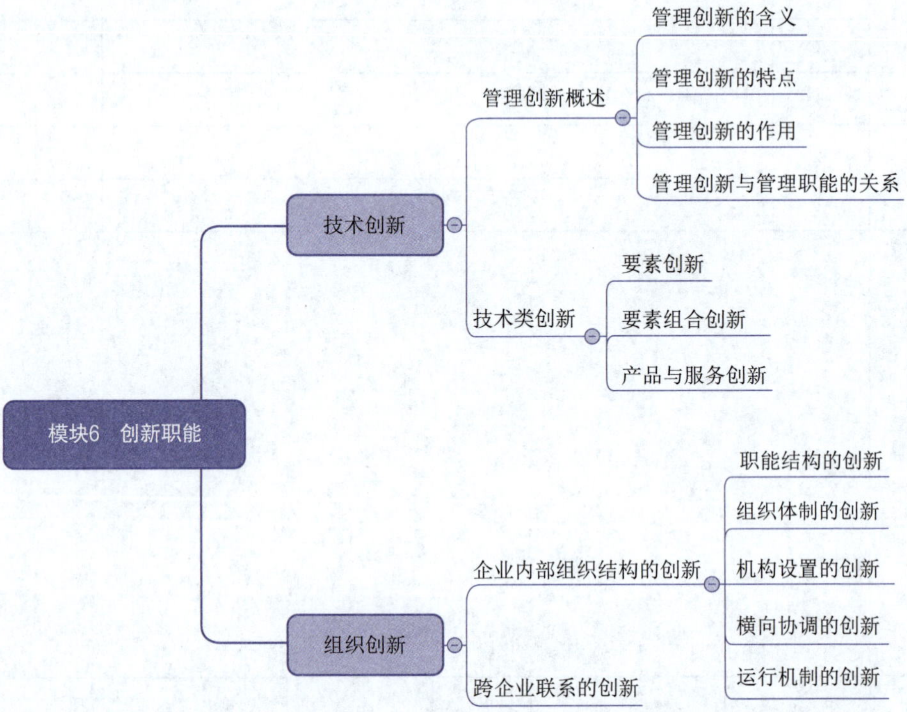

【东方管理思想】

穷则变，变则通，通则久。

——《周易·系辞下》

单元12 技术创新

【学习目标】

知识目标

1. 了解管理创新的含义、特点与作用；
2. 明确管理创新与管理职能的关系；
3. 掌握管理创新的内容及方法；
4. 掌握克服管理创新阻力的对策；
5. 了解中国企业管理创新面临的形势与主要任务；
6. 了解中国企业管理创新的趋势和特征；
7. 明确技术创新的内容和做法。

能力目标

1. 能够组织团队开展学习、提高创新能力；
2. 能够在实践中合理运用方法实现管理创新；
3. 能够结合所学引导企业克服困难实现创新发展；
4. 能够结合所学为所在企业开展技术创新提供支持。

素质目标

1. 培养学生学会与人和谐相处，具备以人为本、宽容友善的领导情操；
2. 引导学生践行社会主义核心价值观，树立服务精神和服务意识。

【情景导入】

吃“休克鱼”

张瑞敏的管理哲学是管理理论与实践的良好结合——从实践上升到理论再到理论指导实践。吃“休克鱼”是张瑞敏的一大管理创新，也是其管理哲学的最好体现之一。所谓“休克鱼”，指的是从外在看企业“死”了，但企业的硬件很好，只是企业的思想、管理有问题，导致企业停滞不前。这种企业一旦注入新的管理思想，匹配一套行之有效的管理方法，很快就能够被激活起来。短短几年里，海尔通过这种吃“休克鱼”的低成本扩张模式，进行资产重组，控股联营，兼并盘活了18家企业，将这些企业由亏损5.6亿元到盘活资产总额达18.2亿元。海尔吃“休克鱼”式企业兼并的管理案例被编入了哈佛商学院教材，张瑞敏也因此成为第一个走上哈佛讲坛的中国企业家。海尔由此驶入了发展的快车道，张瑞敏也与时俱进，加快企业战略调整，由国内外发展并重到全球化战略，打造国际品牌。他非常关注国际管理的发展新趋势，也善于从中吸收可为己所用的知识，从而使海尔形成独具特色的海尔文化，享誉世界。现在，海尔是著名的世界500强企业之一。

思考：

1. 吃“休克鱼”是管理创新吗？

2. 你所知道的有关海尔公司的管理创新还有哪些？

【理论学习】

管理创新是企业永恒的主题。管理理论的创新是企业管理创新的核心。21世纪是知识经济时代，随着经济全球化进程的加快、信息技术革命的推动和市场竞争的日益深化，企业要从战略高度认识创新，在推进技术创新的同时，也要从管理理念、管理组织、管理方法与手段等多个层面实施创新，努力探索适合自己的管理现代化之路。只有这样才能使企业立于不败之地，实现企业又好又快地发展。

12.1 管理创新概述

12.1.1 管理创新的含义

管理创新，是指一定的社会组织，从管理的基本职能出发，适应经济和社会发展的需要，在科学理论的指导下，运用恰当的方法，对各种管理资源进行创造性改革或重组，使组织管理工作处于动态协调和良性发展之中的活动。管理创新的含义包括以下五种情况：

（1）提出一种新的经营思路并加以有效实施。

（2）创新一个新的组织机构并使之有效运转。

（3）提出一种新的管理方式方法。

（4）设计一种新的管理模式。

（5）进行一项制度的创新。

管理创新所包含的范围很广，涉及许多方面。比如，有的之所以称为创新，是因为它提高了工作效率或巩固了企业的竞争地位；有的是因为它改善了人们的生活质量；有的是因为它对经济具有根本性的提高。但值得注意的是，管理创新并不一定是全新的东西，旧的东西以新的形式出现或与新的方式结合也是创新。

12.1.2 管理创新的特点

管理创新是企业在市场经济条件下生存发展的基本条件，它揭示了企业需要不断为适应和创造市场需求而优化生产要素的本质。它具有以下特点：

1. 职能性

企业家既是管理者，又是创新者。企业家不仅要维持企业的正常运转，还必须带领企业不断前进，创新是企业不断进步的动力。创新是企业家的素质和能力所必需的，更是企业家工作的一个重要的组成部分。因此，管理创新是企业家管理的主要职能。

2. 系统性

管理的系统性决定了管理创新的系统性，这主要表现为：管理创新的成功需要多方面配合。管理观念的创新到实施，需要管理制度创新、战略创新、组织创新、企业文化创新等共同推进。不仅如此，管理创新的实施还需要企业内外条件的成熟做保证，否则，管理创新不会成功。

3. 创造性

管理创新与旧有的管理相区别，不仅是一种新的排列组合，还是一种“破坏性的创造”，即打破传统的、旧有的管理模式，建立新的、理想的管理模式。

4. 市场性

管理创新是面向市场的创新，管理创新的压力、动力、引力均来自市场，是为了企业在市场竞争中创造出新的生产力而进行的。所以，管理创新是时刻追随市场的，一刻也不能脱离。

5. 风险性

管理创新是有风险的，管理创新的风险来自管理者认识的成熟性、设计的可行性、实施的可控性和环境的变动性等方面，它可能成功，也可能失败。若失败了，其管理创新的投入就没有效益、没有回报。

6. 动态性

由于管理创新是一个过程，从创新计划的制订到实施，需要各个环节的连接。管理创新的动态性还表现在创新过程中要时刻保持与外界的动态对应。

7. 效益性

创新行为都是在创新者预计创新投入会得到高的回报时才会发生的，否则，就不会实施创新，许多事实都证明了，只要管理创新成功，就会有创新回报。正是管理创新的效益性，才使得管理者不断地勇于创新，追求创新。

8. 全员性

管理创新必须以企业经营管理者为核心，全体员工共同参与，才能使管理创新取得成效，并得到持久的创新，没有员工的理解、合作和积极参加，管理创新难以有效和成功。

9. 变革性

该特性是指管理创新一般会涉及企业内权益关系的调整，因此，许多管理创新，尤其程度大的管理创新实质上就是一场深刻的变革。从管理史上较为著名的管理创新看，它们都具有变革性。比如，泰勒科学管理原理的应用需要劳资双方进行精神革命；梅奥人群关系论的应用也需要企业管理者改变管理方式，尊重员工。由于企业本身就是一个利益聚合体，或者是一个政治实体，因此，不触及现有权益关系、皆大欢喜的管理创新是不存在的。

【互动课堂】

石头汤

在一个暴风雨的日子，一个穷人到富人家讨饭。仆人说："不要来打搅我们。"穷人说："只要让我进去，在你们的火炉上烤干衣服就行了。"仆人以为这不需多花费什么，就让他进去了。进屋后，他请求厨娘给他一个小锅，以便让他"煮点石头汤喝"。

"石头汤？"厨娘说，"我想看看你怎样能用石头做成汤。"于是她就答应了。穷人到路上拣了块石头，洗净后便放在锅里面煮。

"可是，你总得放点盐吧。"厨娘说着给了他一些盐，后来又给了他豌豆、薄荷、香菜，最后，又把能够收拾到的碎肉末都放在汤里。

当然，你也许能够猜到，这个可怜的穷人后来把石头捞出来扔在路上，自己美美地喝了一锅肉汤。这就是创新思维的力量！

如果这穷人对仆人说："行行好吧！请给我一锅肉汤。"会得到什么结果呢？因此，"坚持下去，方法正确，你就能成功。"

互动问题：如何理解"坚持下去，方法正确，你就能成功"这句话？

12.1.3 管理创新的作用

管理创新是企业生命的源泉，是企业竞争实力的发动机。创新在企业发展中的作用可以归纳为以下几点：

1. 提高企业的生存能力

企业首先要生存。在知识经济时代，随着市场竞争日趋激烈，企业的生存与活力是个根本问题。研究表明，一个时期内新建立的企业 5 年后其生存能力可能只剩一半，10 年后剩 10%，20 年后就所剩无几了，50 年后就更少。德鲁克曾经指出："企业管理不是一种官僚的行政工作，它必须是创新性的，而不是适应性的工作。""不创新就死亡"——企业只有不断地进行创新才能够有实力面对竞争，才能够跟上时代发展的步伐。如果不进行创新，企业很可能遭到淘汰。

2. 提高企业的经济效益

管理创新的目标是提高企业有限资源的配置效率。这一效率虽然可以在众多指标中得到反映，如资金周转速度加快、资源消耗系数减小、劳动生产率提高等，但最终还要在经济效益指标上有所体现，即提高企业的经济效益。提高企业经济效益分为两个方面：一是提高目前的效益，二是提高未来的效益，即企业的长远发展。管理在诸多方面的创新，有的是提高前者，如生产组织优化创新；有的是提高后者，如战略创新与安排。无论是提高当前的效益还是未来的效益，都是在增强企业的实力和竞争力，从而有利于企业下一轮发展。事实证明，管理创新活动是企业生机与活力的重要源泉，一个在管理上不断追求创新的企业在生存与发展的竞争中具有更多的取胜机会。

3. 降低交易成本

钱德勒认为："在一个企业内，许多营业单位活动内部化带来的利益，要等到建立起管理层级制以后才能实现。"即管理层级制的创新，使得现代企业可以将原本在企业之外的一些营业单位活动内部化，从而节约企业的交易费用，这就明显地证明了管理及管理创新对促进企业发展和提高企业效益的重大作用。

4. 稳定企业、推动企业发展

企业管理的有序化、高度化是企业稳定与发展的重要力量。常有人说管理与技术是企业发展的两个轮子，倘若管理是如此的话，管理创新自然更是如此，因为管理创新的结果是为企业提供更有效的管理方式、方法和手段。管理创新对稳定企业、推动企业发展的作用可以从诸多方面来看。钱德勒从一个侧面做出了证明，他认为："管理层次制一旦形成并有效实现了它的协调功能后，层级制本身也就变成了持续成长的源泉。"因为"用来管理新型多单位企业的层级制具有持久性，它超越了工作于其间的个人或集团的限制"。当一名经理去世、退休、升职或离职时，另一个人已做好准备，他已受过接管该职位的培养。因而，人员虽有进出，其机构和职能却保持不变。因此，管理层级制的这一创新，不仅使层级制本身稳定下来，也使企业发展的支撑架构稳定下来，而这将有效地帮助企业长远发展。"传统企业常是短命的，因为它们几乎全是合伙生意，其中，一合伙人退休或去世，就得重新结伙或解散。"

5. 提高企业的环境适应能力

企业是一个开放系统，每时每刻都要与外界环境之间保持能量、信息和物质的交换，在动态发展中求得平衡，保持有序性。随着我国改革开放进程的深入以及国内市场的进一步开放，企业与外界的联系更加密切，企业每时每刻都要受到各种外界力量的制约。企业唯有在生存过程中与外部持续交流互动，才能寻找到一个有利于自己的均衡点，赢得一个良好的外部环境。

6. 有助于企业家精神的形成

现代企业管理创新的直接成果之一，按照钱德勒的看法是形成了一个新的职业经理和职业企业家阶层。这一阶层的产生，一方面使企业的管理处于专家的手中，从而提高了企业资源的配置效率；另一方面使企业的所有权与经营管理权发生分离，推动了企业更健康地发展。有关调查表明：我国企业经营管理者对企业家精神的理解列在前三位的是"追求最大利润""勇于创新""乐于奉献"。而且大多数企业家已经意识到开拓创新能力的不足，他们会更进一步关心创新、关心管理创新，因为他们知道管理创新的功效。对于企业而言，创新是永恒的，因此，职业企业家们往往成为重要的管理创新主体。

【思政园地】

党的二十大报告指出："我们提出并贯彻新发展理念，着力推进高质量发展，推动构建新发展格局，实施供给侧结构性改革，制定一系列具有全局性意义的区域重大战略，我国经济实力实现历史性跃升。国内生产总值从五十四万亿元增长到一百一十四万亿元，我国经济总量占世界经济的比重达百分之十八点五，提高七点二个百分点，稳居世界第二位；人均国内生产总值从三万九千八百元增加到八万一千元。谷物总产量稳居世界首位，十四亿多人的粮食安全、能源安全得到有效保障。城镇化率提高十一点六个百分点，达到百分之六十四点七。制造业规模、外汇储备稳居世界第一。建成世界最大的高速铁路网、高速公路网，机场港口、水利、能源、信息等基础设施建设取得重大成就。我们加快推进科技自立自强，全社会研发经费支出从一万亿元增加到二万八千亿元，居世界第二位，研发人员总量居世界首位。基础研究和原始创新不断加强，一些关键核心技术实现突破，战略性新兴产业发展壮大，载人航天、探月探火、深海深地探测、超级计算机、卫星导航、量子信息、核电技术、新能源技术、大飞机制造、生物医药等取得重大成果，进入创新型国家行列。”

12.1.4 管理创新与管理职能的关系

管理的四大职能与创新是相互联系、相互补充的。创新是管理四大职能在维持原有基础上的发展，而管理的四大职能则是创新的逻辑延续；创新为更好地履行管理基本职能、实现资源的更有效利用提供依托和框架，管理基本职能的履行则为有效的创新提供了保证。任何管理工作都应围绕着组织运转的维持和创新展开，只有创新，没有维持，组织就会陷入无时无刻不在变化之中的无序的混乱状态；而只有维持，没有创新，组织就会因为缺乏活力而成为一潭死水，因不能适应环境的变化而最终被淘汰。因此，卓越的管理应该是实现维持与创新相结合的管理，就这一点而言，创新也应成为管理的主要职能之一。

12.2 技术类创新

技术类创新是企业创新的重要内容。1999年《中共中央、国务院关于加强技术创新、发展高科技、实现产业化的决定》中明确指出：“技术创新，是指组织应用创新的知识和新技术、新工艺，采用新的生产方式和经营管理模式，提高产品质量，开发生产新的产品，提供新的服务，占据市场并实现市场价值。”在这里技术创新已经不是单纯的技术概念，而是技术与经济结合的经济学范畴的概念，涵盖组织运行的全过程。技术创新是一项高风险的活动，同时又是一项高收益的活动。据资料显示，如果技术创新活动有20%的成功率就可以收回投资并且能够盈利，因此，许多组织都愿意并舍得在技术类创新方面进行投资。技术类创新主要包括要素创新、要素组合创新和产品与服务创新三大方面。

12.2.1 要素创新

参与组织活动的要素创新主要包括材料创新、设备创新以及人员创新三个方面。材料创新是指开辟新的材料来源，开发和利用成本更低的替代性材料，提高材料的质量，改进材料的性能等方面。例如，用鲨鱼皮生产的游泳衣对水的摩擦力比用普通材料生产的游泳衣的摩擦力要小得多。设备创新则表现在：第一，将先进的科学技术成果用于革新和改造原有的设备，以提高设备性能和延长设备寿命；第二，利用创新的新设备提高组织的自动化和机械化程度；第三，有计划地更新设备，以更经济的、更先进的新设备来代替陈旧的、过时的老设备。人员创新是指组织应不断从外部吸纳高素质人才，也应注重对组织现有人才的有效使用和继续培养，不断地对他们进行新知识、新技术的培训和改造，使之适应技术进步的要求。

【互动课堂】

吉列的用人理念

吉列公司成立于1901年，主要生产剃须产品、电池和口腔清洁卫生产品。掌握“全世界男人的胡子”的吉列剃刀产品，在美国市场的占有率高达90%，占据全球市场的份额达到70%以上。其在2005年评出的世界品牌100强中位列第15位，品牌价值175.3亿美元。但是，在1998年阿尔弗雷德·培恩担任CEO后，吉列公司的业绩开始下滑。迈克尔·霍利接过帅印后，吉列公司业绩加速下滑，市场份额减少，利润率下降，股价下跌不止，员工士气低落。当时，包括著名投资者巴菲特在内的吉列公司董事会迅速采取行动，2000年10月，任职仅一年多的迈克尔·霍利被迫辞职。2001年2月，詹姆斯·基尔茨走马上任，这是当时吉列公司70年来第一位空降的CEO，其虽然是外行但擅长创新与成本控制。通过两年多的努力，吉列公司走出了低谷。

互动问题：为什么吉列通过换帅走出了低谷？

12.2.2 要素组合创新

组织活动中的要素除了材料、设备和人员以外，还包括市场、厂房等要素，要素组合创新就是利用一定的方式将不同的运营要素加以有机的组合，尤其是在时间和空间上加以创新，使得组合创新后的要素能发挥更大的效用。组织运营过程中充分利用不同空间的材料、设备、厂房以及技术人员与管理人员等多种要素资源，进行整合性的创新就能够产生更大的效用。同时，在时间加以整合创新，可以提高劳动的效率，缩短运营的周期来提高各种要素的利用效率。很多组织都通过合作、兼并的方式整合各种要素进行创新，这是一种行之有效的方法。例如，康佳集团公司为了更好地占领东北市场，不是把在广东生产的产品运到东北，而是在黑龙江兼并了一家电视机企业，利用当地的厂房、技术人员、材料以及市场等多种要素，再结合自己在广东的各种优势要素来整合创新，从而有效地利用了两地的要素资源，取得了很好的效益。

12.2.3 产品与服务创新

各类组织要想保持持久的竞争力和旺盛的生命力，必须不断地组织并实现产品与服务的创新，不断地为客户提供新的产品与服务。产品与服务创新主要是指组织在产品与服务的结构、品种以及效用等诸多方面进行创新。结构创新是指组织通过改进结构，使产品与服务的结构更合理、性能更提高、使用更安全、操作更方便、更具有市场竞争力。品种创新是要求组织根据市场需求的变化及时调整作业方案，开发受市场欢迎的、适销对路的产品与服务品种。而效用创新则是指组织通过了解客户的偏好，以此为依据改进原有产品，开发新产品，使产品能给客户带来更多满足，更受客户的欢迎和喜爱。

从新旧产品与服务的角度来讲，产品与服务创新主要包括旧产品与服务的改造和新产品与服务的开发两大方面，这两方面是指对产品与服务的结构、性能、技术特征等方面进行改造、提高或者独创。产品与服务的这种创新，既可以利用新技术、新原理和新结构开发出一种全新的产品与服务，也可以在原有产品与服务的基础上，部分采用新的原理、技术而开发出适合新用途、满足新需要的换代新产品与服务，还可以完善原有产品与服务的规格、性能、品种、款式以及包装等方面达到创新。

乔布斯2007年发布iPhone的那场精彩讲演一定为众人所记忆。“这一天，我期待了两年半，”乔布斯说，“每隔一段时间，我们就会有一件革命性的产品横空出世，并彻底改变一切。今天，我们要推出三件类似级别的产品。”在众人的惊叹下，乔布斯给出了这三件产品的描述：一部宽屏触控的iPod、一部革命性的手机、一台互联网通信设备。

对市场来说，大多数情况下技术创新只是为了实现产品与服务创新的一种手段，产品与服务创新才是目的。根据国内企业新产品研究开发的实践与经验，通过对国内外市场千姿百态的商品销售动向的观察与分析，产品创新的发展方向主要包括以下几方面。

1. 创新不同领域且相互融合的“复合型”产品

所谓“复合型”产品，是指通过现有技术与高技术的融合，传统工艺与现代新技术的融合，自有技术与引进技术的融合，军用技术与民用技术的融合等，使原有产品具有新的使用性能和使用价值，从而成为“复合型”高新技术产品。如计算机与现代通信技术的融合产生具有各种新功能的信息技术产品。

2. 创新富有智能启发功能的“智力型”产品

所谓“智力型”产品，是指在创新产品的物质实体中具有演唱、奏乐、模仿、计算、学习和对话等功能，能给人以智力启迪的产品。当前市场上流行的掌上计算机、英语学习机等就是具有很大诱惑力的“智力型”产品。

3. 创新融机电为一体的“机电型”产品

所谓“机电型”产品，就是结合运用机械技术、电子技术和信息技术研制的机电一体化产品它实现了机械装备的整体优化。具体创新的优先领域是数控机床及其他机械制造设备，如电子化量具量仪、过程检测控制仪表、工业机器人，做电子控制的轻工纺织、医疗器械等。具体创新的共性关键技术是检测传感、信息处理、自动控制、伺服传动、精密机械、系统总体等。

4. 创新高效且低能耗“节能型”产品

高效、降耗、省料的“节能型”产品的开发创新，是国民经济发展的迫切需要，一旦创新成功并被社会广泛采用，就会有令人瞩目的社会价值和经济价值。因此，应用节能新技术改造旧设备和发展“节能型”创新产品，是工业生产领域的一个永恒主题。

5. 创新普遍需求的“安全型”产品

企业对安全装置、设施和设备的需求日益迫切，开发创新“安全型”产品，确保劳动者安全、健康、舒适、愉快地劳动，以提高工作质量和劳动效率，是企业生产的普遍需求。例如，覆盖火区、迅速灭火并能预防瓦斯爆炸的矿井灭火装置，能为井下工人带来福音，具有很大的市场潜力。

6. 创新档次不同的“系列型”产品

所谓“系列型”产品，是以技术先进、功能完善、结构相近的名优产品为基型，通过优先升级、提高，形成具有新的功能、能满足新的需求的系列化产品。例如，近年来市场上涌现的用途相同而档次不同的监控系列化仪表、系列化家用电器和汽车及摩托车系列等都具有旺盛的需求。

7. 创新代表新技术发展趋势的“轻微型”产品

微电子技术的发展，加速了“轻微型”产品的开发创新进程，“短、轻、精”的创新产品一经问世即称雄市场，使“长、大、重、厚、粗”的老产品相形见绌。例如，我国创新的一批微型机床、微型耕作机械、微型收录机和微型矿用机具等，迅速赢得了国外用户的喜爱。它们是一种耗料少、运输方便、价格便宜，低投入、高产出的新技术产品，代表了创新产品发展的趋势。

8. 创新符合环境保护的“环保型”产品

在当今世界，日益强烈的环境保护呼声已成为许多国家强化环保立法的推动力，作为抵制破坏环境的一项战略性手段，越来越多的国家开始重视发展环保型产品。为此，只有根据消费者的绿色消费意识尽早进行绿色产品的创新，方能驾驭未来的市场。

产品方面的创新除了以上发展方向外，还有诸多的改进和更新方面的创新。产品创新的同时还伴随着诸多千姿百态的服务创新，未来竞争的关键不仅在于企业能创新什么产品，而且更在于企业能创新多少服务。例如，IBM 公司不仅创新了无数的 IBM 产品，而且公司的服务还是世界最佳服务的象征，形成了 IBM 这一代表最佳服务的品牌。

【知识巩固】

一、单选题

1. 管理创新的出发点是（　　）。

A. 管理的基本职能　　B. 科学理论的指导

C. 恰当灵活的方法　　D. 其他

2. 管理创新的职能性是指（　　）。

A. 企业家是管理者　　B. 企业家是创新者

C. 企业家带领企业前进　　D. 以上都对

3. 管理创新的系统性不包括（　　）。

A. 多方面配合　　B. 制度创新

C. 战略创新　　D. 破坏性创造

4. 管理创新的市场性是指（　　）。

A. 与市场联系不够紧密　　B. 其压力、动力、引力均来自市场

C. 不需要市场引导和带动　　D. 管理创新与市场需求无太大关系

5. 管理创新的风险性不包括（　　）。

A. 认识的成熟性　　B. 设计的可行性

C. 实施的可控性　　D. 环境的变动性

二、多选题

1. 以下属于管理创新特点的有（　　）。

A. 职能性　　B. 系统性　　C. 创造性　　D. 市场性

2. 管理创新的内涵包括（　　）。

A. 提出一种新的经营思路并加以有效实施　B. 创新一个新的组织机构并使之有效运转
C. 提出一种新的管理方式方法　　　　　　D. 设计一种新的管理模式

3. 管理创新的作用主要有（　　）。

A. 提高企业的生存能力　　　　　　　　B. 提高企业的经济效益
C. 降低交易成本　　　　　　　　　　　D. 稳定企业，推动发展

4. 以下关于提高企业经济效益描述最恰当、最全面的是（　　）。

A. 提高目前效益　　B. 提高未来效益　　C. 降低能耗　　D. 减轻负债

5. 我国企业经营管理者对企业家精神的主要理解包括列在前三位的是（　　）。

A. 勇于创新　　B. 乐于奉献　　C. 追求最大利润　　D. 以上都不是

三、判断题

1. 旧的东西以新的形式出现或与新的方式结合不属于创新。（　　）
2. 变革性是指管理创新不会涉及企业内权益关系的调整。（　　）
3. 全员是指管理创新必须以企业经营管理者为核心，全体员工共同参与。（　　）
4. 动态性表现在创新过程中要时刻保持与外界的动态对应。（　　）
5. 创新并非管理的主要职能之一。（　　）

四、简答题

1. 什么是创新？它的内涵表现在哪些方面？
2. 简述创新思维的特征。
3. 简述管理创新与管理职能的关系。
4. 简述技术创新的主要内涵。

【案例研讨】

<table>
<tr><td>模　　块</td><td colspan="2">模块 6　创新职能</td><td>姓　　名</td><td></td></tr>
<tr><td>单　　元</td><td colspan="2">单元 12　技术创新</td><td>讨 论 组</td><td></td></tr>
<tr><td>案例内容</td><td colspan="4">总源的失败
1986 年 5 月，总源色拉油公司（以下简称“总源”）宣布停工，并将员工裁减到只剩下 30 多人。消息一出，举众哗然。向来运营状况良好、资金雄厚的总源色拉油公司何以走到今天这步田地？
总源的创始人陈书友是一位富有传奇色彩的人物。他出生于彰化县埔盐农村，从小就有“要干出一番事业”的雄心壮志。1953 年，他创办了源泉制油厂，而雄心勃勃的陈书友并不满足。1967 年他从日本学习归来，注意到一种新型食用油正在市场上兴起，而这种食用油在我国台湾省尚未开发生产。经过两年的试验他攻克了这项食用油再精炼技术，生产出色拉油。他为这种新产品取名为 Salad Oil 并译成“色拉油”正式投放市场。
“精诚所至，金石为开”，陈书友从广告、售价和品质三方面进行了艰苦卓绝的努力，使色拉油逐渐被消费者所了解和接受，色拉油销量节节攀升，总源很快成为台湾省最大的生产色拉油企业之一，其市场份额占台湾省的 20%。然而，在公司蒸蒸日上的发展中，用人的失误给企业带来了毁灭性的打击。
陈书友深刻感到，要使总源管理现代化，并参与国际竞争，就必须采用先进的管理方法，他聘请日本人中川全权负责公司的经营管理。然而，中川虽然有丰富的工作经验，但不具备一个领袖人物的才略，对中国传统文化及中国的企业管理也不熟悉，只是生搬硬套日本的管理方法，结果张冠李戴，使企业的管理乱了方寸。总源在中川任职的三年内竟亏损了 1.2 亿元，轻率的用人和盲目的信任，最终为总源埋下了危机的种子。
连续三年亏损，总源在公众及金融界的形象大减。在以后的几年里，陈书友一方面天天为钱奔波，以应对资金链问题，另一方面，以前用人的失误也给他带来了很大的性格变化。他不仅对员工戒备心重，而且处处不肯容人。公司员工谁达不到工作标准，他便严词斥责，不考虑斥责的方式和场合。这种对员工的不信任使许多高级职员另谋高就，甚至他的 5 个女婿也先后辞职。</td></tr>
<tr><td rowspan="4">案例分析</td><td>分析问题 1</td><td colspan="3">从总源公司的发展历程来看，你认为总源的失败主要有哪些原因？</td></tr>
<tr><td colspan="4">个人分析：</td></tr>
<tr><td>分析问题 2</td><td colspan="3">陈书友认为，要使总源管理现代化，并参与国际竞争，就必须采用先进的管理方法，使所有权和经营权分离。你认为这一说法对不对？</td></tr>
<tr><td colspan="4">个人分析：</td></tr>
<tr><td>小组讨论结论</td><td colspan="4"></td></tr>
<tr><td rowspan="2">教师评价</td><td>星级</td><td colspan="3">☆☆☆☆☆</td></tr>
<tr><td colspan="4">评语：</td></tr>
</table>

【游戏体验】

<table>
<tr><td>模块</td><td colspan="4">模块 6　创新职能</td></tr>
<tr><td>单元</td><td colspan="4">单元 12　技术创新</td></tr>
<tr><td>游戏名称</td><td colspan="4">比比谁高</td></tr>
<tr><td rowspan="7">游戏玩法</td><td>序 号</td><td>内 容</td><td colspan="2">说 明</td></tr>
<tr><td>1</td><td>活动目的</td><td colspan="2">通过游戏和训练，展现学生们的创新素质</td></tr>
<tr><td>2</td><td>游戏形式</td><td colspan="2">6 人一组</td></tr>
<tr><td>3</td><td>时间要求</td><td colspan="2">20 ~ 25 min</td></tr>
<tr><td>4</td><td>材料准备</td><td colspan="2">每组两副扑克牌，一盒回形针</td></tr>
<tr><td>5</td><td>操作程序</td><td colspan="2">（1）把同学们分为 6 人一组，给每组发放两副扑克牌和一盒回形针。
（2）讲解活动内容：每组利用手中道具做一个物体，使物体做得尽量又高又稳固。
（3）教师测量物体的高度。
规则：
（1）每组只能用所给予的道具做一个物体。
（2）教师在测量前，要先用力拍一下桌子。
教师任务：
（1）教师准备道具，扑克牌可让各小组协助准备。
（2）控制整个活动过程。
考核标准：
不违反规则，以做得最高、最稳、最快的小组获胜。</td></tr>
<tr><td>6</td><td>有关讨论</td><td colspan="2">（1）作为教师，你会如何评价学生们在操作中展现出来的创新素质？
（2）作为学生，你会依据哪些标准完成人员分组？在实践操作中，你是如何做好组内分工，顺利达成目标的，你和你的小组成员在实践中体现了哪些创新方面的素养</td></tr>
<tr><td rowspan="3">游戏计划安排</td><td colspan="4"></td></tr>
<tr><td>班　级</td><td></td><td>组长签字</td><td></td></tr>
<tr><td>教师签字</td><td></td><td>日　期</td><td></td></tr>
<tr><td>游戏问题讨论与心得体会</td><td colspan="4">心得：</td></tr>
</table>

【技能实训】

<table>
<tr><td>模块</td><td colspan="5">模块 6　创新职能</td></tr>
<tr><td>单元</td><td colspan="5">单元 12　技术创新</td></tr>
<tr><td>技能</td><td colspan="5">技术创新技能</td></tr>
<tr><td rowspan="4">实训安排</td><td>序　号</td><td>项　目</td><td colspan="3">说　明</td></tr>
<tr><td>1</td><td>实训目的</td><td colspan="3">（1）强化学生对创新职能以及技术创新的认识。
（2）引导学生进一步增强创新的素养和能力。</td></tr>
<tr><td>2</td><td>实训内容</td><td colspan="3">假设你是一家玩具公司的设计师，公司要求设计一款新玩具，可以是任何类型、针对人和年龄段，唯一要求就是要有新意。</td></tr>
<tr><td>3</td><td>实训要求</td><td colspan="3">（1）3 ~ 5 人分为一组（玩具创意小组）。
（2）搜集和学习创新、创意的方法。
（3）开展小组头脑风暴，获取玩具创意。
（4）每组选择一位代表，对自己团队的玩具设计创意进行详细介绍，内容应该包括：玩具名称、目标消费群、卖点、广告策略等。</td></tr>
<tr><td rowspan="5">实训过程记录</td><td>1</td><td>分组情况</td><td colspan="3"></td></tr>
<tr><td>2</td><td>搜集到的创新、创意方法</td><td colspan="3"></td></tr>
<tr><td>3</td><td>小组头脑风暴创意列举</td><td colspan="3"></td></tr>
<tr><td>4</td><td>小组玩具创意描述</td><td colspan="3"></td></tr>
<tr><td>5</td><td>有关讨论问题</td><td colspan="3">（1）什么样的创意能够让你眼前一亮？
（2）怎样获取产品创意？
（3）个好的提案是不是只要有个好的创意就行？</td></tr>
<tr><td rowspan="3">实训评价</td><td colspan="2">班　　级</td><td></td><td>姓　　名</td><td></td></tr>
<tr><td colspan="2">教师评价</td><td></td><td>自我评价</td><td></td></tr>
<tr><td colspan="5">我的实训成果：</td></tr>
</table>

【学习评价】

模　块	模块 6　创新职能			
单　元	单元 12　技术创新		学　时	
我的收获	序　号	内　容		自评星级
知识获取	1			
	2			
	3			
	4			
能力培养	1			
	2			
	3			
素质提升	1			
	2			
问题反馈				

教师评价	班　级		姓　名		总　分	
	评语：					

【东方管理思想】

天变不足畏，祖宗不足法，人言不足恤。

——《宋史·王安石传》

单元13　组织创新

【学习目标】

知识目标

1. 了解组织创新的含义、特点与作用；
2. 掌握组织创新的内容及方法。

能力目标

1. 能够配合组织开展创新实践，服务企业发展；
2. 能够结合所学支持企业开展组织创新，提升发展质量。

素质目标

1. 培养学生学会与人和谐相处，树立服从大局、先人后己的集体主义精神；
2. 引导学生践行社会主义核心价值观，树立服务精神和大局意识。

【情景导入】

小米集团

小米集团是一家中国科技公司，2006年成立于北京。公司最初将重点放在手机和社交媒体产品上。不过，随着年轻用户的需求和市场发展的变化，小米不断迭代，并将业务拓展到了家居设备、路由器、智能手表等产品上。除此之外，小米公司创新地实施了互联网运营和用户体验设计。以下是小米公司如何实施有效的组织创新策略的细节：

（1）异常开放的组织文化。小米公司鼓励员工表达自己的想法和意见，并积极参与公司决策。公司鼓励有新鲜想法的员工加入内部创新团队，并为他们提供支持和资源。这种开放和包容的创新文化鼓励员工相信他们的创新和创造力。

（2）快速反应式的产品开发流程。小米公司坚持以快速反应的方式开发新产品，让用户能够更加快速地了解公司的新产品，抢占市场优势。在快速反应式的产品开发流程中，小米公司强调充分沟通，减少行政管理和减少决策层级。这样，公司能够快速地将创新产品推向市场。

（3）注重用户体验。小米公司注重用户体验。在过去几年中，小米公司投入大量资源来改善其用户界面、提升可用性和可靠性，确保用户在使用产品时拥有良好的体验。公司专注于将用户体验提升到完美的程度，这也是小米公司在中国业务中最突出的方面之一。

思考：

1. 小米集团的组织创新有哪些特点？

2. 你认为小米集团开展组织创新最值得借鉴之处是什么？

【理论学习】

组织创新是指组织中的管理者和其他成员为了使组织系统适应外部环境的变化，或者满足组织自身内在成长的需要，对组织内部各个子系统及其相互作用机制，或者组织与外部环境的相互作用机制进行创新性的调整、开发和完善的过程。具体来说，其是通过调整与优化各项管理要素（如人、财、物、时间、信息等资源）的配置结构，提高现有管理要素的效能来实现的。

企业的组织创新可以包括新的产权制、新的用工制、新的管理机制，公司兼并和战略重组，对公司重要人员实行聘任制和选举制，企业人员的调整与分流等方面。企业组织创新的方向就是要建立现代企业制度，真正做到产权明晰、权责明确、政企分开和管理科学等四个方面。而企业组织创新的内容就是要全面系统地解决企业组织结构与运行，以及企业间组织联系方面所存在的问题，使之适应企业发展的需要。组织创新的主要内容表现在以下几个方面。

13.1　企业内部组织结构的创新

13.1.1　职能结构的创新

职能结构创新的主要思想是走专业化的道路，分离由辅助作业、生产与生活服务、附属机构等构成的企业非生产性主体，发展专业化社会协作体系，精简企业生产经营体系，集中资源强化企业核心业务与核心能力。同时，应加强对市场调研、技术开发、产品开发、市场营销和用户服务等过去长期薄弱环节的创新。

13.1.2　组织体制的创新

组织体制是指以集权和分权为中心，全面处理企业纵向各层次，特别是部门同上下级部门之间权责利关系的体系。在进行组织体制的创新时应注意以下三个方面的问题：第一，要在企业的不同层次，正确设置不同的经济责任中心，包括投资责任中心、利润责任中心、成本责任中心等消除因经济责任中心设置不当而造成的管理过死或管理失控的问题。第二，突出生产经营部门的地位和作用，管理职能部门要面向一线，对一线既管理又服务，根本改变管理部门高高在上，对下管理过程中指挥监督多而服务少的传统结构。第三，基层实行管理中心下移，这一层次在较大的企业中还可分为分厂、车间、工段、班组等若干层次。可以借鉴国外企业的先进经验，调整基层的责权结构，将管理重心下移到工段或班组，推行作业长制，生产现场发生的问题由最了解现场的人员在现场迅速解决，从组织上保证管理质量和效率的提高。如邯郸钢铁厂实行的工长制就取得了巨大的经济效益。

【互动课堂】

宝洁的营销组织创新

宝洁公司实施营销组织创新，按照不同的产品类别建立六大业务部门。这六大部门的业务占据了宝洁80%的营业额和90%的税后利润，涉及美国、加拿大、中国等在内的绝大部分市场，未覆盖到的市场则由一个单独的部门负责。宝洁将缩减公司共同资源，约60%的业务资源将转移到这六大业务部门和市场，但会保留一套企业核心资源，以维持集团的可持续发展。进一步提升宝洁的营销效率和能力，让各部门享有更大的决策自由度，根据营销环境的变化和市场竞争的需要，灵活机动地制订营销计划、营销战略等相关决策并付诸实施。有力地推进宝洁在电子商务和销售领域的创新。就像大部分老牌零售企业一样，宝洁也不可避免地面临新兴品牌的威胁。动向之一便是互联网剃须刀品牌Harry's凭借其便宜便捷的优势，抢占了原本由宝洁旗下"吉列"统治的剃须刀市场，并逼得后者不得不用价格战的方式回应竞争。这些新品牌体量小，更灵活，且善于运用网络渠道。与这些新品牌相比，原来拥有复杂组织结构的宝洁在电商渠道进展缓慢，市场反应迟钝。

互动问题：你如何评价宝洁营销组织创新的效果？

13.1.3 机构设置的创新

考虑横向上每个层次应设置哪些部门，部门内部应设置哪些职务和岗位，怎样处理好它们之间的关系，以保证彼此间的配合协作。创新的方向是推行机构综合化，在管理方式上确保每个部门对其管理的业务流，能够做到从头到尾、连续一贯的管理，达到物流畅通、管理过程连续。具体做法就是把相关性强的职能部门归并到一起，做到一个基本职能设置一个部门，一个完整流程设置一个部门；另外，机构设置还应从领导岗位开始，推行领导单职制，即企业高层领导尽量少设副职，中层领导和基层领导基本不设副职。

13.1.4 横向协调的创新

横向协调的创新主要体现在三个方面：第一，实行相关工序之间的指挥、服从以及自我协调。第二，在设计各职能部门的责任制时，对专业管理的接合部和边界处，有意识地安排一些必要的重叠和交叉，有关科室分别享有决定、确认、协助、协商等不同责权，以保证同一业务流程中的各个部门能够彼此衔接和协作。第三，针对大量常规性管理业务，在总结先进经验的基础上制定制度标准，大力推行规范化管理制度。

13.1.5 运行机制的创新

建立企业内部的价值链，把上下工序之间、服务与被服务的环节之间，用一定的价值形式连接起来，相互制约，力求降低成本、节约费用，最终提高企业整体效益。废除原有自上而下进行考核的旧制度，加强创新，按照价值链的联系，实行上道工序由下道工序考核、辅助部门由主体部门评价的新体系。

【思政园地】

党的二十大报告要求："我们从事的是前无古人的伟大事业，守正才能不迷失方向、不犯颠覆性错误，创新才能把握时代、引领时代。我们要以科学的态度对待科学、以真理的精神追求真理，坚持马克思主义基本原理不动摇，坚持党的全面领导不动摇，坚持中国特色社会主义不动摇，紧跟时代步伐，顺应实践发展，以满腔热忱对待一切新生事物，不断拓展认识的广度和深度，敢于说前人没有说过的新话，敢于干前人没有干过的事情，以新的理论指导新的实践。"

13.2 跨企业联系的创新

前面几项组织创新的内容，都是属于企业内部组织结构及其运行方面的内容。除此之外，还要考虑企业外部相互之间的组织联系问题，重新调整企业与市场的边界，重新整合企业之间的优势资源，推进企业间组织联系的网络化，这是新世纪企业组织创新的一个重要方面。如 ERP 的创新应用以及虚拟化组织的创新应用等。

组织创新是一个系统过程，它不仅会受到组织内部个体创新特征、群体创新特征和组织特征的影响，还要受到整个社会经济环境的制约。组织创新行为又会直接影响组织绩效，包括市场绩效、竞争能力、盈利情况、员工的态度等。同时，组织创新是一个渐进过程，往往从技术与产品开发入手，逐步向生产、销售系统、人力资源、组织结构发展，进而进入战略与文化创新领域。

表现为一种渐进创新的过程。那么，组织创新应该遵循哪些原则呢？第一，一致性原则。所谓"一致性"，是指必须注意各要素之间的相互匹配，换言之，就是要竭力避免"自相矛盾"的情况发生。这种一致性不但包括组织结构和企业文化、制度设置等宏观方面的一致性，而且还包括各微观要素之间的一致性，如员工的举止规范与企业形象的一致性，核心价值观与管理制度之间的一致性。

第二，进步性原则。所谓"进步性"，是指组织的使命定位和价值取向是否符合历史发展的潮流，是否遵循与组织属性相关的规律法规，是否遵循人性的价值及其诉求。不少企业在创立伊始就拥有先进设备和充足投资，但是，企业因为组织创新能力偏弱，缺乏进步性，不久就走向死亡。只有创新的组织才是有生命力的组织，只有创新的组织才能由弱小走向强大、由被动走向主动、由困境走向辉煌。

第三，本土化原则。任何组织都会面临"落地生根"的问题，空中楼阁是没有生命力的。因为组织的核心构成要素是人，而人的基本属性是社会性，人的社会性当然与其所处的特定的社会环境密不可分。即使是同一种管理思想，甚至是同一种管理工具，在不同的国家、不同的企业，发生的效果都是不一样的。

第四，导向性原则。组织的导向决定着全体成员的注意力，从 20 世纪初开始，企业的导向经历了一个从生产导向、产品导向、促销导向、营销导向到服务导向的发展历程。企业必须根据自身的使命或战略确定明确的组织导向，处于不同的业态、竞争环境和市场地位中的企业需要不同类型的导向。同样，不同导向的组织形态会决定组织的注意力、财力和人力的投向，以及不同信息在组织内的传导方式和处理方式。

组织创新决定了一个组织的基本框架和发展潜力，它决定了一个组织未来的命运，时时刻刻影响着组织发展的过程。一个结构混乱的组织可能导致职责不清，工作混乱：而一个结构理性清晰，又时刻充满了创新精神的组织，就如同一个过滤器，会把组织中的一些小问题自动、自发地解决掉，从而使组织以良性的方式自动成长。所以说，组织创新可以使一个组织成为自动成长的生命体。

【知识巩固】

一、单选题

1. 职能机构创新的出发点是（ ）。

A. 专业化　　B. 分散化

C. 集约化　　D. 强化非生产性主体

2. 企业组织创新的方向是（ ）。

A. 提升产出绩效　　B. 提高利润率

C. 建立现代企业制度　　D. 以上都对

3. 正确设置不同的经济责任中心属于（ ）。

A. 职能结构的创新　　B. 机构设置的创新

C. 横向协调的创新　　D. 组织体制的创新

4. 机构设置创新在企业领导岗位设置上的体现是（ ）。

A. 领导单职制　　B. 领导多职制

C. 高层多设副职　　D. 以上都不准确

5. 基层管理中心下移在大型企业中一般采取（ ）。

A. 分厂长制　　B. 车间长制

C. 分段长制　　D. 作业长制

二、多选题

1. 以下属于企业组织创新范畴的包括（ ）。

A. 新的产权制　　B. 新的用工制

C. 新的管理机制　　D. 公司兼并和战略重组

2. 组织体制的创新包括（ ）。

A. 正确设置不同的经济责任中心　　B. 突出生产经营部门的地位和作用

C. 基层实行管理中心下移　　D. 以上均不正确

3. 机构设置的创新主要体现在（ ）。

A. 把相关性强的职能部门归并一起　　B. 按照一个基本职能设置一个部门

C. 推行领导单职制　　D. 企业高层领导尽量多设副职

4. 横向协调的创新主要体现在（　　）。

A. 提高目前效益

B. 相关工序之间的指挥、服从以及自我协调

C. 同一业务流程中的各个部门能够彼此衔接和协作

D. 推行规范化管理制度

5. 运行机制的创新主要包括（　　）。

A. 上下工序之间

B、服务与被服务环节之间

C. 废除原有自上而下进行考核的旧制度

D. 实行上道工序由下道工序考核、辅助部门由主体部门评价的新体系

三、判断题

1. ERP 的创新应用以及虚拟化组织的创新应用属于运行机制的创新。（　　）
2. 组织创新是一个系统过程，受到整个社会经济环境的制约 。（　　）
3. 企业组织创新的方向就是要建立现代企业制度。（　　）
4. 产权明晰、权责明确、政企分开、管理科学是企业组织创新的目标。（　　）
5. 邯郸钢铁厂实行的工长制属于组织体制的创新。（　　）

四、简答题

1. 什么是组织创新？组织创新主要表现在哪些方面？
2. 推进组织体制的创新需要关注哪些问题？
3. 在实施横向协调创新时需要注意哪些环节？
4. 简述组织创新应遵循的基本原则。

【案例研讨】

<table>
<tr><td>模　　块</td><td>模块 6　创新职能</td><td>姓　　名</td><td></td></tr>
<tr><td>单　　元</td><td>单元 13　组织创新</td><td>讨 论 组</td><td></td></tr>
<tr><td>案例内容</td><td colspan="3">企业组织创新案例
（1）苹果公司的创新组织模式：苹果公司的创始人乔布斯在公司内部建立了一种“创意海盗”团队，这个团队由不同专业背景的员工组成，他们相互激发灵感，最终创造出具有革命性的产品，如 iPod、iPhone 和 iPad 等。
（2）谷歌的创新组织模式：谷歌公司采用了一种宽松的文化和管理方式，鼓励员工在工作中自由发挥和尝试新的想法。这种文化称为“谷歌方式”，这种方式的成功在于它能够吸引和保留顶尖人才，激发创新和灵活性，促进公司和员工的共同成长。
（3）腾讯公司的创新组织模式：腾讯公司采取了一种基于小团队的创新模式，这些小团队通常由 20 人左右组成，具有高度的自主权和快速决策的能力。此外，腾讯公司还采用了“赛马”模式，即多个小团队同时开发类似的产品，最终通过竞争选出最优秀的产品。
（4）飞利浦公司的创新组织模式：飞利浦公司的创新组织模式注重于跨学科团队合作，以及让不同部门和地区的员工共同工作。此外，飞利浦还建立了全球创新中心，吸引和激励世界各地的创新人才。
以上是企业组织创新的一些案例，这些公司的创新组织模式各具特色，但它们都能够在不断变化的市场环境中保持创新和竞争力。</td></tr>
<tr><td rowspan="4">案例分析</td><td>分析问题 1</td><td colspan="2">综合上述公司的发展历程，你认为确保组织创新成功的核心要素是什么？</td></tr>
<tr><td colspan="3">个人分析：</td></tr>
<tr><td>分析问题 2</td><td colspan="2">选择上述其中一个案例，认真思考其开展组织创新的主要做法对于你所在的组织有何借鉴和参考意义？</td></tr>
<tr><td colspan="3">个人分析：</td></tr>
<tr><td>小组讨论结论</td><td colspan="3"></td></tr>
<tr><td rowspan="2">教师评价</td><td>星级</td><td colspan="2">☆☆☆☆☆</td></tr>
<tr><td colspan="3">评语：</td></tr>
</table>

【游戏体验】

<table>
<tr><td>模块</td><td colspan="5">模块 6　创新职能</td></tr>
<tr><td>单元</td><td colspan="5">单元 13　组织创新</td></tr>
<tr><td>游戏名称</td><td colspan="5">强渡金沙江</td></tr>
<tr><td rowspan="7">游戏玩法</td><td>序　号</td><td>内　容</td><td colspan="3">说　明</td></tr>
<tr><td>1</td><td>活动目的</td><td colspan="3">体验统一的目标和行为规范对于团队绩效的重要性</td></tr>
<tr><td>2</td><td>游戏形式</td><td colspan="3">8 ~ 10 人一组</td></tr>
<tr><td>3</td><td>时间要求</td><td colspan="3">25 ~ 30 min</td></tr>
<tr><td>4</td><td>材料准备</td><td colspan="3">纸板箱、封箱带、胶棒等</td></tr>
<tr><td>5</td><td>操作程序</td><td colspan="3">模拟背景：生活在边陲金沙江边的一个少数民族，每年春江水暖的时候，都要举行声势浩荡的传统渡江比赛，有趣的是他们的渡江工具并不是“船”而是“桥”，而且除了渡江速度外，桥的美观度、比赛选手的配合熟练程度等都是决定胜负的重要因素，在他们朴素的民间游戏中，包含着丰富的团队管理思想……
任务：每组按照组织者事先提供的各种原材料和工具（包括纸板箱、封箱带、胶棒等），自行设计、制作两座相同的桥，并以这两座桥作为“渡江”工具，渡过规定宽度的“金沙江”。其中，所用原材料和工具较少、制作时间较短、“渡江”速度较快、桥身强度及美观度较高、计划性较好、队员的分工配合较优的组获得优胜。
渡江要求：同组的 10 个人全部站在 A 桥上，然后把 B 桥移到 A 桥前，10 个人再全部转移到 B 桥上，如此不断前进。过程中桥不能塌陷、任何人不得从桥上下来……</td></tr>
<tr><td>6</td><td>有关讨论</td><td colspan="3">（1）作为教师，你会如何评价学生们在操作中展现出来的组织方面的素养？
（2）作为学生，你会依据哪些标准完成人员分组？在实践操作中，你是如何做好组内分工，顺利达成目标的，你和你的小组成员在实践中如何齐心协力完成目标？</td></tr>
<tr><td rowspan="3">游戏计划安排</td><td colspan="5"></td></tr>
<tr><td>班　级</td><td colspan="2"></td><td>组长签字</td><td></td></tr>
<tr><td>教师签字</td><td colspan="2"></td><td>日　期</td><td></td></tr>
<tr><td>游戏问题讨论与心得体会</td><td colspan="5">心得：</td></tr>
</table>

【技能实训】

<table>
<tr><td>模块</td><td colspan="4">模块 6 创新职能</td></tr>
<tr><td>单元</td><td colspan="4">单元 13 组织创新</td></tr>
<tr><td>技能</td><td colspan="4">组织创新能力</td></tr>
<tr><td rowspan="4">实训安排</td><td>序 号</td><td>项 目</td><td colspan="2">说 明</td></tr>
<tr><td>1</td><td>实训目的</td><td colspan="2">（1）深化学生对组织创新的认知。
（2）引导学生进一步增强组织创新的素养和能力。</td></tr>
<tr><td>2</td><td>实训内容</td><td colspan="2">折叠衣服竞赛（资源既定情况下，如何通过组织创新提高产量）。班级 6 人分为一组，剩余人员为观察组。每组相同规格的白纸 4 张，剪刀 1 把，尺子一把，小刀一个。按照规定的时间，折叠出符合规格要求的衣服套装（包括上衣和裤子）。合格品多的获胜。</td></tr>
<tr><td>3</td><td>实训要求</td><td colspan="2">（1）准备好纸张、剪刀等工具。
（2）保证每个小组资源相等。
（3）老师提前讲解衣服的折叠方法和合格标准。</td></tr>
<tr><td rowspan="6">实训过程记录</td><td>1</td><td>分组情况</td><td colspan="2"></td></tr>
<tr><td>2</td><td>组织设计与分工</td><td colspan="2"></td></tr>
<tr><td>3</td><td>产量记录</td><td colspan="2"></td></tr>
<tr><td colspan="4">讨论问题：
1. 我们的产量如何？为什么出现这样的结果？</td></tr>
<tr><td colspan="4">2. 组织方式对生产的产量有什么影响？</td></tr>
<tr><td colspan="4">3. 根据你的观察，如何优化组织设计能够进一步提高生产效率？</td></tr>
<tr><td rowspan="3">实训评价</td><td>班 级</td><td></td><td>姓 名</td><td></td></tr>
<tr><td>教师评价</td><td></td><td>自我评价</td><td></td></tr>
<tr><td colspan="4">我的实训成果：</td></tr>
</table>

【学习评价】

<table>
<tr><td>模　　块</td><td colspan="7">模块 6　创新职能</td></tr>
<tr><td>单　　元</td><td colspan="4">单元 13　组织创新</td><td colspan="2">学　　时</td><td></td></tr>
<tr><td>我的收获</td><td>序　号</td><td colspan="5">内　容</td><td>自评星级</td></tr>
<tr><td rowspan="4">知识获取</td><td>1</td><td colspan="5"></td><td></td></tr>
<tr><td>2</td><td colspan="5"></td><td></td></tr>
<tr><td>3</td><td colspan="5"></td><td></td></tr>
<tr><td>4</td><td colspan="5"></td><td></td></tr>
<tr><td rowspan="3">能力培养</td><td>1</td><td colspan="5"></td><td></td></tr>
<tr><td>2</td><td colspan="5"></td><td></td></tr>
<tr><td>3</td><td colspan="5"></td><td></td></tr>
<tr><td rowspan="2">素质提升</td><td>1</td><td colspan="5"></td><td></td></tr>
<tr><td>2</td><td colspan="5"></td><td></td></tr>
<tr><td>问题反馈</td><td colspan="7"></td></tr>
<tr><td rowspan="2">教师评价</td><td>班　　级</td><td></td><td>姓　　名</td><td></td><td>总　　分</td><td colspan="2"></td></tr>
<tr><td colspan="7">评语：</td></tr>
</table>

习题参考答案

单元 1　管理与管理思想

一、单选题

1. D	2. B	3. C	4. B	5. C

二、多选题

1. ABCDE	2. ABCDE	3. ABCE	4. ACD	5. BD
6. ABC				

三、判断题

1. √	2. √	3. ×	4. √

四、简答题

（略）

单元 2　管理原理与方法

一、单选题

1. D	2. C	3. B	4. B	5. C
6. A				

二、多选题

1. BCDE	2. ABCD	3. AB	4. ABC

三、判断题

1. √	2. √	3. ×

四、简答题

（略）

单元 3　管理决策

一、单选题

1. A	2. D	3. C	4. D	5. B
6. C	7. C	8. C	9. C	10. A

二、多选题

1. ABCDE	2. ACD	3. ABCD	4. BCD	5. ABD

三、判断题

1. ×	2. √	3. √	4. ×	5. √
6. ×	7. √	8. ×	9. ×	10. ×

四、简答题

1. 答：

（1）计划是实施管理活动的依据。为实现组织目标而实施管理活动，首先必须进行科学的筹划和周密的安排，制订计划，并以此为依据组织实施。

（2）计划可以增强管理的预见性，规避风险，减少损失。

（3）计划有利于在明确的目标下统一员工的思想行动。

（4）计划有利于合理配置资源，提高效率，取得最佳经济效益。

2. 答：

（1）目标既要有目标项目，又要有达到的标准。如降低成本是目标项目；降低 5% 则是达到的标准。

（2）目标是质与量的统一。完整的目标，既有质的规定性，又有量的界限。

（3）目标是有时间维的。目标的实现一定要有明确的完成时限。

3. 答：对决策含义可以从以下几个方面把握：

（1）决策的前提：要有明确的目标。

（2）决策的条件：要有若干可行方案供选择。

（3）决策的重点：比较分析备选方案。

（4）决策的结果：选择一个满意方案。

（5）决策的实质：主观判断过程。

单元 4　计划制订

一、单选题

1. B	2. C	3. B	4. D	5. B
6. D	7. C	8. D	9. C	10. B

二、多选题

1. ABCD	2. ABCD	3. AB	4. ABCDE	5. ABC

三、判断题

1. √	2. ×	3. ×	4. √	5. √
6. √	7. √	8. √	9. √	10. √

四、简答题

（略）

单元 5　组织设计

一、单选题

1. A	2. C	3. A	4. D	5. C
6. D	7. A	8. A	9. C	10. B

二、多选题

1. ABCD	2. ABC	3. ABD	4. BCD	5. ABCD

三、判断题

1. ×	2. √	3. ×	4. √	5. √
6. √	7. ×	8. √	9. ×	10. √

四、简答题

1. 答：

①按人数划分部门；②按时间划分部门；③按职能划分部门；④按产品划分部门；⑤按区域划分部门；⑥按工艺过程（设备）划分部门；⑦按服务对象划分部门。

2. 答：

①管理工作性质；②管理者自身的能力与素质状况；③下级人员素质与职能性质；④计划与控制的难度与有效性；⑤信息沟通的难易与效率；⑥组织的空间分布状况；⑦组织的外部环境。

3.（略）

单元 6　人员配备

一、单选题

1. D	2. C	3. D	4. A	5. C
6. B	7. A	8. B	9. D	10. A

二、多选题

1. ABCD	2. ABCD	3. ABCD	4. ABCD	5. ABCD

三、判断题

1. √	2. √	3. ×	4. √	5. √
6. √	7. √	8. ×	9. √	10. √

四、简答题

1. 答：

（1）考核有利于评价 . 监督和促进员工的工作，有明显的激励作用；

（2）为确定员工的劳动报酬与其他待遇提供科学依据；

（3）个人认识自我 . 组织进行考核，促进员工的全面发展创造条件；

（4）有利于管理者了解下属，以便进行合理的岗位调整及职务晋升。

2. 答：

（1）确定考核目标；

（2）制定考核标准；

（3）衡量岗位工作 . 收集岗位信息；

（4）做出综合评价；

（5）考评结果反馈和备案。

3. 答：

（1）实测法；

（2）成绩记录法；

（3）书面考试法；

（4）直观评估法；

（5）情境模拟法；

（6）民主测评法；

（7）因素评分法。

单元 7　领导与指挥

一、单选题

1. D　2. A　3. B　4. B　5. B

二、多选题

1. ABCD　2. ABC　3. AB　4. BD　5. ABCD

6. ABC

三、判断题

1. √　2. ×　3. √　4. ×　5. ×

四、简答题

（略）

单元 8　沟通与协调

一、单选题

1. D　2. A　3. A　4. B　5. A

二、多选题

1. AB　2. ABCD　3. ABCD　4. ABCD　5. ABC

三、判断题

1. √　2. ×　3. √　4. ×　5. √

四、简答题

（略）

单元 9　激励与团队

一、单选题

1. A　2. D　3. D　4. A　5. C

6. C　7. A　8. B　9. B　10. A

二、多选题

1. ABCD　2. CD　3. ABC　4. BC　5. AB

6. ABCD　7. ABCD

三、判断题

1. √　2. ×　3. ×　4. ×　5. ×

6. √　7. ×　8. √

四、简答题

（略）

单元 10 控制综述

一、单选题

1. B	2. A	3. A	4. C	5. D

二、多选题

1. ABCD	2. ABCD	3. ABC	4. ABC	5. BC

三、判断题

1. √	2. √	3. ×	4. ×	5. √

四、简答题

（略）

单元 11 绩效评价

一、单选题

1. A	2. C	3. D	4. A

二、多选题

1. ABCD	2. ABC	3. CD	4. AC	5. ABCD

三、判断题

1. √	2. √	3. ×	4. √

四、简答题

（略）

单元 12 技术创新

一、单选题

1. A	2. D	3. D	4. B	5. A

二、多选题

1. ABCD	2. ABCD	3. ABCD	4. AB	5. ABC

三、判断题

1. ×	2. ×	3. √	4. √	5. ×

四、简答题

（略）

单元 13 组织创新

一、单选题

1. A	2. C	3. D	4. A	5. D

二、多选题

1. ABCD	2. ABC	3. ABC	4. BCD	5. CD

三、判断题

1. ×	2. √	3. √	4. √	5. ×

四、简答题

（略）

参考文献

[1] 周三多 . 管理学 [M]. 5 版 . 北京：高等教育出版社，2018.

[2] 罗宾斯，库尔特 . 管理学（第 13 版）[M]. 刘刚，程熙鎔、梁晗，译 . 北京：中国人民大学出版社，2017.

[3] 尤玉钿 . 管理学基础与实务 [M]. 北京：高等教育出版社，2020.

[4] 蒋永忠，张颖 . 管理学基础与实务 [M]. 5 版 . 大连：东北财经大学出版社，2020.

[5] 李镜 . 管理学基础 [M]. 6 版 . 大连：大连理工大学出版社，2022.

[6] 胡祖光，朱明伟 . 东方管理学 [M]. 北京：中国经济出版社，2002.

[7] 陈洪安，郑玥，季昌梧，等 . 微管理：你所不知道的管理世界 [M]. 北京：清华大学出版社，2014.

[8] 梅鹏 . 推销实务 [M]. 北京：中国铁道出版社有限公司，2022.

[9] 张金成 . 管理学基础 [M]. 2 版 . 北京：人民邮电出版社，2015.

[10] 骆泽敬 . 管理学基础与实务 [M]. 微课版 . 北京：人民邮电出版社，2021.

[11] 季辉，王冰，李曲 . 管理学基础 [M]. 3 版 . 北京：人民邮电出版社，2020.

[12] 段圣贤 . 管理学基础 [M]. 北京：北京理工大学出版社，2019.

[13] 万强，苏朝霞，王闯 . 管理学基础 [M]. 北京：教育科学出版社，2019.

[14] 单凤儒 . 管理学基础 [M]. 7 版 . 北京：高等教育出版社，2021.

[15] 吴崑 . 管理学基础 [M]. 2 版 . 北京：高等教育出版社，2014.

[16] 贾旭东 . 现代企业管理 [M]. 2 版 . 北京：中国人民大学出版社，2020.

[17] 许芳 . 组织行为学原理与实务 [M]. 北京：清华大学出版社，2007.